宁波广播电影电视发展报告

· 2024 ·

Report on Development of Broadcasting,
Film and TV Industry of Ningbo（2024）

宁波市广播电视学会
宁波市广播电视发展研究中心　编著

中国国际广播出版社

摘　要

《宁波广播电影电视发展报告（2024）》（广电蓝皮书）是2023年度宁波广播影视行业发展的年度报告。由宁波市广播电视学会和宁波市广播电视发展研究中心共同编撰，宁波市广播电视行政管理部门及全市广播影视机构提供资料支持。

全书由"总报告""2023年宁波广播电影电视发展状况""2023年宁波广播电影电视基本情况""专题研究报告""个案分析报告""附录"等六大部分构成。

"总报告"统领全篇，呈现2023年度宁波广播电影电视事业产业取得的新成就和新进展。

"2023年宁波广播电影电视发展状况"就新闻宣传、广播电视技术和公共服务、广播电视产业、电影和电视剧产业、融合传播和视听新媒体等方面，通过权威数据和案例解读，全面深入展现2023年度宁波广播影视行业的发展轨迹。

"2023年宁波广播电影电视基本情况"是宁波广播影视行业基本资料汇编，囊括2023年度宁波广播电视播出机构、频率/频道、节目播出、广播影视从业人员等全方位情况。

"专题研究报告"选取宁波广播影视事业产业发展中的重点、焦点问题，进行较为深入的研究，兼具实践指导和理论参考价值。

"个案分析报告"聚焦行业典型案例，既有单个栏目的成功之道，也有播出机构的创新运作，精确生动地展现成功的经验与路径，提供借鉴和启示。

"附录"提供书中涉及的一些数据图表，以及关于全书撰写的背景情况，比如撰写人员、材料提供单位等。

以习近平新时代中国特色社会主义思想为指引，全书致力于从媒介技术革命、媒介融合发展和影视产业繁荣发展的大背景，报告和研究宁波广播电视传媒改革发展的新情况，追踪地方广播影视产业发展的新成果，助力宁波广播影视业快速发展和文化强市建设。

目　录

总报告

2023年是贯彻落实党的二十大精神的开局之年，是"八八战略"实施20周年，宁波广播电影电视行业立足融合抓改革，立足创新抓内容，立足技术抓服务，立足转型抓发展，整体谋划、系统推进媒体深度融合改革，为宁波奋力争创共同富裕和中国式现代化示范引领市域样板提供有力舆论引导和文化支持。

一、2023年宁波广播电影电视行业发展

2023年，宁波广播电影电视行业坚持以习近平新时代中国特色社会主义思想为指导，深入学习贯彻习近平文化思想、习近平总书记关于宣传思想文化工作的一系列重要指示批示精神和习近平总书记在浙江考察时的重要讲话精神，全力做好新闻宣传、内容建设、融合传播、产业拓展、技术支撑等各项工作。

（一）立足融合抓改革有力有序

2023年，宁波广播电视行业坚持把加快媒体深度融合改革作为"一号工程"，积极谋划，稳妥推进。

第一，着力重构管理体系和激励机制。宁波广播电视集团组建了广播传媒管理机构（公司）与电视传媒管理机构（公司），传媒管理机构党委和传媒公司董事会实行一套班子、一体化运行，在集团党委领导下负责各自版块的日常运营。强化互联网思维、一体化运作，对外打出"NBTV/宁聚"统一标识，对内探索多业务集成宣发模式，构建联动工作机制和跨部门发稿平台，加强宁波两会、宁波春晚、第19届亚洲夏季运动会（简称杭州亚运会）火

炬传递及相关赛事等重大活动和重大主题宣传的宣发协同。镇海区新闻中心（镇海区广播电视台）启动新一轮内部机构改革，完善架构布局，优化岗位设置和人员调配，建立健全采编各部门考核管理办法，加强采编一体联动，推出新闻作品与点击量挂钩的激励措施和稿件预警机制。北仑区传媒中心（北仑区广播电视台）以"大部制""团队化"理念，对内部运作进行系统重塑、流程再造，完成5个分中心、21个事业部的全新组织架构。同时，相继制定（修订）《北仑区传媒中心"五新十力"专项行动实施方案》等多项引人、留人、用人和媒体高质量融合发展的制度（办法）。奉化区融媒体中心（奉化区广播电视台）破除体制机制束缚，优化产业布局，支撑事业发展，推动传统媒体转型升级迈出关键一步。以奉化区融媒体中心员工为班底，推进宁波市奉化区融媒文化有限公司和宁波市奉化广电网络有限公司整合，明确"三定方案"，建立健全国有公司管理体系和运行机制。实现员工的优化重组，弥补产业拓宽造成的职位空缺，逐步提升企业队伍结构的合理性和科学性。持续推进绩效考核改革，完善《融媒体指数建设提升增量绩效考核办法》，建立健全分级分类的薪酬奖励机制，有效释放干事创业的活力。引智谋划未来发展框架，为进一步完善奉化区融媒体中心的顶层设计，推进媒体融合转型升级，联合浙江万里学院、宁波工程学院和宁波开放大学，成立课题组，系统梳理前期调研成果，形成基本框架和核心内容，精心编制《奉化区融媒体中心发展规划（2024—2026）》。

第二，着力打造传播平台。宁波广播电视集团整合新媒体资源，着力打造"宁聚·一端五号"（电视传媒）和"宁波之声"（广播传媒）两大融媒体矩阵。"宁聚"客户端5月30日正式改版，重点打造四大新型传播平台（权威优质、迅捷快速的资讯平台，实时在线、服务民生的互动平台，内容丰富、引人入胜的文化平台，品类多样、独树一帜的视频平台），着力做亮"宁聚视频""宁聚直播""宁聚互动"等新媒体品牌。"宁聚·一端五号"（"宁聚"客户端、"宁聚"微信公众号、"宁聚"微博号、"宁聚"视频号、"宁聚"抖音号和"宁聚"快手号）基本形成"大小屏联动、组团式出击"的融媒体生产传播模式。广播传媒集中打造以"宁波之声"为统一标识的广播融媒体矩阵。区（县、市）融媒体中心（广播电视播出机构）或全面改版升级，或培育融媒体品牌，或技术迭代，聚力打造"镇灵通""仑传""鄞响""掌上奉化""慈晓""山海万象"等客户端，形成新的主力传播平台。

第三，着力压缩传统产能。积极实施精简精办战略，关停整合60%以上受众少、影响力弱、管理不规范的新媒体账号。宁波广播电视集团在2022年关停教育科技频道的基础上，于2023年12月1日关停广播老年与少儿频率和电视少儿频道，于2023年年底停刊《宁波广电周报》，并妥善安置相关人员。

（二）立足创新抓内容可圈可点

坚持把创新作为第一动力，以内容生产创新为核心，助推各项工作创新，涌现一批具有宁波广电辨识度和标志性的品牌。

第一，主流宣传奏响"主旋律"。坚持"市委市政府中心工作推进到哪里、广电工作重点就跟进到哪里"，宁波广播电视集团精心组织实施全国两会、浙江两会、宁波两会、"牢记嘱托 感恩奋进 勇立潮头"、"八八战略"实施20周年、学习贯彻习近平新时代中国特色社会主义思想主题教育、"争创市域样板、打造一流城市、跻身第一方阵"、杭州亚运会、"在宁波，看见文明中国"等重大主题宣传，着力做好"强信心"经济形势舆论引导，组织开展"一线建新功·今天我发布"等主题系列专场活动。区（县、市）融媒体中心（广播电视播出机构）围绕学习贯彻习近平总书记考察浙江时重要讲话精神、"八八战略"实施20周年等，以及区（县、市）党委政府中心工作，精心组织重大主题报道。

第二，主流外宣唱响宁波"好声音"。宁波广播电视集团主动对接中央级媒体和省级媒体，全年电视外宣在中央广播电视总台（简称总台）播发373条，其中《新闻联播》播发62条，做到"央视天天见，《新闻联播》常常有"；在浙江卫视播发703条，其中《浙江新闻联播》播发391条。广播外宣在中国之声播发190条。"学习强国"订阅号"宁波学习平台"所推送稿件被全国平台采用1540条。外宣工作在全国/全省城市台继续保持领先地位。区（县、市）融媒体中心（广播电视播出机构）围绕区域经济社会发展的热点问题，精心策划，精良制作，多渠道对外宣传。

第三，精品创优培育核心竞争力。宁波广播电视集团共有15件内容类作品获2022年度浙江省广播电视政府奖和浙江新闻奖一等奖，15个科技类项目或作品获省级广播电视政府奖一等奖以上奖项，获奖作品数量居全省城市台首位。截至2023年年底，由宁波市委宣传部组织创作、宁波广播电视集团下属影视公司摄制出品的电影《力量密码》，实际票房为1700多万元，居同类型红色题材电影前列，成为多个省（自治区、直辖市）开展学习贯彻习近平新时代中国特色社会主义思想主题教育选看的"电影党课"。区（县、市）融媒体中心（广播电视播出机构）等深耕内容创作，鼓励扶持精品创作。镇海区新闻中心（镇海区广播电视台）优化调整月度好新闻评选办法，完成四个季度评选，好新闻作品总计231件。共推荐选送参评作品104件，有55件作品获奖，获奖率达53%。慈溪市融媒体中心（慈溪市广播电视台）选送的《潮起东方 寻找百强"共富"密码》（集体）获第33届中国新闻奖（2022年度）融合报道二等奖，全年累计有52件（次）广播、电视、报纸和新媒体作品获得宁波市级以上各类新闻奖项，新闻创优实现历史性突破。

第四，提升全案策划品牌。宁波广播电视集团依托全案策划执行团队，加快打造宁波城市文化传播者和服务运营商，深度参与"宁波春晚"，成功执行第五轮宁波城市形象推广工作，精心承办杭州亚运会火炬传递和沙滩排球转播、宁波市道德模范颁奖、"滨海宁波 书香四季"——2023年全民阅读系列活动、"最美宁波人"颁奖典礼、潮"甬"山海·活力天峻——2023青海天峻城市形象推介会暨产业招商活动等重大主题活动，特别是全案策划执行杭州亚运会火炬宁波站传递，为展现"宁波时间""精彩瞬间""最美空间"作出广电贡献。"亚运火炬宁波站传递策划执行"被评为2023年宁波市宣传思想文化工作创新项目。

（三）立足技术抓服务用心用情

2023年，宁波广播电影电视行业持续推进技术创新，探索AIGC在广播电影电视领域的应用，严守网络安全保障底线，不断做强信息化技术支撑，服务广播电视融合发展、内容生产、安全播出和公共服务。

第一，着力强化技术赋能。宁波广播电视集团运用云平台制播系统、5G、云计算等新技术和新手段，完成杭州亚运会等重大活动直播，为新媒体内容多平台分发赋能。完成"智能无跟踪虚拟演播系统"的搭建与测试，运用AR/VR、人工智能（AI）等新技术新手段为内容的研发生产赋能。启动"AIGC融媒创作港"项目，持续深耕人工智能生成工具研发。借鉴业界领先AI技术，创作港成功研发并上线7大类20余项涵盖音视频、图文等多模态AI创作工具和数字人应用。积极探索研究大数据大模型在方言传承方面的应用，完成"基于大模型的宁波方言标准构建与智能应用"项目在市科技局申报立项。

第二，安全播出守牢安全底线。宁波市文化广电旅游局以及各广播电视播出机构进一步强化广播电视安全播出和网络安全管理，强化安全播出的责任落实，圆满完成元旦、春节、各级两会、第三届中国—中东欧国家博览会暨国际消费品博览会、第31届世界大学生夏季运动会（简称成都大运会）、杭州亚运会、国庆节等重要保障任务，实现了零责任事故的安全目标。

第三，公共服务惠民生暖民心。以应急广播体系建设为核心，以广播电视基本公共服务县级标准化试点建设为抓手，坚持以人民为中心，宁波市广播电视公共服务能力和服务水平持续提升。2023年，应急广播全市终端建设任务有7195项，完成终端覆盖任务4899项，完成率为68.09%，完成市级应急广播监测平台本体升级改造。下达广电低保工程资金374.4万元，配套补助低保家庭免费收看有线数字电视，覆盖全市41 668户低保家庭，为全市低保家庭提供基本公共文化权益保障。

（四）立足转型抓发展聚焦聚力

受新媒体巨大冲击、专题广告政策性压缩等诸多因素叠加影响，宁波广播电影电视行业坚持稳中求进工作总基调，着力推进产业经营各项工作科学转型，努力形成推动高质量发展强大合力。

第一，广播电视行业实际创收收入实现大幅增长。2023年，全市广播电视产业实际创收收入为192 656.64万元，同比增长37.08%。其中，广告收入为31 102.20万元，同比下降5.35%；有线电视网络收入为106 258.77万元，同比增长34.59%；新媒体业务收入为4 538.40万元，同比增长12.99%；其他创收收入为50 757.27万元，大幅增长105.35%。除了广告收入，其他创收收入均实现较大幅度增长。宁波广播电视集团全年实现营收3.67亿元，利润为

4 646.65 万元。截至 2023 年年底，宁波广播电视集团资产总额为 34.61 亿元，净资产为 28.06 亿元，同比分别增长 2.98% 和 0.65%。

第二，转型媒体运营。在商业广告持续普遍大幅下降的背景下，各媒体经营主体强化全媒体方案服务，积极探索"新闻+政务服务商务"运营新模式，千方百计巩固和拓展大企业资源、政府类资源和本地商业资源，加快推进传统广告向媒体运营转型，全力稳住媒体经营基本盘。宁波广播电视集团全年媒体运营创收 2.81 亿元，同比增长 3.1%。

第三，电影市场恢复至 2016 年前后水平。2023 年，宁波电影全年整体票房收入为 5.7 亿元（含服务费 6.3 亿元），观影人次为 1490 万，人均观影 1.6 次（以全大市常住人口 954 万计算），观影频度明显回升。新冠疫情影响消退，影片供给恢复充足，市场基本复苏，宁波电影市场大盘恢复至 2016 年前后水平。根据灯塔大数据和拓普数据，2023 年全年宁波全市 119 家影院共 860 个影厅放映电影 137.2 万场次，观影人次为 1490 万，平均票价为 38.5 元，上座率为 8.1%。与 2022 年全年相比，营业影院数减少 5 家，新开影院 11 家，关停影院 6 家；观影人次增加 71.0%，票房上涨 68.5%，平均票价下跌 0.6 元，上座率提升 2.8%。

二、广播电视行业的问题与挑战

2023 年，宁波广播电视行业各项工作取得不俗成绩，但也存在不少薄弱环节和问题。

第一，政治学习还不够深。对党的创新理论学习不够系统全面，学习方式方法不够灵活多样，以知促行的政治站位不够高，在贯彻落实党的二十大精神、运用习近平新时代中国特色社会主义思想来指导实践、推动改革、破解难题、加快发展等方面做得不够到位。

第二，媒体影响还不够大。受制于财力、精力、能力等因素，深度融合改革成效不明显，节目/栏目研发能力不够强，新媒体矩阵影响力不够大，有影响力的高品质融媒爆款产品和活动不够多。中央级媒体和省级媒体纷纷下沉，挤压了地方媒体的市场占有份额和发展空间。

第三，产业实力还不够强。受商业新媒体冲击等影响，产业经营较为艰难，资金压力较大。

第四，队伍结构还不够优。各级广播电视播出机构加大年轻干部和青年英才培养力度，但媒体专业人才培养周期长，年轻干部成长需要过程和时间，整体行业干部人才老化现象尚未明显改善，专业结构不尽合理，特别是新媒体、科技创新、产业经营等方面人才紧缺。

三、着力提升广电"五力"，转型发展再上新台阶

新征程要有新作为。宁波广播电影电视行业始终坚持以习近平新时代中国特色社会主义思想为指导，全面贯彻落实党的二十大精神和二十届二中全会精神，深入学习贯彻习近平文化思想和习近平总书记考察浙江时重要讲话精神，深入贯彻落实中共中央、浙江省委和宁波市委宣传思想文化工作会议精神，自觉担负起新的文化使命，着力提升政治引领力、舆论影响力、产业竞争力、管理保障力、队伍战斗力等，为宁波争创共同富裕和中国式现代化示范引领的市域样板贡献更多广电力量。

（一）坚持党媒姓党，提升政治引领力

坚持把政治建设放在首位，坚定捍卫"两个确立"，坚决做到"两个维护"。强化政治理论学习制度落实，加强对习近平文化思想和习近平总书记考察浙江时重要讲话精神的学习贯彻，健全完善基层党组织政治理论学习机制。强化意识形态责任制落实，贯彻落实中共中央、浙江省委和宁波市委有关意识形态工作的制度规定，坚持党管宣传、党管意识形态，牢牢把握正确的政治方向、舆论导向和价值取向，确保在宣传导向上不出现偏差，播出安全、网络安全和生产运营安全万无一失。强化党建工作责任制落实，坚持把党建工作放到中心工作和服务大局中思考谋划，推动党建和业务同谋划、同部署、同推进、同考核，形成大抓党建、共抓党建的良好氛围，实现党建与业务深度融合。

（二）坚持内容为王，提升舆论影响力

专注内容建设，深化融合改革，不断巩固壮大主流思想舆论。加强重大

主题宣传，重视广播电视"条"和新媒体"首页首屏首条"工程建设，积极构建重大主题精准策划和融合推出机制，把学习贯彻宣传习近平新时代中国特色社会主义思想作为首要政治任务，策划推出大型融媒体传播行动，加强以强信心为重点的主题宣传和经济形势舆论引导。推进深度融合改革，深入实施"六个重构"（重构管理体系，重构传播平台，重构生产流程，重构技术支撑，重构工作队伍，重构考核体系），推动主力军全面挺进主战场。着力打造融媒体矩阵，着力构建统一调度指挥的生产运营组织体系，形成移动端优先、"屏端微号"协同联动、集约高效的生产体系和全媒体传播链条。积极探索AIGC等新技术、新手段和新工具赋能内容生产，增强科技赋能媒体融合和服务城市的能力。抓好文化节目研发。聚焦打造精彩呈现中华文明的现代城市样本，围绕宣传展示新时代宁波形象，打造大小屏联动的系列文化类节目。探索城市文化服务运营，主动策划推出年轻态、广电味、原创性的系列全媒体文化传播活动，探索具有全市影响、广电特色的文化IP，全力打造城市文化传播者和服务运营商。拓展主题外宣，深化与中央广播电视总台和浙江卫视宣传合作机制，主攻以中央广播电视总台的《新闻联播》栏目和浙江卫视的《浙江新闻联播》《第一视点》《钱江观潮》等栏目为核心的广播电视外宣，坚持量质并举，充分展示以"宁波之为"擦亮"浙江之窗"、彰显"中国之治"的生动故事。重视文化精品创优，强化各层级业务氛围建设，优化业务交流、质量考评、创新创优等工作机制，全力争取国家级政府大奖。

（三）坚持转型升级，提升产业竞争力

按照现代企业管理制度要求，加强战略规划，明确发展目标，及时调整优化产业布局，积极推进文化产业转型升级，实现利润有较大幅度增长。做稳媒体运营版块，层层压实指标责任，强化全员创收理念和全媒体方案服务，积极实施战略合作伙伴计划，巩固和拓展大企业资源、政府类资源和本地商业资源，积极探索"新闻+政务+服务+商务"运营新模式，全力稳住媒体经营基本盘。做强智慧科技版块，以新质生产力为引领，深入实施文化数字化战略，培育数字文化新业态，激发文化产业新动能。科技产业要依托广电技术力量，多渠道拓展"广电+城市服务"市场。

（四）坚持规范运行，提升管理保障力

主动适应改革发展新形势，持续完善制度体系，着力提升管理水平，推动实现内部运行更加规范，服务保障更加高效。加强治理体系建设，进一步厘清各个治理主体的职责权限、议事规则和运行机制，真正实现权责边界清晰，决策、执行和监督机制运转顺畅。加强党委科学决策，完善党委总揽全局、协调各方的制度体系，坚持和完善党委会集体领导下的分工负责制，强化"没有调查，就没有发言权，更没有决策权"意识，大兴调查研究之风，严格执行民主集中制、重大事项请示报告、"三重一大"等决策制度，确保党委决策民主科学规范。加强制度程序建设，健全按制度办事、按权限决策、按程序报批的体系。

（五）坚持严管厚爱，提升队伍战斗力

严格落实党管干部、党管人才的原则，坚持严管就是厚爱、监督就是保护，切实加强干部人才队伍建设，为融合改革和高质量发展赋能增效。进一步加强领导班子自身建设，树牢正确政绩观，坚持以上率下、事业为上、出于公心，不断提高领导班子把方向、谋大局、定政策、促改革的能力。重视干部人才队伍建设，完善干部人才选拔培育、考核管理、交流轮岗、到龄退出等机制，坚持把政治标准放在首位，按照德才兼备、事业为上、人岗相适、群众公认的原则，选配好干部，真正让实绩明显，想干事、能干事、干成事的优秀干部走上管理岗位。重视管理监督规范化建设，加强对媒体深度融合政策研究，完善干部选任、未聘人员管理等办法。重视基层党组织建设，深化模范党支部创建，着力打造全新的支部活动阵地和党建教育基地。重视广电文化建设，大力弘扬广电精神，进一步增强集体凝聚力和向心力。

2023 年宁波广播电影电视发展状况

第一节　广播电视新闻宣传

2023年是贯彻落实党的二十大精神开局之年，是"八八战略"实施20周年，宁波广播电影电视行业坚持以习近平新时代中国特色社会主义思想为指导，坚定捍卫"两个确立"，坚决做到"两个维护"，牢牢把握正确舆论导向，坚持"内容为王"，不断强化融合传播思维，推动主力军全面挺进主战场，为宁波争创共同富裕和中国式现代化示范引领的市域样板提供强有力的舆论和文化支持。

一、重大主题宣传奏响奋进"主旋律"

宁波广播电视媒体深入学习贯彻习近平文化思想、习近平总书记关于宣传思想文化工作的一系列重要指示批示精神和习近平总书记考察浙江时重要讲话精神，认真落实中共中央、浙江省委和宁波市委决策部署，围绕中心，服务大局，把讲政治贯穿全部新闻宣传工作全过程。

（一）做好学习贯彻习近平新时代中国特色社会主义思想主题教育和习近平总书记在浙江考察时重要讲话精神宣传报道

全市广播电视媒体精心组织做好学习贯彻习近平新时代中国特色社会主义思想主题教育宣传报道。宁波广播电视集团主频率/主频道和"宁聚"客户端开设《学思想　强党性　重实践　建新功》《学习贯彻习近平新时代中国特色社会主义思想主题教育》等专栏专题与《沿着足迹学思想》《凝心聚力一线建功》《寻迹之旅》《联镇入村解难题》等子栏目，策划推出《主题教育在宁波》等系列报道，精心制作《宁波广电主播领读》系列短视频。深入挖掘全市各地开展学习贯彻习近平新时代中国特色社会主义思想主题教育的典型做法和先进经验，及时展现全市开展学习贯彻习近平新时代中国特色社会主义思想主题教育的最新进展和生动实践。2023年11月12日，中央广播电视总台的《新闻联播》栏目播出《学思想 强党性 重实践 建新功丨紧贴基层特点 扎实推进第二批主题教育》，报道了江北区人社部门推出的人社服务专员制度。

精心组织做好学习贯彻习近平总书记在浙江考察时重要讲话精神宣传报道。宁波广播电视集团主要新闻栏目开设《牢记嘱托 感恩奋进 勇立潮头 学习贯彻习近平总书记考察浙江重要讲话精神》专栏专题，第一时间组织做好时政动态、反响报道、特别报道等，采制播出《习近平总书记在浙江、山东枣庄考察时的重要讲话激励我市广大干部群众坚定信心团结奋斗》等相关报道120余篇，特别策划推出新闻调查《"八八战略"在宁波·思想之光》、新闻专题《田野里的科技之歌》等，生动反映习近平总书记考察浙江时重要讲话精神在全市引发的热烈反响和各地各部门的学习贯彻情况。

（二）精心组织重要会议报道

2023年上半年，宁波两会、浙江两会和全国两会相继召开，宁波广播电视集团主频道主频率和"宁聚"客户端精心谋划，全力做好宣传报道，共计策划推出10多档专题专栏，组织实施19场直录播和20场网络直播，播发相关稿件500余篇，有效传播了大会盛况和会议精神。其中，《宁波新闻》的《第一发布》专栏在浙江两会和宁波两会召开后，第一时间策划推出《点靓宁波》系列发布，邀请10位政府部门负责人畅谈各地实施"精特亮"工程的最新成果，为宁波推进"精特亮"工程营造良好舆论氛围。

2023年下半年，宁波市委十四届四次全会和五次全会先后召开，宁波广播电视集团新闻主频率主频道和"宁聚"客户端第一时间在重要版面、时段、页面等及时播发会议消息，及时报道市委市政府落实全会精神的重要举措。《宁广早新闻》推出《"八八战略"引领宁波二十年精彩蝶变——论学习贯彻市委十四届四次全会精神》《始终牢记习近平总书记亲切关怀殷切嘱托——论学习贯彻市委十四届五次全会精神》等七篇广播评论，为全市学习贯彻市委全会精神营造良好舆论氛围。主要新闻栏目及时推出《科技创新甬力量》等专栏，聚焦科技创新带动全市高质量发展等主题，生动展现以市委全会精神为指引的宁波成就和宁波经验。

（三）做好宁波"打造一流城市，跻身第一方阵"宣传报道

宁波广播电视集团主频率/主频道和"宁聚"客户端通过开设专栏专题、配发评论、推出权威访谈等多种方式，先后播发《前湾新区：全省首个产值超千亿"万亩千亿"平台》《多项指标领跑全省：北仑加快推进现代化滨海大都市高能门户建设》《甬新速评：壮志在胸　了然于胸　成竹在胸》等相关报道160余篇，生动展示全市各地各部门推进经济社会高质量发展的新举措和新成就。同时，加强外宣推送，在中央级媒体和省级媒体发稿20余条，营造"打造一流城市，跻身第一方阵"的热烈氛围，有力助推市委市政府中心工作。

（四）做好"八八战略"实施20周年宣传报道

2023年是"八八战略"实施20周年，宁波广播电视集团主频道/主频率和"宁聚"客户端精心策划，开设《"八八战略"在宁波》《"八八战略"实施20周年》《深入实施"八八战略"》《大力推进"一号工程"》等专栏专题，举办"牢记嘱托·追梦新时代——'八八战略'在宁波"大型融媒体新闻行动，策划系列短视频《新时代足迹，"甬"在征途》等融媒体产品，先后播发相关报道650余篇，深度挖掘全市践行"八八战略"的生动案例，全面宣传"八八战略"引领全市高质量发展的光辉历程。电视传媒配合浙江卫视在《浙江新闻联播》栏目播出《深入实施"八八战略"　奋进中国式现代化新征程》《思想的伟力｜在"八八战略"指引下"小巨人"成长记》等10多条反映宁波实践的"八八战略"主题稿件。

镇海区新闻中心（镇海区广播电视台）推出《"八八战略"在镇海》大型融媒体主题系列报道，刊发"开放篇""民生篇""改革篇""科创篇""园区大工程篇"等5个篇章18篇报道，讲好镇海故事，展示镇海形象。

（五）持续做好文明城市创建宣传报道

宁波广播电视集团各宣传单位通过开设《在宁波，看见文明中国》等专栏专题，第一时间呈现全市文明城市创建过程中涌现出来的好经验、好做法等，策划推出《身边的好人》《志愿者在行动》等系列报道，积极传播社会正能量。同时，进一步加强舆论监督。例如，《第一聚焦》推出菜场新规出台后看落实的系列监督报道等，正反结合，倡导文明新风，先后播发相关报道850余篇。其中，《宁波新闻》对全市近年来文明城市创建工作进行专题梳理，采制播发《一城文明风　处处践有礼》《治理"绣花针"　绘出满眼春》《崇德向善　满城大爱》等三篇综述报道，深层次展现全市文明创建亮点。

（六）机制创新提升重大主题宣传传播力

北仑区传媒中心（北仑区广播电视台）聚焦区委区政府中心工作，研究制定《关于区委中心工作主题宣传工作机制的方案》《重大主题宣传报道聚焦研判和实施制度》等，通过建立工作机制，让重大主题宣传有力有效。

奉化区融媒体中心（奉化区广播电视台）推行"三会工作法"，组建重大主题报道组，导入专家"智囊团"，不断强化高质量创意策划的引领作用，围绕"'八八战略'二十周年""千万工程""城市品牌建设""工业经济发展"等主题，开设主题专栏近30个，全媒体平台刊播重大主题报道100余篇次、言论100余篇次，主题宣传稿件共计5000余篇次，形成强大的舆论引导声势。

二、重大活动报道进军新闻"主战场"

（一）全力做好杭州亚运会宣传报道

宁波广播电视集团把做好杭州亚运会宣传报道作为2023年一项重要政治任务抓紧抓细抓实，多次召开专题会议，研究制定杭州亚运会宣传工作组织方案。宁波广播电视集团党委和编委会主要领导靠前指挥、统筹协调，班子相关领导分工负责、抓好落实，以集团军作战方式先后抽调多个下属单位（部门）的业务骨干360多人次，高质量完成杭州亚运会宣传报道、杭州亚运会火炬宁波传递、沙滩排球项目电视转播信号制作、对外宣传等系列工作，营造了浓厚的杭州亚运会宣传氛围。宁波广播电视集团各宣传单位精心策划，先后开设《滨海宁波，精彩亚运》《迎亚运　"甬"向前》《看亚运》《当好东道主　喜迎亚运会》等20多档专题专栏，播发相关报道1000余篇，及时呈现宁波迎杭州亚运会各项准备工作的最新进展和成果，生动展现全市各界喜迎杭州亚运会的浓厚氛围。"宁聚·一端五号"共创作短视频330余条，其中全网首发的《刚刚！亚运火种抵达宁波北仑》全网流量达1500多万人次，《火炬手崔译文："挡刀女孩"暖心出发！》等4条短视频全网流量超过1000万人次，全网流量超过100万人次的短视频近百条，国内各大新媒体平台广泛转发。完成沙滩排球项目所有105个场次的电视转播信号制作，被中央广播电视总台选用21场。杭州亚运会期间，广电外宣取得重大突破，在中央级媒体发稿105篇，其中《新闻联播》5篇、《新闻和报纸摘要》6篇，双双创下单月历史新高，形成强大的杭州亚运会宣传声势。

象山县传媒中心（象山县广播电视台）围绕"办好一个会，提升一座城，激活一片海"总体目标，全方位多维度做好杭州亚运会前夕、杭州亚运会期间、杭州亚运会闭幕后的宣传报道，讲述好象山故事，展示好象山形象。先后开设《活力象山迎亚运》《亚运之光耀半岛》《蓝色·亚运进行时》《亚运倒计时特刊》《亚运直击》《遇见万象山海》等专栏专版，累计推出有热度、有鲜度、有深度的杭州亚运会报道2000余条。制作航拍纪录片《万象山海·飞越海岸线》第一、二、三季，在运动员赛事保障车辆电视屏及国际频道、海外平台等播出，向全球传播象山的生活之美、环境之美、文化之美等，提升外界对象山的向往感。同时，结合"中国开渔节""青年与海"等主题活动，多角度展示象山从渔船到帆船、从小渔乡到现代海洋都市和滨海大花园的生动场景。杭州亚运会象山赛区比赛期间，象山登上中央广播电视总台CCTV-1综合频道《新闻联播》栏目4次，在浙江卫视《浙江新闻联播》栏目亮相7次。

（二）做好重大活动全案策划及主题报道

2023年，宁波广播电视集团积极做好第三届中国—中东欧国家博览会暨国际消费品博览会、2023 年中国文化旅游产业博览会等重大活动宣传报道。各宣传单位立足节目定位，结合学习贯彻党的二十大精神、迎接杭州亚运会、"八八战略"实施 20 周年等重大主题，全案策划或深度参与宁波春晚、"今天我发布"系列专题发布会、Cross-City Race"发现宁波"大型城市游戏、2023 海丝之路文化和旅游博览会、"最美宁波人"、"宁波好人"、"滨海宁波　书香四季"——2023 宁波市全民阅读系列活动、宁波市迎接杭州亚运会倒计时 100 天主题文艺晚会直播、杭州亚运会火炬传递宁波站、"为爱护航　甬有未来"——请让我来帮助你　2023 宁波市庆"六一"大型广场活动、国潮"甬"动种花季、第八届宁波市道德模范颁奖典礼、潮"甬"山海·活力天峻——2023 青海天峻城市形象推介会等重大媒体活动，展现主流媒体社会责任和担当，取得良好社会效益。

镇海区新闻中心（镇海区广播电视台）高标准做好 2023 年镇海品质文化周、2023 中国音乐小金钟全国琵琶展演、第三届中国插图装帧艺术展览等大型活动的承办和报道。

三、精品战略培育核心"竞争力"

（一）精品创优再创佳绩

2023 年，宁波广播电视集团全年有 38 件作品获得 2022 年度浙江省广播电视政府奖和浙江新闻奖，其中获一等奖 15 件、二等奖 11 件、三等奖 12 件。全年有 148 件作品获得 2022 年度宁波市广播电视政府奖和宁波新闻奖，其中获一等奖 49 件、二等奖 51 件、三等奖 48 件。

区（县、市）融媒体中心（广播电视播出机构）等深耕内容创作，鼓励扶持精品创作。

镇海区新闻中心（镇海区广播电视台）优化调整月度好新闻评选办法，完成四个季度评选，好新闻作品总计 231 件。共推荐选送参评作品 104 件，其中有 55 件作品获奖，获奖率达 53%。其中，《群众身边的讲台"镇理享"》等 9 件作品获市新闻奖一等奖，2 件作品获评浙江省新闻奖，3 件作品获评浙江省广播电视奖。在 2022 年度宁波市短视频创作评比中，区（县、市）融媒体中心（广播电视播出机构）共有12件作品入选月度十佳，在各区（县、市）中并列第一。高质量抓好短视频创作生产，全年共有18件作品获评宁波市十佳短视频，全年共有70条短视频被省政府官方抖音号"美丽浙江"采用，其中有20条短视频浏览量突破100万人次，有效传递了镇海城市正能量。持续发挥传统优势，广播连续剧《飞向北京》《糖丸爷爷》获宁波市第十五届精神文明建设"五个一工程"奖。草婴先生诞辰100周年之际，镇海区新闻中心（镇海区广播电视台）主创的《托尔斯泰的中国"知音"》于5月中旬在"浙江宣传"微信公众号发布，阅读量突破10万人次。

慈溪市融媒体中心（慈溪市广播电视台）2023年首获中国新闻奖，共有52件（次）广播、电视、报纸和新媒体作品获得宁波市级以上各类新闻奖项，新闻创优实现历史性突破。

（二）关注民生彰显传媒担当

北仑区传媒中心（北仑区广播电视台）聚焦舆论监督，运营北仑民生在线网络服务平台，全年共计收到网友发帖6701件，办结6623件，办结率约为99%，人民群众反馈的急难愁盼问题基本得到回应和解决。自6月28日起，"仑传"客户端开设《你问我答》栏目，聚焦车辆难停、乱停、入学、就医、房屋拆迁等热点问题，累计发布民生问答稿件50余条。

奉化区融媒体中心（奉化区广播电视台）整合改版《奉视新闻》《民生1890》等，制作完成"优化营商环境"电视问政，改版对农节目《乡间小路》，不断满足人民群众的收听/收视需求。

余姚市融媒体中心（余姚市广播电视台）一直把做好舆论监督作为助推民生改善、提升媒体公信力的重要手段，2023年持续加大报道力度，《四明聚焦》《市民关注》等刊发舆论监督报道61篇，基本保持一周一次的刊发频率，舆论监督的内容包括城市环境秩序、垃圾分类、房屋拆迁、水环境整洁等内容，推动一批民生问题得以整治。

宁海传媒集团（宁海县广播电视台）深耕民生服务。"百姓事马上办"平台自6月15日迁移到客户端后，全面启动"互联网+民生服务+舆论监督"新模式，共受理群众诉求、建议等6945件，办结率为95%，群众满意度为89%。

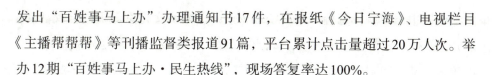

发出"百姓事马上办"办理通知书17件，在报纸《今日宁海》、电视栏目《主播帮帮帮》等刊播监督类报道91篇，平台累计点击量超过20万人次。举办12期"百姓事马上办·民生热线"，现场答复率达100%。

四、对外宣传唱响宁波"好声音"

2023年，宁波广播电视集团主动对接中央级媒体和省级媒体，全年电视外宣在中央广播电视总台发稿373条，其中《新闻联播》播发62条，做到"央视天天见，《新闻联播》常常有"；在浙江卫视播出703条，其中《浙江新闻联播》播发391条。广播外宣在中国之声播发190条。"学习强国"学习平台订阅号"宁波学习平台"推送稿件被全国平台采用1540条。外宣工作在全国/全省城市台继续保持领先地位。

在浙江省融合传播协作会议上，宁波广播电视集团获得电视新闻融合传播协作一等奖、广播新闻协作二等奖、新媒体协作二等奖、"美丽浙江"融合传播二等奖、"上送中央电视台十强单位""上送中央人民广播电台十强单位"等奖项和荣誉称号。

同时，继续加强与浙江国际频道等涉外媒体的合作交流，大力宣传宁波经济社会发展的成效和举措。

区（县、市）融媒体中心（广播电视播出机构）等围绕区域经济社会发展的热点问题，精心策划，精良制作，多渠道对外宣传。

镇海区新闻中心（镇海区广播电视台）全年在中共中央、浙江省、宁波市等三级媒体刊发图文稿件1542条，刊播视频新闻报道251次、广播新闻报道226条。其中，有60条电视新闻作品在中央广播电视总台播出，10条亮相《新闻联播》，3条广播新闻报道在《中国之声》栏目播出，5条登陆浙江卫视《浙江新闻联播》头条。

余姚市融媒体中心（余姚市广播电视台）结合全市制造业高质量发展大会暨2022宁波创业创新风云榜颁奖仪式、2023湖州长兴（宁波）招商引资引智推介会暨项目集中签约仪式、2023余姚四明山旅游发展大会、第八届中国机器人峰会暨智能经济人才峰会、2023中国（余姚）国际塑料博览会暨第二十四届中国塑料博览会、2023宁波（余姚）阳明文化季等重要会议活动，展开全媒体形式对外宣传报道，采制的《投资超50亿元　宁波余姚推进四明山旅游高质量发展》等160多条（次）稿件被中央广播电视总台各频道/频率、《人民日报》、"新华社"客户端等中央级媒体平台采用。

慈溪市融媒体中心（慈溪市广播电视台）全年在中央广播电视总台播发稿件119条：《新闻联播》播发4条；中国之声播发7条，其中《新闻和报纸摘要》播发1条；浙江省台播发165条，其中《浙江新闻联播》播发15条，作为头条播发1条；浙江之声播发31条，作为头条播发3条；宁波台作为头条播发285条。

象山县传媒中心（象山县广播电视台）在市级以上广电媒体播发象山相关报道1772条，含中央级媒体播出112条，其中中央广播电视总台CCTV-1综合频道《新闻联播》栏目播发6条，广播频率中国之声《全国新闻联播》《新闻和报纸摘要》等频率播发22条，在"学习强国"学习平台、《人民日报》、"新华社"客户端、"浙江新闻"客户端等市级以上主流新媒体平台播发稿件8500余条，在推特等海外平台上累计发帖9500余条，有力提升了象山知名度和美誉度。

鄞州区融媒体中心（鄞州区广播电视台）深入挖掘鄞州经济社会发展中的创新亮点和暖心故事，加大对中央级媒体和省级主流媒体的上送力度，全方位擦亮鄞州品牌。全年广播电视外宣采用共计1572条（次），其中中央广播电视总台采用173条（次），《新闻联播》栏目播发5条（次）。《传奇中国节》连续3年保持播发12期的高频次纪录。

第二节　广播电视技术和公共服务

技术是媒体深度融合发展的底层支撑。2023年，宁波广播电影电视行业持续推进技术创新，探索AIGC在广电领域的应用，严守网络安全保障底线，不断做强信息化技术支撑，服务广播电视融合发展、内容生产、安全播出和公共服务。

一、技术支撑赋能行业发展

（一）项目引领和团队构建，做好技术服务和技术保障

全市广电技术部门不断强化技术支撑能力，做好内容生产技术系统运维，保障系统的可用性和低故障率，保障广播电视节目生产。

2023年，宁波广播电视集团融媒体技术中心完成融媒体云平台、高清新闻网、综合制作网等网络系统安全运行保障工作，以及各级两会、杭州亚运会等重保期期间节目制播和网络安全保障工作。以宁波广播电视集团新大楼建设和搬迁工作为契机，全力推进工艺项目建设，负责集团楼宇、广播楼宇和电视楼宇的基础办公、内容生产、安全播出等相关软硬件设施和系统在新大楼进行新建、搬迁、迁移等诸多工作任务。在新大楼构建AI智能中台、内容中台、用户连接器平台、应用连接器平台、统一门户等基础设施，为集团智慧平台打下坚实基础。在此基础上，依托智慧融媒体AI平台能力和应用连接器平台能力，构建一批面向互联网的AIGC能力服务，包括图文转视频、一键成片、AI绘画（自研）、AI会话（自研）等。

宁波广播电视集团广播电视制播中心积极探索应用先进的大小屏多屏融合直播模式，全年共完成直录播标准场次1329场，其中直播标准场431场次，录播标准场898场次。广电新技术创新应用实验室完成"智能无跟踪虚拟演播系统"的搭建与测试，应用TVU party line 5G云互联远程直播连线及云平台制播系统、5G云计算等新技术新手段，新技术应用在实现节目形式多样化的同时，增强了观赏性、趣味性和互动性。

（二）聚焦技术创新和场景应用，提升内容生产效率和节目创新

广播电影电视行业紧跟人工智能发展潮流和最新研发成果，以广播电视实际工作需求，特别是节目生产需求为导向，通过技术创新更好赋能内容生产和融合传播。

2023年年初，宁波广播电视集团融媒体技术中心AI项目研发小组成立；8月，启动"AIGC融媒创作港"项目，团队秉持开放与合作的理念，与AI Lab

实验室、优图实验室等知名研究机构和业界领军企业的技术精英团队进行广泛深入的技术交流合作。项目研发小组深度整合公有云服务和AI中台的前沿技术，充分运用NLP自然语言大模型、文本生成图像、图像生成图像、数字人等技术，为文化传媒产业提供一套全面的智能化创作工具与本地化大模型解决方案。

在推进垂直化AI大模型训练应用中，AI项目研发小组把宁波方言类AI大模型训练作为重点研究方向。方言是地域文化的"活化石"。面对方言断层风险，AI项目研发小组充分依托集团海量优质方言类视听内容优势，构建高质量方言类视听语料数据集，推进大模型训练。与浙大宁波理工学院共同申报的"基于大模型的宁波方言标准构建与智能应用"项目获2023年度宁波市"科创甬江2035"重大应用示范计划立项。该项目旨在建立宁波方言数字资源标准，训练高性能方言大模型，具备语音识别、合成等核心能力，为政务服务、导览导游、节目制作等提供高效工具，推动宁波文化传媒行业技术升级和方言文化传承创新。

以具有自主知识产权的"AIGC融媒创作港"为主导产品，持续深耕人工智能生成工具研发。借鉴业界领先AI技术，创作港成功研发并上线7大类20余项涵盖音视频、图文等多模态AI创作工具和数字人应用，为多个区（县、市）融媒体中心、江西电信、江苏某地融媒体中心等行业用户提供专业生成式人工智能技术服务。

鄞州区融媒体中心（鄞州区广播电视台）推进平台建设升级，投入780万元完成融媒体技术平台（中央厨房）建设，从过去简单的内容分发，转变为根据不同新媒体平台特性、风格偏好、技术标准等进行有针对性的内容生产，将技术、人才、内容、资源等全方位聚合，构建起客户端、公众号、抖音号等集成的县级融媒体传播舰队。

二、安全播出守牢安全底线

2023年，宁波广播电影电视行业以"护航亚运"为广电安全播出和网络安全管理主线，主动担当，积极作为，以强烈的政治责任感和使命感，推进工作落细落实。

（一）进一步强化广播电视安全播出和网络安全管理

围绕杭州亚运会、第4届亚洲残疾人运动会（简称杭州亚残运会）等重大活动保障要求，宁波市文化广电旅游局制定下发《2023年宁波市广播电视安全播出保障方案》《宁波市广播电视行业落实杭州亚运会亚残运会安全播出保障专项工作方案》《关于做好2023年各重要时段广播电视安全播出专项保障工作的通知》等文件，召开9次广播电视安全保障工作部署会，开展全市广播电视安全播出大检查和区（县、市）交叉互查活动，两轮抽调技术专家和骨干力量对全市14家广播电视责任单位实地督查，共排摸问题隐患64个，全部完成整改工作。组织开展全市广播电视安全播出应急演练和安全业务培训活动。严格落实重要保障期工作，圆满完成元旦、春节、各级两会、第三届中国—中东欧国家博览会暨国际消费品博览会、成都大运会、杭州亚运会、国庆节等重保期的安全保障任务，实现了零责任事故的安全目标。

强化网络安全监管，及时转发国家广播电视总局网络安全态势通报和信息通报，督促全市各广电单位全面及时完成信息网络漏洞修补整改工作。充分发挥宁波市广电系统信息网络异态感知系统作用，对全市各广电单位的信息网络和"两微一端"实现7×24小时动态监测，积极做好应对网络渗透攻击的监控监测，做到早发现早处置。

认真抓好广播电视设施保护工作，指导督促辖区内广播电视行业的重点单位和传输设施单位完善专群结合的治安巡护机制。"杜苏芮""卡努"等超强台风登陆中国沿海地区前后，组织天馈加固、卫星接收、传输线路等设备检查工作，保障各播出机构节目制作、播出，区县通联顺畅，确保及时向中央广播电视总台和浙江省台上送节目，及时报送防范台风应急保障动态信息，同时安排好应急力量和应急设备，做好直播、应急出动等各项准备工作。重点抓好广电网络主干线路巡查工作，确保广电网络正常安全运行。

宁波市广播电视监测中心夯实日常监测工作，全天候不间断值班，对全市重点转播节目和自办的380套广播电视节目进行监测，全年监测时长共340余万小时，全年未发生重特大安全播出事故。联动播出机构开展前端设备巡检巡查、安播检查、技术帮扶等60余次。规范完善业务全流程，以流程为抓手提升工作质量，每小时定工作重点，值班人员逐项对照完成；每日检查相关设备4次，并出具监测日报；每周召开监测例会；每月出具监测月报；每季度进行设备维护和技术交流；每半年组织开展一次技能比武；每年进行一次分析讲评。重保期、应急响应期前开展安全播出模拟实操演练，提高应急处理突发状况能力，达到了"状况突发、贴近实战、反应迅速、处置有效"的目的。

（二）进一步强化安全播出的责任落实

2023年，宁波广播电视集团科技管理部认真履行集团安全播出指挥部办公室职责，做好国家、省、市等上级部门指示精神贯彻落实；组织和协调集团各安全播出责任单位（部门）圆满完成元旦、浙江省两会、春节、全国两会、清明节、五一、端午节、中秋节、国庆节、杭州亚运会、杭州亚残运会、第三届"一带一路"国际合作高峰论坛、2023年世界互联网大会乌镇峰会等重要保障期安全播出保障任务，完成重要保障期安全播出共计63天，牢牢守住安全播出和网络安全底线。

精心组织和谋划"护航亚运"广播电视播出与网络安全保障工作，做到任务明确、责任清楚。制定完成《2023年宁波广播电视集团"迎亚运"安全播出和网络安全保障工作方案》，方案按自查、整改、检查、复检、应急演练、安全播出月、重要保障期等阶段分解工作任务，明确各单位工作责任，确保保障工作阶段清楚、流程严密、措施管用。全年围绕"护航亚运"工作主线，针对各阶段问题督促各有关部门抓好整改落实。针对安全责任落实，及时与各下属责任单位签订安全播出责任书。按照公安和网信部门要求，组织各单位做好网络安全自查，并开展第三方运维网络安全专项检查，督促做好各单位微信公众号等新媒体业务网络安全认证和备案工作。5月，举办广播电视安全播出业务培训，7月，组织完成集团层面网络安全演练活动，8月，完成集团层面安全播出演练活动。

完善制度规范，修订或制定安全播出和网络安全相关管理制度。组织协调各责任单位（部门）制定杭州亚运会安全播出专项应急预案和网络安全专项应急预案；成立网络安全应急响应小组，总结制定广播电视网络安全巡检流程，加强网络安全保卫工作。制定《宁波广播电视集团安全播出相关岗位快速应急操作流程》。严格落实《浙江省广播电视局关于进一步强化预警指令落实的通知》要求，修订完善《转播CCTV新闻联播特别应急预案》《关于非提前送播节目的送播操作规范》，第一时间完善流程，健全完善预警指令落实工作流程，建立预警指令接收落实情况台账；要求预警指令必须由两个及以上工作人员落实，形成"接收—落实—确认"管控闭环，确保《新闻联播》完整高质量转播。

宁波广播电视集团融媒体技术中心多措并举，强化培训和教育，严格落实安全播出相关规定。

第一，坚守岗位，全力做好日常保障工作。通过加强网络安全培训和教育，提高员工对网络安全的认识和理解，对"三高一弱"问题进行专项检查。加强网络监控，及时发现并解决网络链路异常情况，以确保单位网络的连通性和稳定性。

第二，严阵以待，全力保障重保期间网络安全运行。每次网络安全重要保障期前夕，对重要部位、传输线路等进行一次全面排查，对设备、线路及备品备件、抢修物资器材等进行全面检查维修。认真查找安全漏洞，切实整改薄弱环节，及时消除各种隐患。6月，参加省公安厅"护网2023"网络安全实战演练，针对行动的结果反馈，继续加强安全措施，及时查漏补缺。

第三，严防死守，筑牢网络攻击防控屏障。2023年，共进行19次网络安全漏洞扫描，通过对系统进行全面检测和分析，及时发现并修复潜在安全隐患。同时，采取一系列措施阻断高危攻击行为，共计阻断高危攻击946 372次，有效保护了网络和系统安全。此外，成功追踪和处理25 194起黑客攻击行为，有效保护了系统的完整性。

第四，流程规范，稳步推进安全项目工作。制定新媒体系统新应用上线和代码更新的流程规范，包括问题修复、代码提交等流程。为灾备机房部署WAF（Web应用防火墙）、NIPS、ADS、零信任等系统，以提高系统的安全性。同时，对防火墙进行安全配置，将非必要的端口关闭，减少系统的被攻击面。办公网出口是宁波广播电视集团对外网的主要通道。为了保证网络安全，宁波广播电视集团部署新的均衡设备来实现负载均衡和高可用性，同时对设备进行必要的安全配置。全面整理VPN账号，包括清理僵尸用户和废弃账号，以确保每个账号都能准确对应到责任人，并加强账号管理和权限控制措施，以提升安全性和追责能力。

宁波广播电视集团发射中心共发射中波广播12套，调频广播9套，数字电视5套，共26套节目。发射中心严谨细致规范做好日常技术运维，针对各台地域分布点多面广、设备类型不一、系统复杂等状况，以高度负责态度遵照设备系统各自运维特点要求，有计划、分阶段，高标准、严要求实行制度化、规范化运维，保证设备状态完好，系统运行稳定，提升了安全播出保障水平。针对各类突发故障及时高效做好应急处置和设备检修工作，同时归纳摸索规律，及时修订完善预案，总结各台间设备系统相通规律，互学互鉴，提高突发故障隐患排查的前瞻性和紧急处置能力。做好系统设备备份和备品备件储备，提高抢修响应速度。

镇海区新闻中心（镇海区广播电视台）强化制度建设，让安全工作有章可循。制定《编发中心规范编辑手册》《编发中心人员培训细则》《编发中心考核奖惩制度》等，加强对敏感信息、开放接口、用户（账户）等方面的管理，健全完善网络信息安全管理体系。坚持技术过滤与人工复核相结合，每日安排两个班次进行人工巡查，防范负面信息。严把短视频内容监审关，累计审核编辑短视频1000余条，修正问题350余个，确保发布万无一失。制定《重保期安全工作方案》，圆满完成全国两会、成都大运会、杭州亚运会等12个重保期的安全保障任务。全员签订《镇海区新闻中心工作人员保密承诺书》，确保各级各类保密信息不泄露。制定《镇海区新闻中心安全用电管理办法》，确保中心大楼用电安全，各类设备平稳运行。强化技术赋能，让安全工作可防可控。持续推进广播、电视及网络系统安全设备提升改造工程。开展广播、电视技术保障自查、网络和数据安全专项联合检查、网络安全重点问题排查及整改等工作，开展相关工作人员安全播出技术培训教育和应急操作实战演练，升级改造预警信息接收系统，确保预警信息接收稳定可靠。按上级要求，有序推进安可工程落地，逐步实现软硬件设备信创产品替代，信息网络安全可靠、自主可控。

象山县传媒中心（象山县广播电视台）牢固树立安全保障工作"一盘棋"思想，强化凝聚"技防、人防、物防"合力，筑牢意识形态阵地安全。投入近450万元完成广播直播室改造、视频工作站建设、无线覆盖工程700MHz频改、广播传输信号数字化改造、DVB前端系统升级、应急备份平台建设等项目，提高技术保障能力。启动一级响应后，领导班子实施每周一会商、每日一报告等制度，加强值班值守，严格实施领导带班、重点岗位7×24小时双人双岗值班制度。杭州亚运会期间，对发射机房、各片区站、采编播各发布平台等18处重要场所和部位开展平安护航杭州亚运会维稳安全专项检查，梳理安全风险点42个，制定防范措施64条，并对前期巡检、上级抽查发现的"摄像头主机存在弱口令"等11个安全问题开展"回头看"，做到隐患清零，确保杭州亚运会期间象山县传媒系统安全播出和安全生产无事故。

三、公共服务惠民生暖民心

2023年，以应急广播体系建设为核心，以广播电视基本公共服务县级标准化试点建设为抓手，坚持以人民为中心，宁波市广播电视公共服务能力和服务水平持续提升。

（一）深化全市应急广播体系建设

宁波制定出台《宁波市人民政府办公厅关于深化全市应急广播体系建设的通知》和《全市深化应急广播体系建设工作实施方案》，成立全市应急广播体系建设工作专班，先后召开全市深化应急广播体系建设会议、推进会等，部署落实全市深化应急广播体系建设任务。宁波市文化广电旅游局联合市财政局下达2000万元资金补助各区（县、市）应急广播建设。全市终端建设任务为7195项，完成终端覆盖任务为4899项，完成率为68.09%。市级应急广播监测平台本体升级改造完成，并加快与区（县、市）播控平台互联对接。海曙、江北、镇海、北仑、奉化、余姚、慈溪、宁海等8个区（县、市）完成平台IP化升级改造任务。

（二）开展广播电视基本公共服务县级标准化试点建设

宁波市文化广电旅游局指导奉化区和北仑区开展广播电视基本公共服务县级标准化试点创建工作，两区成功入选省级广电公共服务县级标准化试点。同时，奉化区入选国家级广电公共服务县级标准化试点，全省仅2家。

（三）广电低保工程进一步覆盖

2023年，宁波下达广电低保工程资金374.4万元，配套补助低保家庭免费收看有线数字电视，覆盖全市41 668户低保家庭，为全市低保家庭提供基本公共文化权益保障。

北仑区传媒中心（北仑区广播电视台）继续实施"北仑区60周岁及以上居民用户免缴数字电视基本收视维护费"等惠民政策，每年减免费用1600万元。

第三节　广播电视产业

2023年，面对复杂严峻的国际形势和超预期因素影响，宁波坚持以习近平新时代中国特色社会主义思想为指导，全力拼经济、惠民生、蓄动能、稳预期，市场活力持续释放，新兴动能不断增强，有力有效推动全市经济稳进向好，全年全市实现地区生产总值达16 452.8亿元，按不变价格计算，比2022年增长5.5%。全市广播电视行业着力推动产业经营转型，加快形成产业高质量发展新格局。

一、2023年广播电视产业总体情况

（一）实际创收收入实现大幅增长

2023年，全市广播电视产业实际创收收入为192 656.64万元，同比增长37.08%。

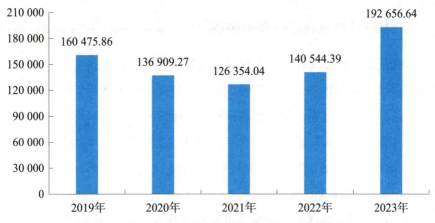

图1-1　2019—2023年宁波广播电视产业实际创收收入情况（万元）

其中，宁波广播电视集团实际创收收入为41 139.30万元，同比增长6.07%。各区（县、市）广播电视行业实际创收收入为114 888.87万元，同比增长37.06%。

（二）除广告收入外，其他创收收入均实现较大幅度增长

在全市广播电视产业收入中，广告收入为31 102.20万元，同比下降5.35%；有线电视网络收入为106 258.77万元，同比增长34.59%；新媒体业务收入为4 538.40万元，同比增长12.99%；其他创收收入为50 757.27万元，大幅增长105.35%。

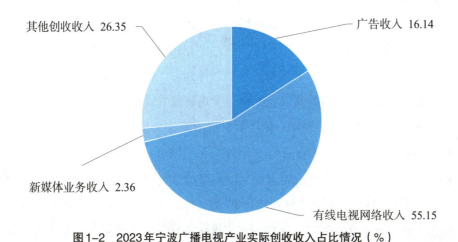

图1-2　2023年宁波广播电视产业实际创收收入占比情况（%）

（三）产业转型促进高质量发展

尽管受新媒体巨大冲击、专题广告政策性压缩、广电新大楼建设增加成本等诸多因素叠加影响，宁波广播电视集团坚持稳中求进工作总基调，着力推进产业经营科学转型，加快形成产业高质量发展新格局。剔除宁波大剧院划出、频道/频率精简等因素，全年实现营收3.67亿元，利润达4 646.65万元。截至2023年年底，集团资产总额为34.61亿元，净资产为28.06亿元，同比分别增长2.98%和0.65%。

第一，完善治理体系。根据宁波广播电视集团"一体两面"工作要求，修订完善《集团（公司）党委会、董事会、总经理办公会工作指引》《集团（公司）"三重一大"决策管理规定》，以及集团公司董事会议事规则、董事会向总经理授权管理办法、总经理办公会议事规则等一系列管理办法，各治理主体职责定位更加清晰，董事会工作正常开展，总经理办公会定期召开，运行更加科学高效。

第二，转型媒体运营。在商业广告持续普遍大幅下降的背景下，各经营主体强化全媒体方案服务，积极探索"新闻+政务服务商务"运营新模式，千方百计巩固和拓展大企业资源、政府类资源和本地商业资源，加快推进传统广告向媒体运营转型，全力稳住媒体经营基本盘。全年媒体运营创收2.81亿元，同比增长3.1%。

第三，拓展现有产业。宁波广播电视集团对影视公司发展重新作出定位和宁波大剧院因市国企改革要求划转至文旅集团后，及时梳理调整产业布局，加快推进现有产业板块升级转型。除了媒体运营，智慧科技、文化创意等为主营业务的板块进一步得到发展，全年实现营收1.24亿元，同比增长4.76%。智慧科技板块，紧跟全市数字化转型发展战略，积极布局拓展信息化产业，旗下宁波广慧传媒科技有限公司和宁波市无线城市运营有限公司在完善一体化运行基础上，拓展数字应用市场，提高市场竞争力，全年实现营收8056万元，利润为390万元，同比分别增长80.95%和29.40%。股权投资板块，通过减持股份、公允价值变动、分红等方式确认投资收益1.02亿元左右，总体收益良好。文化创意板块，新重组的宁波广创旅游会展有限公司瞄准"文化+

创意"主营方向，先后完成"'发现宁波'大型城市游戏项目"、2023海丝之路文化和旅游博览会宣传推广、2023北纬30°短片节、2023工业文化发展大会等活动，发展态势较好。

第四，加强财务资产管理。严格按照"过紧日子"要求，从紧从严抓好全面预算管理，建立"资金池"体系，不断提升资金管理效益。严格执行采购管理规定，加强自主采购和小额零星采购管理。

镇海区新闻中心（镇海区广播电视台）寻求新媒体营销和活动营销新路径，深耕"新闻+"多元业务，不断培育新型融媒体产品，加快探索产业新业态。2023年经营创收4 416.67万元，较2022年增长17.68%。2023年，承接活动近200场次，创制专题片、宣传片、纪录片、短视频等近千部/条。广播中心制作推广"二十大精神文艺宣讲课"，区内外落地18场。首次举办跨省主题研学遵义红色研学、少年警校研学等活动，取得社会效益和经济效益双丰收。广播中心推出的"车标小文创 电台大生意"案例斩获全国"最佳整合营销案例奖"。积极探索延展媒体触角，孵化培植抖音、小红书、视频号、播客等自媒体账号，类型涉及旅游、美食、母婴、家装等垂直领域。

北仑区传媒中心（北仑区广播电视台）以"新闻+"为突破点，加强营销策划，夯实存量业务，做强做大政务、服务、商务等市场，拓展新兴市场，努力实现媒体与各领域跨界融合。与北仑自贸区综合协调局、宁波市生态环境局北仑分局等开展年度合作项目，与新碶街道合作未来社区项目。下属国企宁波仑传电子商务有限公司拟倾力打造集工业、农业、文化和旅游于一体的综合展销平台——仑传商城，立体呈现北仑工业、农业、文化和旅游方面的亮点和特色。

鄞州区融媒体中心（鄞州区广播电视台）全年实现总收入6 690.73万元，同比增加349.53万元，增长率为5.51%。其一，深耕鄞州本土，高质量承接2022年度鄞州经济风云榜颁奖典礼、"溯源新思想·加快构建新发展格局"理论研讨班等重量级活动，通过做活动、做口碑、做形象等，提升团队竞争力。其二，主动向内容要产业，以阵容强大的内容制作团队为支撑，以内容生产为圆心，辐射拓展影像产品定制、商业短视频拍摄、展陈空间设计等周边业务，寻找产业新增长点。鄞响短视频制作成为产业经营的一大亮点，全年实现收入490.8万元。其三，及时抓住新媒体日活跃度提升的产业机遇，将线下活动引流至客户端，做大流量池。同时，积极尝试流量变现，对接商业广告分发平台入驻，新媒体板块全年实现收入2 317.6万元，同比增加300.69万元，增长率为14.91%。

奉化区融媒体中心（奉化区广播电视台）2023年实现产业经营创收1.062亿元。持续巩固传统产业基本盘，多形式开展营销活动，报纸、电视等共计创收6 431.67万元，其中《奉化日报》创收653.76万元，基本视听维护费、网络工程配套费、数字电视增值业务等创收5 650.22万元。全面提升文化产业经营能力，累计举办"阅读越棒""桃冠争霸赛"等品牌活动30余场，摄制完成《最美桃花源　最好青创地》《桃源奉化　乐享山海》等专题片20余部，举办"一带一路"研修班、广电建材家装节、新春年货节等，创新推出"老爸老妈去旅游""小记者暑期研学"等品牌活动，文化产业（广告和活动）共计创收2 536.46万元。全力扩展数字化产业版图，完成长汀社区、迎恩社区等未来社区数字化建设，实施未来社区整体运营项目。稳步推进岳林茗山智创小镇会客厅建设，累计建成农村视频监控4200路，数字化产业共计创收1 655.81万元。

余姚市融媒体中心（余姚市广播电视台）完善激励措施，内挖潜力，外拓市场，努力提高经营绩效，总创收达2.18亿元，与2022年同比上升13.5%。2023年，旗下网络公司和10个分中心高质量承建全市应急广播体系建设项目，建成点位数量1850个。广联公司发挥技术人才优势，在智慧城市建设中深耕细挖，做好数字赋能文章，积极做好智能停车、智慧城管、全域未来社区智慧服务平台、化工集聚区智慧园区数字化平台、山塘河道治理监控、网络安全等项目。新媒体运营部线上线下齐发力，推出车展、购物节等大型活动，大力开拓直播、视频拍摄等业务。活动传播部全案策划、全程执行全市多场大型活动。教育出版部积极策划实施小记者和小主播教育培训活动，拓展出版项目，谋求新发展。

慈溪市融媒体中心（慈溪市广播电视台）产业发展有新举措。其一，经营活动不断规范，制定出台年度经营目标责任制管理办法、文化活动经营管理办法、经营价格体系等系列文件，将原先考核营收导向调整为考核利润导向，并统一经营提成和广告折扣的标准。针对"吃大锅饭"现象突出问题，自 10 月起开展装维外线网格化绩效考核管理试点。其二，配套工程取得突破，全年工程类创收 1243 万元，房产配套创收 2110 万元，承接总投资 1600 万元的中横线快速路综合管道建设项目；完成总投资 130 万元的市域铁路新城大道涉及区域通信综合管道；开工建设总投资 200 万元三塘横江和姚江流域水系改造通信管线工程。其三，业态链条有效延伸，累计投入 1600 万元推进未来社区数字化建设，全年完成并通过 2 个省级未来社区验收，启动 4 个省级未来社区创建工作；实施应急广播市平台 IP 化升级改造，完成 294 个行政村应急广播 IP 终端全覆盖，完成 15 个地质灾害易发点视播结合终端全覆盖。通过稳固传统营收，拓展新兴业务，慈溪市融媒体中心（慈溪市广播电视台）总收入为 1.26 亿元（不含财政补助），其中包括数字电视相关收入为 7900 万元，广告类收入为 1840 万元，印刷发行类收入为 2183 万元，其他收入为 652 万元。

宁海传媒集团（宁海县广播电视台）深入开展经营增量专项行动，以"活动＋栏目＋广告"一体化运行模式，加大与各部门及乡镇（街道）通力合作，完成近 30 项文化活动的策划执行及直播；顺利完成宁波市民生实事工程——宁海应急广播体系建设任务，考核成绩位列全市第一、全省第十；拓展数字乡村等建设领域，深耕未来社区建设，积极谋划搭建县级未来社区平台建设，逐步延伸县级物联网平台建设；广电业务找准新的发展突破口，全年开拓新的增值用户 435 余户，新增数字电视用户 1673 户，共收缴视听维护费 2270 多万元。

二、2023 年广播电视广告收入情况

（一）总收入下降，广播广告和网络媒体广告实现两位数增长

2023 年，宁波广播电视广告收入 31 102.20 万元，同比下降 5.35%。其中广播广告收入 10 106.81 万元，同比增长 10.60%；电视广告收入 16 309.30 万元，同比下降 12.07%；网络媒体广告收入 829.29 万元，同比增长 11.79%；其他广告收入 3 856.80 万元，同比下降 12.97%。

宁波广播电视集团广告收入 23 364.58 万元，同比下降 6.45%；各区（县、市）广告收入 7 453.63 万元，同比增长 0.61%。

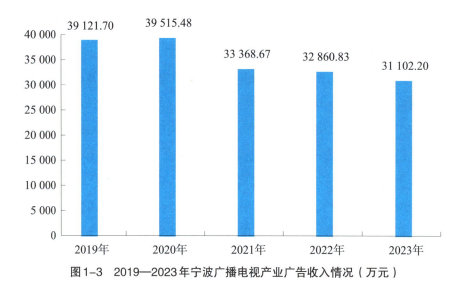

图1-3　2019—2023年宁波广播电视产业广告收入情况（万元）

2023年，全市广播电视广告收入中广播广告收入为10 106.81万元，同比增长10.60%。其中，宁波广播电视集团广播广告收入为7 927.63万元，同比增长7.80%；各区（县、市）广播广告收入为2 179.18万元，同比增长22.14%。

图1-4　2019—2023年宁波广播广告收入情况（万元）

2023年，全市广播电视广告收入中电视广告收入为16 309.30万元，同比下降12.07%。其中，宁波广播电视集团电视广告收入为14 510.78万元，同比下降13.28%；各区（县、市）电视广告收入为1 798.52万元，同比下降0.94%。

图1-5　2019—2023年宁波电视广告收入情况（万元）

（二）管理与培训并举，规范广告经营活动

2023年，宁波广播电视集团对《宁波广播电视集团（公司）广告管理办法》《关于进一步规范广告刊播管理的意见》《宁波广播电视集团（公司）实物抵顶广告管理办法》《关于加强和规范广告信用指数管理的规定》等管理制度进行重新修订，废止《关于规范电视频道与广告公司经营创收工作的有关规定》《宁波广播广告经营业务流程及相关规定》等一批管理规定，做到广告管理与时俱进，有据可查，有规可依。

针对广告刊播过程中容易出现的违规问题，邀请省市两级市场监管部门负责人授课交流，着重对信用指数违规扣分、新修订的有关广告政策等内容进行解读和辅导，培训会围绕大量被查处的违法广告案例，从专业角度解读法规要点，层层剖析点出违法违规症结。

（三）推进传统广告转型和拓展

宁波广播电视集团科学调整广告经营模式和方向，推进传统广告转型和拓展。深入实施"广告+"多点盈利模式和融媒体互动整合营销模式，重视线下活动，通过"线上投放+线下活动"相结合，形成融媒体活动统筹全案。

广播广告公司采取新媒体与传统媒体相结合，在全频率联动的基础上，增加多渠道多媒体联合投放，先后完成2023年浙江杭州湾国家湿地公园观鸟节系列活动和"滨海宁波　书香四季"——2023全民阅读系列活动，不仅提升了广告宣发效力，也提高了媒体盈利能力。同时，积极引导各经营主体主动寻求与市级部门、区（县、市）、大企业等的战略合作，积极探索"新闻+政务服务商务"运营新模式，多方拓宽广告创收渠道，不断探索具有广电特色的新型传播模式，抢占市场传播新阵地，稳住广告创收基本盘。

"电视硬广+栏目合作"的传统模式正逐步被"全案策划+IP打造+矩阵传播"的新模式取代，电视传媒公司积极拓展整合营销路径，提升团队全案策划能力，打通融媒体产品投放平台，实施一体化推进战略。电视广告公司则层层压实指标责任，狠抓业务经营，力争老客户增量，不断开发新客户资源，稳住广告经营基本盘。

三、2023年广播电视传输网络产业

2023 年，宁波广播电视产业有线电视网络收入为 106 258.77 万元，同比增长 34.59%。其中，宁波华数广电网络有限公司有线电视网络收入为 36 344.48 万元，同比增长 204.70%；各区（县、市）有线电视网络收入为 69 914.29 万元，同比增长 4.32%。

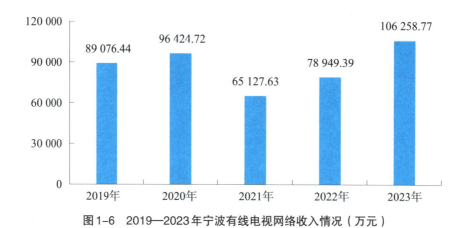

图1-6　2019—2023年宁波有线电视网络收入情况（万元）

2023年，宁波有线电视实际用户数 1 973 163 户，比 2022 年减少 82 547 户；数字电视实际用户数 1 891 474 户，比上一年减少 159 261 户。

图1-7　2019—2023年宁波数字电视实际用户数（户）

2023年，宁波华数广电网络有限公司坚持主责主业，稳大众、拓市场、优服务，公司发展根基不断夯实。

第一，聚焦大众稳压仓，以"固网加强保有""全业务融合推进""5G常态化发展"为核心，按照集团"结硬寨打呆仗"的部署，组建"大众营销突击队"，针对两新小区和农村市场开展4K升级、整转平移等常态化营销攻坚，有效遏制基础用户流失势头。在5G发展方面，截至2023年年末，宁波华数广电网络有限公司位列全省第一。

第二，聚焦政企拓市场，以"拓深优势领域""创新行业应用""攻坚集众融合"为组合拳，持续拓展政企市场，逐步由单一项目建设向整合平台运营转变，文旅大脑平台运营、奉化未来社区全域运营等闯出一条"建设+运营"的创新道路，先后获得国家广播电视总局2023年"全国智慧广电网络新服务"——数字文化新应用案例，浙江省农业农村厅2023年第一批"浙里未来社区在线"应用贯通优秀案例，宁波市智慧城市卓越示范企业等荣誉，政企行业影响力不断扩大。

第三，聚焦服务促提升，以用户需求和用户满意为导向，创新工作方法，提升工作效率，持续发力"反诈"工作，聚焦"技防+人防"反诈措施，助力5G高质量发展，获得浙江省反诈先锋荣誉称号。高度重视一线技能水平提升，通过培训、比武等多举措提升队伍素质，获得2023年全省广播电视职业技能竞赛3个二等奖和3个三等奖。注重在服务过程中提升用户满意度，以优质服务锻造过硬品牌，获得有线广播电视运营服务质量省级优秀单位、省级运营服务工作成绩突出集体、宁波市有线广播电视运营服务工作优秀单位、信息通信业三星级服务现场等荣誉称号。"好服务在华数"品牌效应持续放大。

宁波市鄞州华数广电网络有限公司强化技术工程的支撑职责，通过设立考核机制、调整工作界面等，提高运维部门的服务质量，减轻基层网格的运维压力，确保一线部门将更多精力投入业务拓展，牢固树立起后台部门全力服务一线业务的理念。

宁波江北华数广电网络有限公司精耕大众业务，稳住大众基本盘。配合省市公司市场发展策略，成功开展"开门红"、"亮剑行动"、"破冰行动"、智能家居特卖会、"保老促农村攻坚"PK战、京东五星电器超级员工内购会、"百日攻坚"等活动。积极推进异业合作，发展华数合伙人，拓宽渠道。强补光改入户，重点发展光纤宽带占比，提高宽带活跃率。按计划实施停模/4K整转，跟进光纤入户进程。在服务优化方面，完善营业窗口和安维服务质量考核，组织参与营业技能竞赛，举办江北华数技能比武大赛等。

第四，深耕集客业务，拓展集客增量盘。另外，持续开展5G攻坚工作，深化反诈培训，全年组织开展参与10余项反诈专项活动，包括线上线下培训、组织开展反诈宣传讲座、反诈测试等。

2023年，宁波华数广电网络有限公司海曙分公司谋创新、促发展、抢先机，一体推进规范化建设。

第一，促转型谋创新，推进集客业务跃升发展。其一，以数字化改革为契机，2023年共计落地2个未来社区项目、1个未来乡村项目和海曙智能化提升项目，实现"一村一社"重点领域建设业务新突破，有效推动数字化应用融合创新。其二，全力打通基层应急广播预警发布"最后一公里"。海曙区应急广播服务项目于2023年年底实现接入海曙区各个局委办应急广播终端、公共显示屏、数字机顶盒对接、涵洞/隧道、无人机等设备，实现对上对下互联互通，通过收扩机和IP话筒配备广电5G卡（物联网卡），实现在有线网络故障的情况下保障无线传输。完工投用的古林应急体验馆项目、完善的基础设施、浓郁的文化氛围等，增强了人们的安全意识。其三，积极推进公安领域的项目实践，抢占公安监控业务市场占有率。为提升社会治安治理提供有力支撑，通过网络服务可实现项目的可持续性发展。海曙区视频监控统一服务项目在原有"雪亮工程"基础上有力推进海曙全域社会治安防控体系建设。其四，深化"最多跑一次"改革，助力打通群众办事的"最后一公里"。相继落地高桥服务中心"政务客厅"二期和古林镇便民服务中心智慧大厅建设项目。高桥镇政务服务体验馆"元宇宙"平台建设项目落地，助力高桥镇政府推行"元宇宙"赋能智慧新政务。另有"高桥镇固定资产管理系统平台开发服务项目"等智慧政务服务项目落地，为创新政务服务模式提供新思路和新方向，可作为样板案例，复制推广性强。其五，持续做好商企攻坚工作。以"商企开门红"活动、"商企破圈"专项行动、年底冲刺专项活动等为抓手，有效调动业务单元发展商企业务的积极性。同时，大力发展商企融合业务，落地"威斯汀智能化升级项目""宁波大酒店智慧化提升项目"等融合业务，其中"宁波大酒店智慧化提升项目"共计三期。

第二，抓落实求实效，推进大众业务稳步发展。在增值业务方面，修订网格化绩效考核项，细化网格考核，并根据实际业务开展情况进行优化调整；修订年度网格绩效考核办法，设置片区经理，发挥片区经理的带动作用。召开季度启动会议，全力以赴促市场业务发展。在基本视听方面，通过网格精细化催缴引流用户至营业厅，以加大回款力度；借助第二、三季度和"百日冲刺"活动推出清欠预存政策及激励措施。开展季度基础收视费竞赛，推动收视费收取进度，并要求各分公司年度收取率目标达98%及以上。

第三，提士气抢先机，深耕5G业务量质并举。其一，定期开展5G反诈专题会议、专项培训等，不断提高员工的反诈意识，积极主动自查自纠并梳理整改，签订反诈承诺书，同步开展"全民反诈·华数同行"社区反诈等主题宣传活动，全方位做好5G反诈工作。其二，通过签订业务目标责任状，规范操作流程，采用套餐佣金激励，开展"迎新年·拓5G"、开卡有礼赠、5G靓号抢盘、5G复产抢盘、5G"实战营"等活动，不断探索5G+融合业务，挖掘5G物联网卡应用商机，顺利完成全年5G业务目标任务。

第四，强技术优网络，推进技术网络规范化建设。有效解决工程项目长期挂账现象，提高工程结算效率。有效整治分前端机房飞线乱线现象，积极响应市公司号召，对机房标签缺失的线缆重新做好标签，撤除废弃线缆，拆除下线设备，并保证机房整体整洁协调。

第四节　电影和电视剧产业

2023年，不论年初票房"影史第二高"的春节档，还是年中刷新纪录的"影史最强"暑期档，抑或是年末打破票房纪录的"最强"元旦档，中国电影市场呈现一派繁荣景象。

根据国家电影局公布的数据，2023年全国电影总票房为549.15亿元。这一数据与最高纪录尚有差距，但较2020年的204.17亿元、2021年的472.58亿元和2022年的300.67亿元实现大幅上涨。2023年，对中国电影而言，这是快速复苏并走向繁荣的一年，也是迸发活力、彰显潜力、传递希望的一年。

一、2023年宁波整体电影市场概况

2023年，宁波电影市场全年整体票房收入以5.7亿元（含服务费6.3亿元）收官，观影人次为1490万，人均观影1.6次（以全大市常住人口954万计算），观影频度明显回升。新冠疫情影响消退，影片供给恢复充足，市场基本复苏，宁波电影市场大盘恢复至2016年前后水平。

根据灯塔数据和拓普数据，2023年全年宁波全大市共有119家影院，860个影厅放映电影137.2万场次，观影人次1490万，分账票房收入5.7亿元（含服务费6.3亿元），平均票价为38.5元，上座率为8.1%。与2022年全年相比，营业影院减少5家，新开影院11家，关停影院6家；观影人次增加71.0%，票房上涨68.5%，平均票价下跌0.6元，上座率提升2.8%。

单影院票房产出均值481.8万元/家，同比上升75.6%；单银幕票房产出均值66.7万元/家，同比上升73.2%。宁波在全国城市票房排名16位，较2022年下降2位，占全国票房的1.1%，下降0.1%。在浙江省票房排名第2，占省票房的15.8%，总人次的16.0%，份额同比分别下降0.9%和0.8%。

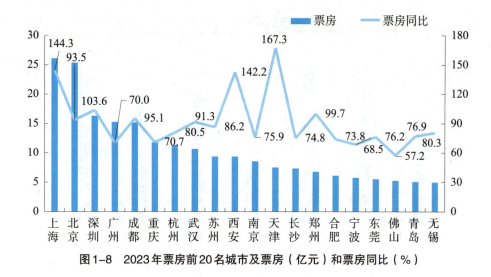

图1-8 2023年票房前20名城市及票房（亿元）和票房同比（%）

（一）影院数量增长停滞，市场基本复苏

2023年，全年营业影院数量首次收窄，相较于2022年大量影院关停，影院关停与新建扩张速度放缓，更多是关停。影院被收购后旧址重开，投入降低。近5年来，平均票价首次回落，场均人次略有回升，放映场次基本回到新冠疫情前水平。

图1-9 2017—2023年宁波影院数据趋势变化

注：净增影院数为当年年末和上一年年末当日营业影院数差额，2023年最后一天是114家影院营业，2022年是107家。

图1-10　2017—2023年宁波影院票房数据趋势变化

表1-1　2018—2023年宁波影院市场上座数据趋势变化

年份	营业影院数（家）	票房（亿元）	票房同比（%）	人次（万次）	人次同比（%）	票价（元）
2018 年	99	7.19	9.0	2 200.1	8.5	32.7
2019 年	111	7.32	1.7	2 131.2	−3.1	34.3
2020 年	112	2.10	−71.2	640.1	−70.0	32.9
2021 年	118	5.00	137.3	1 343.2	109.8	37.2
2022 年	124	3.40	−31.9	871.4	−35.1	39.1
2023 年	119	5.73	68.5	1 490.0	71.0	38.5

（二）月度票房和观影人次变动幅度加大

2023年，1月票房人次最高，是唯一一个单月票房过亿元的月份，占据全年票房的17.5%；其次是7月与8月；其余月份票房均低于5000万元。观影人次最高月份是7月，达262.5万人次，占全年的17.6%；随之是8月与1月；有5个月观影人次低于100万。全年除了2月对标2022年春节月，其余月份各项数据同比均上升，12月票价受跨年档发行价调低影响有所回落。

表 1-2　2023 年每月基础数据同比表

月份	2023 年票房收入（万元）	2022 年同比（%）	2023 年人次（万次）	2022 年同比（%）	2023 年上座率（%）	2022 年同比增减（%）	2023 年票价（元）	2022 年同比（元）
1 月	10 020.9	295.2	204.7	191.3	14.7	10.2	49.0	12.9
2 月	3579	−69.0	85.4	−65.3	6.5	−7.3	41.9	−5
3 月	1 712.6	22.4	48.8	17.8	3.3	0.5	35.1	1.3
4 月	3 158.7	476.2	92.6	428.7	6.0	4.1	34.1	2.8
5 月	3 671.5	440.6	103.9	373.9	6.6	4.8	35.4	4.4
6 月	4 221.2	85.8	121.2	82.0	8.0	2.8	34.8	0.7
7 月	9 688.4	135.2	262.5	128.8	15.0	7.9	36.9	1
8 月	8 877.4	108.9	236.4	105.4	13.3	6.6	37.6	0.6
9 月	2 947.4	105.9	79.9	99.8	5.2	2.2	36.9	1.1
10 月	3 795.2	32.0	100.2	31.8	6.0	0.3	37.9	0.1
11 月	1 666.2	95.0	46.0	83.9	3.6	1.3	36.3	2.1
12 月	3 993.8	164.3	108.4	197.1	6.6	3.2	36.8	−4.6
总计	57 332.3	68.5	1 490.0	71.0	8.1	2.8	38.5	−0.6

与近几年逐月票房累增走势相比，2023 年春节档开局较早，第一季度走势略显颓势，但中段暑期档加速发力，逐渐超过 2021 年同期累增数值，7月实时累计年度票房人次超过 2021 年，在 8 月进一步逼近 2019 年数值。但国庆档与贺岁档略显无力，仿佛在暑期档的爆发后，第四季度观众的观影热情大幅下降，走势明显放缓，尤其是观影人次的减少。最终仍是稳定超过 2021 年度数据，离疫情前行业发展鼎盛的 2018 年至 2019 年还有一定差距。

图1-11　2018—2023年票房（万元）逐月累增走势

图1-12　2018—2023年观影人次（万次）逐月累增走势

　　2023年春节档落在第4周，单周票房人次最高，也是全年票价最高的一周（高于50元）；下半年里的第49周（12月4日至12月10日）票价最高；票房人次次高周是第32周（8月7日至8月13日）。自第25周（6月19日至6月25日）起营业影院数上升至114家，随后略有起伏，基本稳定在114家。票价最低点31.8元落在第22周（5月29日至6月4日），票房人次最低点都落在第9周（2月27日至3月5日）。

图1-13　2023年每周分账票房（万元）及营业影院数量（家）趋势

图1-14　2023年每周观影人次（万次）及票价变化趋势

（三）经营趋于稳定，市场冷热不均

2023年，1月21日（大年三十）营业影院最少，因为在火爆的暑期档，下半年营业影院数趋于稳定，全年有156天单日映影院数量高于113家（含）（慈溪图书馆单厅影厅不定期放映）。但整体市场，因为主力影片集中档期上映，周末档的推行加上全年影片点映现象盛行，非档期内影院依旧每周有新片可放，但产出不均，表现平平。2023年尾盘，最后两天因跨年而使市场急速升温。

（四）档期热度依旧，核心档期票房表现优于历年

一般来说，暑期档为6月至8月，贺岁档一般为每年最后35天。2023年

上半年春节档表现相对平庸，但优于新冠疫情前（2019年），五一档、端午档和七夕档表现也不错，尤其是跨年档，仪式感话题营销造就历年预售最火热的跨年档。同样得益于话题营销的还有暑期档，贴近社会热点的短视频营销，让2023年暑期档甚至超越2017年至2018年，档期占比高达39.7%，假日消费需求和年轻群体对仪式感的追求依旧是片方集中博档期的主因。

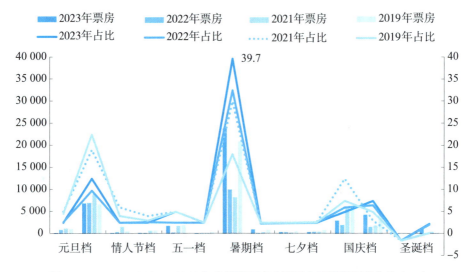

图1-15　2019、2021—2023年各档期票房（万元）及档期票房占比（%）

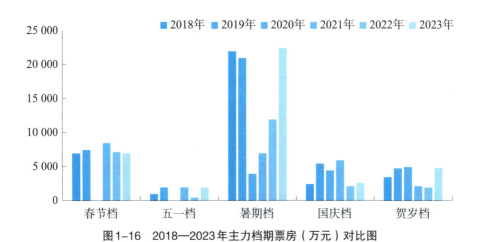

图1-16　2018—2023年主力档期票房（万元）对比图

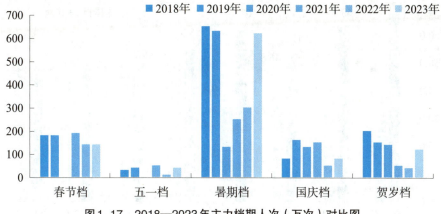

图1-17 2018—2023年主力档期人次（万次）对比图

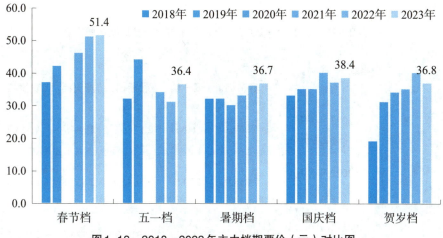

图1-18 2018—2023年主力档期票价（元）对比图

（五）核心档期票房回暖，观影热情不复从前

2023年，五大档期票房逐渐回升至新冠疫情前水平，尤其是暑期档最为火爆，成就历年档期票房之最，但暑期档观影人次依旧低于新冠疫情前。随着国产影片最低限价，以及档期集中度的提升，票价逐年升高，2023年两个核心档期——春节和暑期都高于历年同期；相反，下半年贺岁档和国庆档票价略有下降。

图1-19　2016—2023年重点档期票房占比（％）

表1-3　2019、2021—2023年宁波全大市核心档期票房同比表

类别		档期				
		春节档	五一档	暑期档	国庆档	贺岁档
票房收入	2023年票房（万元）	6 869.3	1 699.7	22 786.9	2 894.3	4 545.7
	2022年票房（万元）	7 018.9	270.5	10 641.4	2 067.8	1 664.5
	2021年票房占比（万元）	8 975.2	1 644.7	8 328.8	5 724.3	1 911.2
	2019年票房占比（万元）	7 351.9	1 963.6	21 090.7	5 507.9	4 862.4
票房同比	票房同比（％）	−2.1	528.4	114.1	40.0	173.1
	2023年票房同比（％）	12.0	3.0	39.7	5.0	7.9
	2022年票房同比（％）	20.6	0.8	31.3	6.1	4.9

续表

类别		档期				
		春节档	五一档	暑期档	国庆档	贺岁档
票房同比	2021年票房同比（%）	18.0	3.3	16.7	11.5	3.8
	2019年票房同比（%）	10.1	2.7	28.9	7.5	6.7
	份额同比（%）	−8.6	2.2	8.5	−1.0	3.0

2023年，具有超高热度和话题度的暑期档使核心档期的市场集中度进一步提升，春节加暑期档约100天的产出贡献全年52%的票房，再加上历年第二高的五一档，合计占比创近年来新高。

二、2023年宁波电影市场细分情况

（一）2023年宁波影片放映情况

2023年，宁波共放映影片420部，数量同比增加26.1%，上游供给有所复苏。其中，进口片有93部，国产片有327部（上半年上映进口片63部，国产片172部），数量高于新冠疫情期间，但离新冠疫情前数量仍有差距，尤其是票房体量落差较大。

2023年，宁波区域票房超过100万元的影片仅有71部，约占1/6。3000万元以上的头部影片仅有4部，1000万元至3000万元的影片有11部、500万元至1000万元的影片有14部。尽管头部影片数量有回升，与新冠疫情前相比，缺少中高体量的腰部影片支撑。

图1-20　2018、2019、2021—2023年国产/进口片放映数量（部）

表1-4　2019、2021—2023年宁波区域影片票房体量分布数量

年份	票房体量（万元／部）							
	5000以上	3000—5000	1000—3000	500—1000	100—500	10—100	1—10	1以下
2023年	0	4	11	14	42	74	76	199
2022年	1	1	5	10	31	55	68	162
2021年	3	0	8	13	38	93	85	257
2019年	3	2	11	11	61	98	122	224

1. 2023年宁波排名前六十影片放映情况

排名前六十影片占全市总票房的91.8%，同比下降5.3%，其中国产片46部，进口片14部，总体与2021年相似。与疫情前相比，进口片题材相对老套，对年轻群体吸引力有限，票房体量衰退明显。

表 1-5 2019、2021—2023年宁波排名前六十影片放映情况

年份	影片类型	影片数量（部）	人次（万次）	票房（万元）	人次占比（%）	票房占比（%）
2023年	国产片	46	1 122.7	45 003.3	75.3	78.5
	进口片	14	226.5	7 616.6	15.2	13.3
2022年	国产片	43	681.8	27 706.2	78.2	81.4
	进口片	17	147.4	4 994.3	16.9	14.7
2021年	国产片	46	1 008.1	39 072.4	75.1	78.2
	进口片	14	201.1	6 673.3	15.0	13.4
2019年	国产片	32	1 190.1	41 290.1	55.8	56.5
	进口片	28	653.2	22 949.8	30.6	31.4

2. 2023年宁波票房前十影片

2023年票房前十影片中，国产片有9部，进口片有1部，合计票房占全年总票房的49.6%。从题材上区分，现实题材有4部，悬疑题材有4部，科幻题材1部；悬疑类崛起，纯喜剧表现欠佳，无一部未上前十。从上映档期区分，春节档影片有3部，暑期档影片有4部，国庆档有1部。

全年放映场次最多的电影是《孤注一掷》、《消失的她》和《封神第一部：朝歌风云》，都是暑期档电影，口碑票房双丰收拉长了放映周期。

表 1-6 2023年宁波票房前十影片

排名	影片名称	上映时间	票房（万元）	人次（万次）	票房占比（%）	影片类型
1	孤注一掷	2023-08-08	4 727.6	125.5	8.2	犯罪、剧情
2	流浪地球2	2023-01-22	4 276.0	87.7	7.5	科幻、冒险、灾难
3	满江红	2023-01-22	4 179.0	88.8	7.3	悬疑、喜剧、剧情
4	消失的她	2023-06-22	3 835.0	102.3	6.7	悬疑、犯罪、剧情

续表

排名	影片名称	上映时间	票房（万元）	人次（万次）	票房占比（%）	影片类型
5	封神第一部：朝歌风云	2023-07-20	2 908.0	75.8	5.1	神话、动作、史诗
6	八角笼中	2023-07-06	2 513.0	67.6	4.4	剧情
7	长安三万里	2023-07-08	2 036.1	54.6	3.6	历史、动画
8	无名	2023-01-22	1 451.2	24.5	2.5	谍战、悬疑、动作、剧情
9	坚如磐石	2023-09-28	1 257.4	32.1	2.2	剧情、犯罪、悬疑
10	速度与激情10	2023-05-17	1 241.4	36.4	2.2	动作

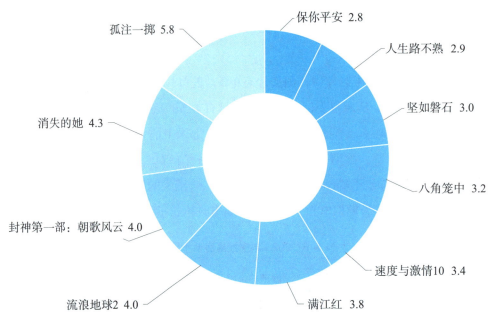

图1-21　2023年放映场次排名前十影片（单位：万场）

（二）2023年宁波影院情况

2023年，宁波市未新增特大型影院（11厅以上变化在于中影千玥影城的厅数增加）。

表 1-7　2023 年宁波全市影院体量分布（按影厅数量）

体量分布	小型 （1—4 厅）	中型 （5—7 厅）	大型 （8—10 厅）	特大型 （11 厅以上）
影院数（家）	12	54	44	9
同比增减（家）	−1	−3	−2	1
总票房（万元）	1 138.2	17 769.9	30 629.1	7 795.1
同比增减（%）	56.9	65.5	69.2	74.5
平均票房（万元）	94.8	329.1	696.1	866.1
同比增减（%）	69.9	74.7	76.9	55.1
票房占比（%）	2.0	31.0	53.4	13.6
同比增减（%）	−0.1	−0.6	0.2	0.5

表 1-8　2023 年宁波全市影院体量分布（按座位数）

体量分布	小型 （700 座以下）	中型 （700—1200 座）	大型 （1200—1800 座）	特大型 （1800 座以上）
影院数（家）	30	52	33	4
同比增减（家）	−3	2	−4	0
总票房（万元）	5 637.1	20 733.8	24 663.7	6 297.7
同比增减（%）	48.3	84.8	59.1	79.9
平均票房（万元）	187.9	398.7	747.4	1574.4
同比增减（%）	63.1	77.7	78.4	79.9
票房占比（%）	9.8	36.2	43.0	11.0
同比增减（%）	−1.3	3.2	−2.5	0.7

表 1-9　宁波全年票房排名前 20 位的影院

排名	影院名称	票房（万元）	票房同比（%）	人次（万次）	票价（元）	总场次（次）	上座率（%）
1（-）	博纳国际影城（北仑IMAX店）	2 735.2	96.80	63.0	43.5	25 556	17.70
2（+1）	万达影城（鄞州IMAX店）	2 012.6	74.10	47.8	42.1	17 919	11.70
3（-1）	万达影城（余姚IMAX店）	1 819.1	50.60	42.4	43.0	19 319	13.60
4（-）	宁海万象国际影城	1 487.5	49.90	41.8	35.5	16 298	19.00
5（-）	万达影城（奉化IMAX店）	1 415.8	72.00	34.2	41.4	20 821	11.40
6（+4）	红星电影世界（慈溪LUXE巨幕店）	1 157.2	83.40	29.3	39.5	13 840	13.00
7（+6）	万象影城（万象城IMAX激光店）	1 095.1	81.00	23.9	45.9	18 172	8.50
8（-）	宁波影都（鄞州印象城店）	1 071.4	59.10	23.5	45.5	11 849	11.90
9（-3）	宁波影都（东门口店）	1 060.1	50.90	31.2	34.0	16 410	14.10
10（+107）	宁波影都（亚细亚IMAX店）	1 010.6	6 475.60	26.4	38.3	16 219	11.10
11（+4）	寰映影城（阪急店）	1 010.2	71.60	22.2	45.5	17 710	10.60
12（-3）	博纳国际影城（东银泰店）	997.9	54.90	22.9	43.6	17 209	7.20
13（+4）	慈溪星秩STARX影城（吾悦广场店）	957.2	65.90	23.5	40.8	15 517	9.00
14（-3）	UME影城（天一店）	955.5	54.70	25.0	38.3	24 210	9.90
15（+4）	CGV影城（鄞州IMAX店）	946.3	80.10	19.7	48.1	14 362	7.50
16（+103）	博纳国际影城（宁波鄞州龙湖天街店）	930.6	13 028.20	22.2	41.8	18 254	9.10
17（-1）	万达影城（象山万达广场PRIME店）	921.4	58.70	22.4	41.1	15 746	12.40

续表

排名	影院名称	票房（万元）	票房同比（%）	人次（万次）	票价（元）	总场次（次）	上座率（%）
18（-6）	CGV影城（城东IMAX店）	913.6	50.30	19.1	48.0	13 916	7.70
19（+8）	星秩IMAX影城（镇海旗舰店）	874.4	113.70	19.9	43.9	13 457	8.00
20（+2）	沃美影城（杭州湾世纪金源店）	870.0	82.00	23.3	37.4	13 603	9.50

全市票房前二十影院中，鄞州区有6家，海曙区和慈溪市各有3家，余姚市有2家，江北区、北仑区、宁海县、奉化区、象山县和镇海区各有1家。票房排名前五影院与2022年相同，票房排名前二十的影院中持有特效厅的影院数占一半以上。

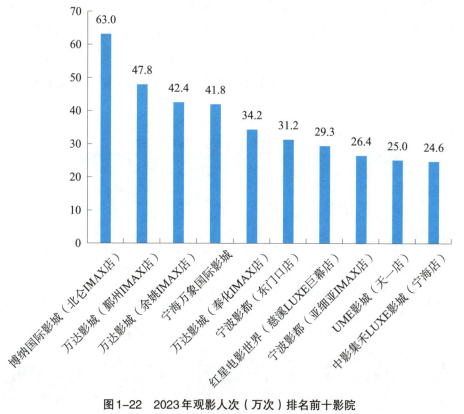

图1-22　2023年观影人次（万次）排名前十影院

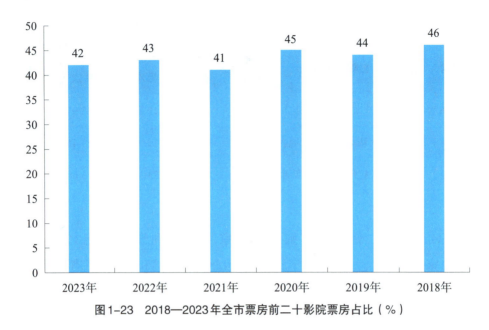

图1-23　2018—2023年全市票房前二十影院票房占比（%）

随着市场复苏，影院票房明显回升，2000万元以上票房的影院恢复2家，票房1000万元至2000万元级别的9家，100万元以下的只剩10家。票房排名前二十影院在全市占比较2022年略有下降，观影人次分流，市场头部效应减弱。贡献票房的产能主力影城由500万元至2000万元级别，与疫情前相比1000万元至2000万元的数量减少六成。

表1-10　2023年全市影院票房区间表

统计数据	票房收入（万元）					
	2000以上	1000—2000	500—1000	500—250	100—250	100以下
影院数（家）	2	9	30	40	28	10
票房总计（万元）	4 747.8	19 493.9	22 024.1	14 093.2	899.2	441.1
同比（%）	—	419.3	92.2	40.3	−32.0	−71.9
票房占比（%）	8.3	34.0	38.4	24.6	8.5	0.8
同比（%）	8.3	23.0	4.7	−4.9	−12.6	−3.8

第五节　融合传播和视听新媒体

2023 年，全市广播电视播出机构坚持把加快媒体深度融合改革作为"一号工程"，积极谋划，稳步推进，坚持移动优先策略，强化互联网思维和用户思维，进一步压缩传统产能，持续增强融媒体内容产出能力，打造具有较强影响力的全媒体内容传播平台。

一、"宁聚""甬派"两大客户端打造市级融合传播主阵地

2023 年，宁波广播电视集团打造的"宁聚"客户端完成改版上线。5 月 30 日，改版上线仪式举行，改版后的"宁聚"客户端以"宁聚，就是力量"为核心理念，以"上宁聚，见美好"为宣传口号，坚持做精内容、做优服务、做强活动、做好福利，全新搭建"宁聚"架构体系，重点打造四大新型传播平台，即权威优质、迅捷快速的资讯平台，实时在线、服务民生的互动平台，内容丰富、引人入胜的文化平台，品类多样、独树一帜的视频平台。截至 2023 年年底，"宁聚"客户端用户数 360 万，日均活跃用户在 4 万左右，同比均超 20%以上。

持续做好主题宣传，充分运用短视频、直播、专题专栏、H5、海报等新媒体表现形式，围绕学习贯彻习近平新时代中国特色社会主义思想主题教育、杭州亚运会、杭州亚残运会、"八八战略"实施 20 周年、"千万工程"、"浦江经验"等，主题报道有力有效。

"宁聚"客户端充分发挥视频特色，持续做大做强"宁聚直播"和"宁聚视频"两大品牌。在直播方面，策划推出杭州亚运会火炬传递宁波站、2023 世界数字经济大会暨第十三届智博会开幕式及主论坛、防御台风"卡努"系列等近 1500 场视频直播，总观看量近 3.2 亿人次。在短视频方面，共创作 2500 余条，总观看量近 6 亿人次，重点关注杭州亚运会、"盛世修典——中国历代绘画大系"成果展·宁波特展、第六届中国国际进口博览会、第八届浙

江书展、2023年世界互联网大会乌镇峰会、《人才与城市双向成就》系列报道等宣传亮点，精心策划推出一批精品短视频，有呈现喜迎杭州亚运会的《去传递，更精彩》《宁波最美火炬传递路线》等短视频，有展现宁波逐浪立潮头、盛放新华章的短视频《盛放》，有贺岁单曲《璀璨》，等等。

深耕城市生活服务，联动商圈、企业等社会力量，统筹集纳集团活动资源，打造"高流量、强互动、多福利"系列活动，全年策划推出各类线上线下活动70余次，主要包括宁波市第二届"学习强国最强学习者"答题挑战赛月赛、盛世修典——"中国历代绘画大系"成果展·宁波特展预约和"炫C18"慈溪市第二届短视频大赛征集等活动。其中，宁波市"庆五一迎亚运·乐享数币新消费"和"激情暑期·迎亚运享数币"数币消费活动，红包核销率较高。客户端运营情况稳步上升，全年最高日活达13万。

强化主流媒体服务功能，"宁聚"客户端不仅集成"聚有料"报料平台、"百姓e线求助"投诉平台和网络不良信息举报平台，及时为网友的求助报料信息答疑解惑，或转交相关部门进行处理，还为百姓提供智慧化服务集成端口，包括"人社专区""宁波天气""工会服务""环境监测""81890生活通""公益服务""场馆服务"等，让互动和服务更"实用"、更"好用"。

"学习强国"学习平台订阅号"宁波学习平台"进一步发挥主流媒体优势，整合全市融媒体力量，统筹各方内容资源，抓稳抓好平台基本建设，不断开拓创新平台品牌。平台重点做好作品创优，推荐的稿件在全国300多条稿件中获得全国平台春季赛和秋季赛优胜奖；平台策划的第三届中国—中东欧国家博览会暨国际消费品博览会系列专题，首次以子栏目形式在全国平台首页全景呈现；策划推出一批高流量稿件，包括41篇阅读量超过100万人次的稿件，其中《列车上旅客呕吐致下巴脱落，北仑医生出手5秒复位》和《女孩异物卡喉危在旦夕，过路兵哥哥十秒救援成功》两篇稿件的总阅览量近1500万人次。

2023年1月4日，"宁波红"平台党员教育新媒体平台改版上线。改版后的"宁波红"平台立足"党员教育新窗口、党建宣传新阵地、资源联动新纽带、数智融合新平台"定位，聚焦宁波地域，紧扣红色主题，凸显"宁波红"特色品牌，打造"甬红要闻""甬红课堂""甬红图谱""甬红先锋""甬红直播""甬红之家""甬红联盟"等七大模块,用足用好宁波红色资源和特色素材,充分体现红色味、时代味和本土味。

"宁聚"客户端积极做好技术开发和服务支撑工作,全年开发迭代12个版本,包括"宁聚"的全新改版、"宁波红"频道全新升级、广播频道和读书频道开发、后台管理功能持续优化等。不断强化服务意识,做好技术服务支撑工作,全年共计制作"八八战略"实施20周年等各类新闻专题66个;设计开发"中国新乡村音乐节"等各类H5互动网页/小游戏30个。做好技术系统运维工作,严格做好重保期7×24小时值班值守,严格落实杭州亚运会保障专案,成功抵御第三方恶意攻击10 314 759次,拦截各类攻击源23 581个,顺利完成杭州亚运会、全国两会等重保期的安全保障工作。

2023年,宁波日报报业集团进一步深化媒体融合,集全集团之力,以甬派传媒股份有限公司打造的"甬派"客户端为核心,构建新媒体全链生态体系,建设市级重大新闻传播服务平台,探索城市主流媒体高质量发展新路径。

推动"新甬派"上线。集团整合旗下两大新闻客户端——"甬派"和"甬上"优势,以现有优质特色的频道、栏目、节目等作为建设全新客户端的内容基础,并汇聚整合10个区(县、市)融媒体中心新闻资源,打造市级重大新闻传播服务平台——"新甬派"客户端,3月29日正式上线。"新甬派"是宁波媒体深度融合发展的标志性成果,也是加快省市县媒体一体化发展、构建全媒体传播格局的"关键一步"。截至2023年年底,"新甬派"注册用户突破630万。

构建传播平台共建生态。推进与市级党政机关的深度合作,对"新甬派"客户端"机关党建""法治宁波""教育""人社""金融""健康"等专域宣传频道进行优化设计、创新表达、丰富内涵等。报网与宁波市人力资源和社会保障局合作的人社频道,建立专门工作室,以人才服务和社保服务为重点,开展全案策划。其中,二者联手打造的人才一站式服务平台——宁波亲家园,为超过10万人次青年人才在甬就业创业、工作生活等提供线上线下全场景式服务。同时,对接城际大平台,以长三角移动新媒体联盟、全国副省级城市党报联席会等平台为纽带,主动对接国内城市主流媒体,实现线上线下跨域联动,优质内容互通共推。

构建用户互动活跃生态。其一，构建体系化社交圈层。挖掘互动内涵，增强互动关联，做大互动话题社区"派友圈"，活跃"红人堂""网络小说"等专业用户生产内容频道的交流氛围。科学把握引导性议题设置的时度效，将主流价值观融入丰富的多圈层文化。其二，策划品牌化社会活动。将市委市政府中心工作与客户端的特色互动相结合，策划"一月一节"互动活动。2023年，组织实施甬派非遗节、大学生节、和美生活节、城市动漫节等互动活动，吸引社会各界及公众广泛参与，以大流量澎湃正能量。持续开展"甬派善园公益""文明随手拍"等公益活动，打造主流媒体互动品牌。其三，丰富乐趣型互动体验。推进"甬派农场"升级，增强沉浸式体验，组织线上线下联动，持续提升用户打卡攒积分热情。开发完善小游戏功能，寓教于乐，在轻松愉悦的场景中满足用户多样化精神文化需求。

构建服务供给共享生态。其一，拓展党政功能服务。拓建集在线学习、组织建设、党建新闻、党建管理等于一体的移动端智慧党建服务平台，引领党建生活云端服务。汇集党建、行政、司法等党政信息和服务，推出立体丰富的社会公共服务，实现对公共政策全过程的深度嵌入。其二，强化民生问政服务。推进宁波市网络问政平台的移动化转型，畅通群众参与社会治理渠道。构建问题线索的跟踪督办问责机制，设置网络问政回复率、满意率"排行榜"，对典型问题、群众反映强烈问题、部门迟迟不解决问题等采取暗访回访、定期汇总等形式曝光，以问责倒逼责任落地。其三，丰富大众刚需服务。针对大众生活刚需，打造市民离不开的"掌上办事通"。综合运用大数据、"城市大脑"等最新技术，加强"防台神器"，以及地质灾害预警与查询、5G元宇宙黄页等城市感知服务。其四，构建城乡社区服务。推进全市社区（村）联盟建设，构建信息枢纽，提供社区服务。优化客户端"社区"频道运营，以线上线下结合开展丰富多彩的活动聚拢居民，探索城乡社区社会治理新模式。其五，组织"双百"惠民行活动。着重开展就业行、清凉行、文化行、帮办行、安全行等五大惠民活动，推出量大面广、形式多样的报道，很多惠民行活动根据读者网友点题、记者及时跟进、单位积极回应，报道贴近市民需求，提供实实在在的服务，取得良好成效。

二、机制和内容创新打造区县（市）全媒体传播平台

镇海区新闻中心（镇海区广播电视台）启动新一轮内部机构改革，完善架构布局，优化岗位设置和人员调配，建立健全采编各部门考核管理办法，加强采编一体联动，推出新闻作品与点击量挂钩的激励措施和稿件预警机制，有效提升记者创作和传播作品的主动性，保证原创稿件的数量和质量。

"镇灵通"客户端完成全新改版升级，屏显布局更为合理，栏目更为丰富，完善个性化服务和高品质内容供给，客户端下载用户超过52万，注册用户超过52万。通过《全媒聚焦》《灵通镇来帮》《灵通问答》等栏目，聚焦民生热点，积极推动疑难件处理，平均每月帮助解决各类民生问题1000余件。策划推出《月饼大会》《商圈在行动》《秋天的City Walk》等系列报道，有效促进"亚运相约，消费'镇'嗨"消费抽奖活动全民参与热度，有效提升用户活跃度。拓展客户端社群建设，提升品牌影响力和用户黏度。"镇灵通"客户端新开设"拍客""社区"等专属频道。

北仑区传媒中心（北仑区广播电视台）聚焦提升支撑力、传播力、服务力、聚合力和持续力，以"大部制""团队化"理念，对内部运作进行系统重塑、流程再造等，完成5个分中心21个事业部的全新组织架构。同时，建立一体化考核激励机制，相继制定（修订）《北仑区传媒中心"五新十力"专项行动实施方案》等多项引人、留人、用人及媒体高质量融合发展的制度（办法）。奉化区融媒体中心（奉化区广播电视台）破除体制机制束缚，优化产业布局，支撑事业发展，推动传统媒体转型升级迈出关键一步。以奉化区融媒体中心国企和编外员工为班底，推进宁波市奉化区融媒文化有限公司和宁波市奉化广电网络公司整合，明确三定方案，建立健全国有公司管理体系和运行机制。实现国企员工和编外员工优化重组，弥补产业拓宽造成的职位空缺，逐步提升企业队伍结构的合理性和科学性。持续推进绩效考核改革，完善《融媒体指数建设提升增量绩效考核办法》，建立健全分级分类的薪酬奖励机制，有效释放干事创业的活力。引智谋划未来发展框架，为进一步完善奉化区融媒体中心的顶层设计，推进媒体融合转型升级，联合浙江万里学院、宁波工程学院和宁波开放大学，成立课题组，系统梳理前期调研成果，形成

规划基本框架和核心内容，精心编制《奉化区融媒体中心发展规划（2024—2026）》。

2023年，北仑区传媒中心（北仑区广播电视台）和区内80多家职能部门和11个街道达成不同程度的全媒体矩阵宣传合作，组建推出部门、街道等的"仑传号"，充分发挥"1+11+N"融媒体矩阵的聚合效应。"仑传"手机客户端开设频道14个，教育、医疗、卫生等大民生均有集成化体现。2023年，"仑传"与区农业农村局合作，延伸推出"遇见花田"的"仑传共富农场"子品牌，成为展示北仑"区域一体""城乡有别"的鲜活窗口。

重点培育成立"仑语""仑传主播说""仑传直播"等三大融媒体品牌工作室。2023年，"仑语"推出《2000亿元！1100余亿元！北仑再定攻坚攀高新目标》等报道近30篇；"仑传主播说"推出189期，区域品牌效应渐成；"仑传直播"完成直播近200场，其中高清转播车完成直播录播30多场。

鄞州区融媒体中心（鄞州区广播电视台）修订出台全新版《鄞州区融媒体中心采编考核办法（试行）》，实行融媒体中心全员短视频制，《鄞州凭什么？》等5个短视频成为千万级爆款。着力转文风，重拳打造《响当当》品牌栏目，全年刊发稿件148篇，篇均阅读量超过2万人次。《GDP全省第一，鄞州何以能》等20多篇稿件阅读量超过10万人次，成为壮大鄞州主流舆论的重要窗口。

完成"鄞响"客户端升级建设，以融媒体产品形式将本地服务功能嵌入市民日常生活，推出消费券发放等文娱动态服务，打造指尖上的"融媒体百宝箱"。深挖外部资源，推出持续性的引流活动，通过好稿评选、短视频PK赛等融媒体产品有效提升"鄞响"客户端打开率。

奉化区融媒体中心（奉化区广播电视台）坚持技术引领，迭代升级"掌上奉化"客户端，培育"图说""奉里书香"等特色IP，提供探营揭秘、电台直播等交互性体验，探索商务板块运行。"掌上奉化"客户端装载量突破31万人次，初步形成以新闻宣传为主、政务服务商务并举的多元运营模式。

慈溪市融媒体中心（慈溪市广播电视台）"慈晓"客户端全年推出《主播说慈溪》《周周有礼》《有只小店》《星创客新故事》等独创栏目；全民K歌互动类节目《我要唱歌》，平均每天互动2000余条。全年推出粉丝福利活动329

场，其中"慈晓"粉丝节和"我要唱歌"决战跨年音乐盛典活动在线直播观看人次超30万。搭建"慈晓"评论员平台，推出融基层党员在线学习、阅读红包等多个模块，增强舆论引导力。截至2023年年底，"慈晓"客户端指数位列全省第十四名、宁波第一名。

象山县传媒中心（象山县广播电视台）联合浙江传播大脑科技公司，打造"山海万象"客户端3.0版。5月26日，"山海万象"客户端后台从中国蓝云迁建到天目蓝云，实现功能升级。6月20日，与云朵网签订"山海万象"客户端本地化运维服务合作协议，利用云朵网在新媒体运营方面的经验，巩固壮大网络主流舆论阵地。杭州亚运会开赛之际，邀请县域社会优秀自媒体代表座谈，颁发聘任"特约拍客"证书，让他们成为融媒体资源的重要组成部分和融媒体队伍的补充力量。瞄准热点，抓住春节、全国两会、杭州亚运会等时节，联合相关单位开展推文＋抢数币红包、"十大新闻评选"＋抽奖赢话费、"最美服务之星""最美服务窗口"评选投票＋赢话费、迎杭州亚运会系列抽取幸运大奖等线上线下活动，努力提升用户黏性和活跃度。

三、矩阵传播打造融媒体传播新格局

宁波广播电视集团整合新媒体资源，着力打造"宁聚·一端五号"（电视传媒）和"宁波之声"（广播传媒）两大融媒体矩阵。2023年9月，"宁聚·一端五号"（"宁聚"客户端、"宁聚"微信公众号、"宁聚"微博号、"宁聚"视频号、"宁聚"抖音号和"宁聚"快手号）传播矩阵推出，时值杭州亚运会，基本形成"大小屏联动、组团式出击"的融媒体生产传播模式。广播传媒集中打造以"宁波之声"为统一标识的广播融媒体矩阵，矩阵运营态势良好，整体粉丝量提升10%以上。

镇海区新闻中心（镇海区广播电视台）完成天目蓝云采编系统转换对接，实现一次采集、多端发布，有效提升内容发布和协作生产效率。高质量抓好融媒体矩阵运营，各新媒体平台粉丝总数超过270万。加强融媒体指数研判，建立融媒体指数分析例会制度，从粉丝、日活、互动、内容等维度分析数据动态，发挥优势，补齐短板。抖音号优质内容输出持续增强，平台作品点赞量累计超过2800万人次，单月最高播放量超过8亿次，粉丝数量突破87

万。"镇海发布"公众号坚持做到政治性和阅读量两手抓，两手硬。做精标题和推文内容，延长发布时间段，优质作品数量显著增加，全年共发文1625条，平均单条阅读量超过9000人次，其中有爆款作品（阅读量超过1万人次）835条，占推文总数量一半以上。

北仑区传媒中心（北仑区广播电视台）融媒体矩阵传播成效初显，粉丝总量近200万。"仑传"客户端用户数突破60万；"北仑发布"微信公众号2023年度融媒体指数排名全省第十、全市第一；"看北仑"微信公众号与"北仑发布"差异化布局，着眼本地民生服务类资讯，粉丝量和新媒体影响力稳中有进。"看北仑"抖音号拥有粉丝35万，在浙江省媒体融合指数单项排名中跃升至全省第十四名。

余姚市融媒体中心（余姚市广播电视台）按照移动优先战略，持续加大对以"姚界"客户端为龙头的新媒体矩阵建设，为余姚21个乡镇（街道）和55个部门在"姚界"开账号。"姚界"客户端粉丝数达85万，"姚界新闻"抖音号粉丝数达18.9万，新媒体平台传播力持续提升。全年包括"姚界新闻"抖音号等新媒体平台发布播放量超过10万次的爆款短视频达1003条（次），超过10万次的爆款短视频达118条（次）。"中央厨房"——融合媒体平台项目建成投运。该项目获得中国广播电视设备工业协会和科技部国家科学奖励工作办公室颁发的科技创新奖，为"一体策划、一次采集、多种生成、全媒传播"提供有力技术支撑，中心获得2023年度"省域媒体融合技术一体化全省应用示范单位"。

慈溪市融媒体中心（慈溪市广播电视台）构建"慈晓"客户端、"爱慈溪"抖音号、"慈溪发布"等三大平台的融媒体传播矩阵。其中，"爱慈溪"抖音号自7月成立抖音制作小组运作以来，月播作品300余条（次），日播稳定在1000万人次左右，作品篇均点赞分享在1万人次以上，篇均评论量在1000人次以上；"主播职业体验官"直播系列作品累计获赞超过1600万人次，抖音粉丝翻番。"慈溪发布"微信公众号2023年度发稿近3000篇，阅读量超过3000万人次，转发量超过200万人次，成为市民了解慈溪政务的权威渠道。截至2023年年底，"慈晓"客户端、"爱慈溪"抖音号、"慈溪发布"微信公众号、"慈溪日报"微信/微博等融媒体矩阵总粉丝超过350万。

宁海传媒集团（宁海县广播电视台）把更多人财物向新媒体汇集、向移动端倾斜，深入开展平台提升专项行动，打造覆盖更广、受众更多、影响力更大的主流移动端微。"看宁海"粉丝量超过33万，"宁海发布"超过21万，"宁海新闻"超过28万，"直播宁海"抖音号超过25万，"宁海发布"和"宁海新闻"视频号粉丝量超过4万。全年开展各类直播113场，总阅读量超过400万人次。

第一，常态化开展直播。全年开展各类直播113场，总阅读量超过400万人次。其中，"开游节开幕式"直播融媒体矩阵观看人次超过15万，全网观看人次超过200万；UTMB宁海越野挑战赛新媒体直播，全网观看人次超过500万。直播类医疗健康节目《来吧！大医生》，开展直播22场次，现场问诊市民超过500人次。

第二，特色化开展互动。抓住宁海特色开展创意活动，以"融媒+活动"增强互动、提升黏性。举办8期的"看宁海光明前景"系列走访活动，网友参与人次达900多次；举办14场的"感恩最美的你"公益观影活动，参与人次超过1300次。通过消费券发放、知识答题抢红包、主题有奖征集等，让客户端真正"活"起来，有效提升平台活跃度。

第三，技术化拓展服务。强化互联网思维，加大技术应用革新，将"百姓事马上办"平台从PC端迁移到"看宁海"客户端，实现线上无休和线下无缝。大胆尝试广播频率和抖音视频同步直播，晚高峰《我们下班了》节目的《周五大玩家》版块实现广播节目可视化，全年播出28期。

截至2023年12月，象山县传媒中心（象山县广播电视台）融媒体矩阵中"象山发布"微信公众号粉丝数突破20万，"山海万象"微信公众号粉丝量超过16万，"印象山海"抖音号粉丝数达34万。

第二章

2023 年宁波广播电影电视基本情况

第一节　广播影视管理机构

2023年，宁波广播电视行政管理机构有11个，其中市级管理机构有1个，县级管理机构有10个。2023年，宁波广播电视监测机构有1个，宁波影视产业区机构有1个。

表 2-1　2023 年宁波市广播电视行政管理机构一览表

序号	管理机构	法定代表人	单位地址	邮编
1	宁波市文化广电旅游局	应建勇	鄞州区宁东路835号B座6楼	315000
2	海曙区文化和广电旅游体育局	应 彬	海曙区解放北路128号	315010
3	江北区文化广电旅游局	周少植	江北区庄桥街道深悦商业广场7幢432号	315020
4	镇海区文化和广电旅游体育局	冯旭春	镇海区沿江东路618号	315200
5	北仑区文化和广电旅游体育局	蔡建萍	北仑区四明山路775号	315800
6	鄞州区文化和广电旅游体育局	孙 静	鄞州区惠风东路568号A楼	315100
7	奉化区文化和广电旅游体育局	王艳儿	奉化区中山路138号	315500

续表

序号	管理机构	法定代表人	单位地址	邮编
8	余姚市文化和广电旅游体育局	杨玉红	余姚市南雷南路388号	315400
9	慈溪市文化和广电旅游体育局	邹霞芳	慈溪市新城大道北路99号	315300
10	宁海县文化和广电旅游体育局	张畅芳	宁海县南畈路5号桃源大厦B座	315600
11	象山县文化和广电旅游体育局	吴永建	象山县天安路999号	315700

表 2-2　2023 年宁波市广播电视监测机构一览表

序号	管理机构	法定代表人	单位地址	邮编
1	宁波市广播电视监测中心	马海荣	鄞州区兴宁路53号	315000

表 2-3　2023 年宁波影视产业区机构一览表

序号	管理机构	法定代表人	单位地址	邮编
1	宁波市影视文化产业区管委会	邵震洋	象山县兴盛路228号商检大楼	315700

第二节　广播电视播出机构及网络机构

2023年宁波广播电视播出机构有12个。其中市级广播电视播出机构有2个，县级广播电视播出机构有10个。

表 2-4　2023 年宁波广播电视播出机构一览表

序号	播出机构	法定代表人（负责人）	单位地址	邮编
1	宁波广播电视集团（宁波人民广播电台）	李　可	海曙区和义路109号	315000

续表

序号	播出机构	法定代表人（负责人）	单位地址	邮编
2	宁波广播电视集团（宁波电视台）	李　可	海曙区环城西路南段599号	315000
3	海曙区全媒体中心	汪光辉	海曙区国医街85号	315000
4	江北区全媒体中心	夏　欣	江北区庄桥街道深悦商业广场7幢432号	315020
5	镇海区新闻中心（镇海区广播电视台）	李阳育	镇海区南大街36号	315200
6	北仑区传媒中心（北仑区广播电视台）	楼维娜	北仑区恒山路596号	315800
7	鄞州区融媒体中心（鄞州区广播电视台）	朱鸣鸿	鄞州区麦德龙路8号	315100
8	奉化区融媒体中心（奉化区广播电视台）	周女芬	奉化区中山路9号	315500
9	余姚市融媒体中心（余姚市广播电视台）	马金浩	余姚市南雷南路1号	315400
10	慈溪市融媒体中心（慈溪市广播电视台）	华建清	慈溪市新城大道北路288号	315300
11	宁海传媒集团（宁海县广播电视台）	葛建标	宁海县桃源中路228号	315600
12	象山县传媒中心（象山县广播电视台）	鲍明灿	象山县象山港路536号	315700

2023年，宁波广播电视网络机构有4个。其中，市级有1个，江北区有1个，鄞州区有1个，镇海区有1个。

表2-5　2023年宁波广播电视网络机构一览表

序号	网络机构	法定代表人（负责人）	单位地址	邮编
1	宁波华数广电网络有限公司	王雷达	鄞州区甬江大道188号财富中心14层	315000
2	宁波江北华数广电网络有限公司	龙学勇	江北区江北大道670号034幢	315000
3	宁波市鄞州华数广电网络有限公司	林建军	鄞州区泰康中路858号16-1室	315100
4	宁波市镇海数字电视有限公司	楼宝妹	镇海大西门路32号	315200

2023年，宁波视听新媒体平台有12个。其中，市级有2个，海曙区有1个，江北区有1个，镇海区有1个，北仑区有1个，鄞州区有1个，奉化区有1个，余姚市有1个，慈溪市有1个，宁海县有1个，象山县有1个。

表2-6　2023年宁波视听新媒体平台一览表

序号	平台名称	法定代表人（负责人）	单位地址	邮编
1	"宁聚"客户端	周洋文	海曙区环城西路南段599号	315012
2	"甬派"客户端	邓少华	鄞州区宁东路901号	315000
3	"海曙"客户端	汪光辉	海曙区国医街85号	315000
4	"新江北"客户端	夏　欣	江北区庄桥街道深悦商业广场7幢432号	315020
5	"镇灵通"客户端	李阳育	镇海区南大街36号	315200
6	"仑传"客户端	楼维娜	北仑区恒山路596号	315800
7	"鄞响"客户端	朱鸣鸿	鄞州区麦德龙路8号	315100
8	"掌上奉化"客户端	周女芬	奉化区中山路9号	315500

续表

序号	平台名称	法定代表人（负责人）	单位地址	邮编
9	"姚界"客户端	马金浩	余姚市南雷南路1号	315400
10	"慈晓"客户端	华建清	慈溪市新城大道北路288号	315300
11	"看宁海"客户端	葛建标	宁海县桃源中路228号	315600
12	"山海万象"客户端	鲍明灿	象山县象山港路536号	315700

2023年宁波乡镇（区）广播电视站（中心）有90个。其中，海曙区有9个，江北区有4个，镇海区有5个，北仑区有6个，鄞州区有15个，奉化区有10个，余姚市有10个，慈溪市有17个，宁海县有8个，象山县有6个。

表2-7　2023年宁波乡镇（区）广播电视站（中心）一览表

序号	区域	机构名称	负责人	单位地址
1		鄞江广播电视站	陈雄勃	鄞江镇新文化中心1楼（鄞江卫生院对面/鄞江镇中心幼儿园旁）
2		集士港广播电视站	陈雄勃	集士港镇碧莲路22号
3		洞桥广播电视站	陈雄勃	洞桥镇何晓东路1035号
4		横街广播电视站	陈雄勃	横街镇育才路12号
5	海曙区	石碶广播电视站	陈雄勃	石碶街道公共事务服务中心一楼（鄞州大道西段1555号/交警队旁）
6		高桥广播电视站	陈雄勃	高桥镇新丰路166号（高桥行政服务中心三楼）
7		章水广播电视站	陈雄勃	章水镇通远路278号
8		龙观广播电视站	陈雄勃	龙观乡桓村龙兴路500号
9		古林广播电视站	陈雄勃	古林镇中心路189号

续表

序号	区域	机构名称	负责人	单位地址
10	江北区	甬江广播电视站	张　磊	宁波市江北区压赛李家75号
11		洪塘广播电视站	张　磊	宁波市江北区洪塘中路228号5号楼
12		庄桥广播电视站	张　磊	宁波市江北区解放路90号
13		慈城广播电视站	张　磊	宁波市江北区宁慈西路（华数营业厅）
14	镇海区	澥浦广播电视站	戴勇虎	澥浦镇慈海北路2388号
15		九龙湖广播电视站	戴勇虎	九龙湖镇河头村沿山路1081号
16		蛟川广播电视站	朱乘丰	蛟川街道镇骆东路150号二楼
17		骆驼广播电视站	章国虎	骆驼街道荣骆路467号
18		庄市广播电视站	夏　波	庄市街道兆龙路752号
19	北仑区	小港广播电视站	王孟军	小港街道红联渡口路375号
20		大碶广播电视站	李　娜	大碶街道人民南路15号
21		柴桥广播电视站	俞慧娜	柴桥街道环镇北路51号
22		白峰广播电视站	虞海波	白峰镇道峰城路172号
23		春晓广播电视站	顾世波	春晓街道洋沙山观海路250号
24		大榭广播电视站	陈　婷	北仑区大榭街道海港路121号文艺馆二楼
25	鄞州区	瞻岐广播电视站	林建军	瞻岐镇瞻虹路41号
26		东吴广播电视站	林建军	东吴镇镇南路62号
27		邱隘广播电视站	林建军	邱隘镇人民北路文化城文广大楼西侧一楼
28		姜山广播电视站	林建军	姜山镇北大东路8号
29		云龙广播电视站	林建军	云龙镇政府大院东首
30		横溪广播电视站	林建军	横溪镇人民路1号
31		塘溪广播电视站	林建军	塘溪镇塘头村人民路6号

续表

序号	区域	机构名称	负责人	单位地址
32	鄞州区	钟公庙广播电视站	林建军	钟公庙街道四明西路253号
33		咸祥广播电视站	林建军	咸祥镇龚家村多宝路1号
34		下应广播电视站	林建军	下应街道湖下路147号
35		五乡广播电视站	林建军	五乡镇爱民北路2号
36		东柳广播电视站	林建军	东柳街道惊驾路531号
37		百丈广播电视站	林建军	百丈街道南镇安街95号
38		高新广播电视站	林建军	高新区江南路700号
39		东钱湖广播电视站	林建军	东钱湖环湖北路390-392号
40	奉化区	溪口广播电视站	赵挹峰	溪口镇武岭路224号
41		西坞广播电视站	鲍燕军	西坞街道西坞南路89号
42		裘村广播电视站	王 威	裘村镇银山路14号
43		江口广播电视站	孙 奇	江口街道江宁路88号
44		大堰广播电视站	鲍吉丽	大堰镇大名路10号旁边
45		萧工庙广播电视站	陈 硕	萧王庙街道峰岭南路6号
46		莼湖广播电视站	周登云	莼湖街道奉松路17号
47		松岙广播电视站	司徒幸松	松岙镇上汪振兴路31号
48		尚田广播电视站	董 迪	尚田镇县江弄2号
49		方桥广播电视站	周立波	方桥街道方港路10号
50	余姚市	江北分中心	郑 益	笋行弄188号
51		江南分中心	陆科技	兰江街道日月星苑一期北门东首
52		泗门分中心	黄宏斌	泗门镇湖星江路1号
53		低塘分中心	陈峰峰	低塘街道许家堰路21号

续表

序号	区域	机构名称	负责人	单位地址
54	余姚市	马渚分中心	冯利华	马渚镇东横路217号
55		临山分中心	潘国栋	临山镇南塘路
56		丈亭分中心	缪圣兆	丈亭镇惠民路（渔溪市场对面）
57		陆埠分中心	胡建东	陆埠镇育才路（镇政府旁）
58		河姆渡分中心	丁　立	河姆渡镇政府内
59		梁弄分中心	褚建波	梁弄镇仙桥新村1号
60	慈溪市	城区融媒体分中心	李奕锋	古塘街道三北大街518号
61		宗汉街道融媒体分中心	叶　军	宗汉街道新卫路1号
62		坎墩街道融媒体分中心	陈立锋	坎墩街道兴镇街648号
63		龙山镇融媒体分中心	钱益明	龙山镇灵峰路1000号（综合写字楼内）
64		掌起镇融媒体分中心	王海群	掌起镇横街509号（镇文体中心内）
65		观海卫镇融媒体分中心	费俊锋	观海卫镇墨池路39号
66		附海镇融媒体分中心	岑迪锋	附海镇花塘路7号
67		逍林镇融媒体分中心	杨晓峰	逍林镇园丁路58号
68		胜山镇融媒体分中心	沈努克	胜山镇胜山大道518号
69		新浦镇融媒体分中心	项　锋	新浦镇新胜路88号（镇政府内）
70		桥头镇融媒体分中心	余　琼	桥头镇吴山南路615号
71		匡堰镇融媒体分中心	王天明	匡堰镇高家村5大弄东29号
72		横河镇融媒体分中心	茅奇林	横河镇龙泉路39号（镇政府内）
73		崇寿镇融媒体分中心	潘宏征	崇寿镇文化广场西侧
74		长河镇融媒体分中心	杨建城	长河镇贤江大道长河体艺馆内
75		周巷镇融媒体分中心	陈赞特	周巷镇大通中路178号
76		庵东镇融媒体分中心	（暂缺）	庵东镇文体中心内

续表

序号	区域	机构名称	负责人	单位地址
77	宁海县	城区广播电视站	徐　科	跃龙街道中山中路34号
78		桥头胡广播电视站	张　清	桥头胡街道黄墩路10号
79		力洋广播电视站	王远俊	力洋镇力洋东路40号
80		长街广播电视站	王能能	长街镇长岳中路16号
81		一市广播电视站	薛秋成	一市镇茂林路6号
82		岔路广播电视站	徐江伟	岔路镇人民北路18号
83		西店广播电视站	应　翔	西店镇镇前路5号
84		深甽广播电视站	葛　超	深甽镇天明西路32号
85	象山县	城区工作站	吕正高	象山港路508号
86		石浦片区工作站	傅　强	石浦镇南屏路392号
87		西周片区工作站	何荣辉	西周镇弘文路6号
88		大徐片区工作站	郑丹凤	城东工业园区映玉路
89		定塘片区工作站	余　昂	定塘镇元亨路81号
90		东陈片区工作站	郑芝娜	东陈乡金商路245-1号

第三节　频率／频道

2023年宁波广播电视播出机构广播频率有13个，电视频道有13个。其中，市级广播频率有5个，电视频道有5个；县级广播频率有8个，电视频道有8个。

表2-8　2023年宁波广播电视播出机构频率／频道一览表

机构名称	频率／频道名称	广播频率	开播时间	传输方式
宁波市人民广播电台	新闻综合广播	FM92.0、AM1323	1953-02-10	无线

续表

机构名称	频率/频道名称	广播频率	开播时间	传输方式
宁波市人民广播电台	经济广播	FM102.9、AM747	1993-08-18	无线
	交通广播	FM93.9、AM603	1999-01-01	无线
	老年与少儿广播	FM90.4、AM1251	2007-01-08	无线
	音乐广播	FM98.6	2010-02-01	无线
宁波市电视台	新闻综合频道		1985-02-20	无线、有线
	经济生活频道		1995-05-01	无线、有线
	都市文体频道		2001-05-01	有线
	影视剧频道		2001-05-01	有线
	少儿频道		2005-06-01	有线
镇海区广播电视台	广播节目	FM104.7	1994-09-01	有线
	电视节目		1994-09-28	有线
鄞州区广播电视台	广播节目	FM105.2	1993-07-01	有线、无线
	电视节目		1994-04-01	有线
北仑区广播电视台	广播节目	FM100.8	1996-02-10	有线、无线
	电视节目		1993-10-01	有线
奉化区广播电视台	广播节目	FM99.4	1992-12-28	有线
	电视节目		1992-12-28	无线、有线
余姚市广播电视台	广播节目	FM96.6	1986-12-30	有线
	电视节目		1988-10-01	无线、有线
慈溪市广播电视台	广播节目	FM106.4	1984-12-26	有线
	电视节目		1995-09-17	无线、有线
宁海县广播电视台	广播节目	FM98.9	1995-12-18	有线
	电视节目		1998-10-01	有线

续表

机构名称	频率/频道名称	广播频率	开播时间	传输方式
象山县广播电视台	广播节目	FM107.3、103.9	1995-11-01	无线、有线
	电视节目		1996-11-01	有线

第四节　栏目播出

宁波广播电视集团（广播）

《潮爸辣妈》（融媒体类）　新闻综合广播播出，播出频率FM92.0、AM1323；播出时间：周四11:30至12:00。以亲子教育为主要内容，开创全新融合传播方式，形成以广播节目、微信公众号、微信视频号"宁波潮爸辣妈"，以及微信小程序商城"潮爸辣妈臻选"等多种传播形式为一体的融媒体矩阵。2023年，"宁波潮爸辣妈"视频号原创4条播放量超过10万人次的短视频；"潮爸辣妈"公众号实现日更，并跻身宁波媒体公众号前15强，平均阅读量位列全市媒体前六，形成良好社会效益。同时，"潮爸辣妈臻选"小商城的书籍、食品、文具等价廉物美刚需品深受粉丝喜爱，《潮爸辣妈》凭借私域流量实现全年300多万元的销售额，创造了较好的经济效益。主持人：徐宁、宇扬。

《甬往职前》（服务类）　新闻综合广播播出，播出频率FM92.0、AM1323；播出时间：周一至周六16:00至17:00。栏目突出"就业创业"主题，通过宁波市就业创业政策分享、就业创业政策解读，为创业者和求职者提供权威的人才政策信息；通过创业者访谈，创业故事分享，着力营造宁波良好创业环境的氛围；通过发布求职信息、开通企业专家互动热线等，为求职者搭建线上招聘平台，满足多元化需求。栏目下设《甬上乐业》《职属于你》《创客英雄汇》《云端招聘》等版块。主持人：袁鹤。

《等风来》（文化娱乐类）　新闻综合广播播出，播出频率FM92.0、AM1323；播出时间：周一至周五19:00至20:00。该栏目是一档音乐风·时尚生活有声杂志，主打音乐、诗歌、电影等陪伴，倡导积极美好的生活方式，并结合文化、旅游、娱乐、时尚、消费等多元内容，深挖城市文化，发掘乡村特质，打造具有地方特色和时代感的城市生活方式广播。栏目面向中青年主流消费群体，为受众提供实用文化资讯，促进文化交流，引领生活潮流。栏目下设《来吧聊个天》《城市探索家》《漫步人生路》《娱乐情报站》《时尚全攻略》《消费新窗口》等版块。主持人：王珺。

《老友俱乐部》（服务类）　新闻综合广播播出，播出频率FM92.0、AM1323；播出时间：周一至周五10：00至11：00。该节目是一档丰富老年人生活、提供老年人情感交流，传递健康、养老、文化等方面信息的服务类栏目。栏目以老年人所思、所想、所求为出发点和落脚点，旨在建立一个为老年人提供共享、交流和学习的空中社区，为老年朋友提供全方位的生活和咨询服务，展示老年人多姿多彩的才艺和生活，进一步营造敬老、亲老、爱老、助老的社会风尚。主持人：艾泱。

《动听宁波》（新闻资讯类）　交通广播播出，播出频率FM93.9、AM603；播出时间：周一至周日7：00至9：00。该栏目是交通广播每天早高峰时段重点打造的一档广播新闻资讯类栏目，下设《新闻加速度》《上新了头条》《城市点点看》等版块。栏目充分挖掘海量资讯、社会热点等，兼具深度点评、实时路况信息等权威内容，多元促进，收听率和市场占有率长期稳居宁波广播市场同时段首位。主持人：刘涛、蓝蓝，记者：梁瑾、周静、刘维。

《我的城市我的家》（民生服务类）　交通广播播出，播出频率FM93.9、AM603；播出时间：周一至周日17：00至19：00。栏目以"关注民生、服务百姓"为定位，为下班路上的车载人群提供国内外新闻资讯、维权帮忙、知识信息等民生服务。下设《今日热搜》《订阅宁波》《好奇心研究所》《今日依点》《小城故事多》《记者帮帮帮》《互动话题》等版块。其中，《记者帮帮帮》《小城故事多》以文字报道或短视频形式在"宁波之声"公众号、视频号、微博等新媒体矩阵联动发布，实现媒体融合优势互补的生态循环。主持人：衡帅、天奇，编辑：沈弘磊，记者：沈棠燕、林玲、冯筱。

《下班早一点》（音乐娱乐类）　交通广播播出，播出频率为FM98.6；播出时间：周一至周五17：00至19：00。栏目以歌曲和不同版块内容穿插进行，常设资讯类版块有《热搜大爆炸》《压力山不许大》《冷知识》等，音乐娱乐类版块有《KTV一把手》《音乐雷达》等，互动类版块有《下班摸鱼大讨论》。内容随节点、热点等变化随时轮换更新，致力于每天为听众源源不断提供优质、热门、潮流、贴近生活的内容，在下班路上让大家卸下一身疲惫，与音乐和快乐相伴。栏目通过自制小视频借助抖音、视频号等渠道进行内容传播；组织线下精品活动，拉近与听众的距离。主持人：王泽宇（咚咚）、陈姝慧（花花）。

《原创新歌声》（融媒体文娱类） 音乐广播播出，播出频率FM98.6；播出时间：周一至周五9:00至11:00。栏目聚焦国内外多类型原创音乐，链接本地大文娱圈层，打造宁波地区最具影响力及唯一性的音乐文娱品牌。在音乐内容方面，开辟《原创新世界》版块。在音乐分享基础上，设立《文娱新资讯》版块。栏目汇集全国、宁波地区一手文艺、文化、音乐、演出资讯，以轻松时尚沉浸式呈现，吸引本地热爱文化文艺潮人。开播以来，收听率连续2年居全宁波同一时段首位。以该栏目为依托的线下拓展活动，如"十镇百村"文化团队培育项目等，宣传直播内容触达数70万，得到社会各界认可和好评。

《心动在路上》（民生资讯类） 经济广播播出，播出频率FM102.9、AM747；播出时间：周一至周日7:00至9:00。下设《新闻早班车》《科普有约》《经早有话说》《超强大脑》《金融圈》等版块。早高峰时段结合频率特点，传递本地、国内要闻资讯和金融类信息；宣讲权威渠道发布的科普知识；关注时事民生热点，为听众答疑解惑；用脑筋急转弯的方式与听友进行趣味互动，陪伴听众朋友的上班路。主持：美樨、邵明。

《生活在宁波》（生活文娱类） 经济广播播出，播出频率FM102.9、AM747；播出时间：周一至周日16:30至18:00。作为开办18年之久的老牌生活文艺类栏目，2023年继续以贴近生活的内容服务受众，以民生消费服务为重心，以娱乐为形式，为受众分享"吃喝玩乐、电影文娱"等信息。发挥其强大的社群凝聚力，用全媒体方式呈现不同类的活动，并在线上线下发布完成亲子、电影、新春等系列活动近20余场，参与听众达5000多人（次）。下设栏目有《绝对美食》《U乐园》《电影圈》《嘉年华》《贵客驾到》《恕我直言》《宁波娘舅》等。主持人：箫鸣、小米、小梅。

宁波广播电视集团（电视）

《宁波新闻》（时政新闻类） 新闻综合频道播出，为宁波电视台创办最早、开办时间最长的电视栏目，是第一时间了解宁波时事大事、政府信息的权威发布平台。开播于1984年7月27日，每天19:32播出，时长22分钟，始终坚持党媒姓党，弘扬主旋律，把准舆论导向，权威发布和解读市委市政府政策。聚焦宁波时事政治，策划重大主题报道，关注社会民生热点，成为宁波经济社会发展的忠实记录者，拥有稳定的收视群体。近年来，该栏目选送的电视消息《中国笔王贝发小笔尖大制造 杭州G20元首笔撬动高端市场》和电视新闻节目编排《宁波新闻》（2017年12月27日），获中国新闻奖一等奖。主持人：李飒、董寅寅、孙大彬、张月、曹力恒、高家晅。

《看点》（民生新闻类） 新闻综合频道播出，宁波电视界首档民生新闻直播类栏目《看看看》于2021年7月2日改版升级后推出的民生栏目，播出时间为每天18:30，时长约30分钟。节目于2006年3月1日正式播出，一直坚持民生关注、帮忙服务、深度报道、政法新闻等四大方向，用"原创"与"深度"打造新闻动态和12345热线两个重点版块。同时，与宁波司法局合作开设《法治宁波》，与宁波市场监督管理局合作开设《市场监管在行动》等特别节目，在错位竞争中呈现传统品牌栏目的独特气质。2021年至2023年，《看点》团队采制的新闻作品获得中国新闻奖二等奖1次，浙江新闻奖和浙江广播电视新闻奖一等奖5次、二等奖6次。主持人：胥可、沙瑛雪等。

《第一访谈》（人物访谈类） 新闻综合频道播出，宁波电视台首档"沉浸式"新闻访谈栏目。栏目秉持"遇见、看见、听见，有经历才有故事，有问题就有答案"的主旨，以"记录＋对话"的形式，用对话记录历史，以人物解读新闻，讲好宁波故事，多角度立体化展现人物特色。栏目开办以来，遍邀甬上名家和新闻人物，采访过奥运冠军杨倩和汪顺，音乐家郎朗和谭盾，作家易中天和紫金陈等名人，也访问过"挡刀女孩"崔译文、"菜场女作家"陈慧、"小胖总"李健等一批本土新闻人物，见证和分享人格魅力、人生价值和人性光辉。栏目打破传统电视节目在空间和时间上的限制，坚持小屏首发，以多屏共融的方式多维度传播，一些有温度接地气的人物访谈，在人民号、NBTV视频号等新平台播放，点击量突破1000万人次。2021年播出的作品《丛志强：划火柴的人》获得中国新闻奖访谈类二等奖。主持人：张馨予、董寅寅等。

《来发讲啥西》（民生新闻类） 经济生活频道播出，是宁波第一档用方言主持的民生电视新闻栏目。自2005年2月开播以来，主持人用亲切自然的方言，讲述老百姓日常生活中的故事。近年来，栏目创造性地把家长里短的身边小事和主题报道融合在一起，找准观众感兴趣与受众有关联的联结点切入，以老百姓身边的人和事入手，把"国计"与"民生"相结合，相继推出《市民议事厅》《社区故事》等版块，引领主流舆论场。同时，栏目立足媒体融合，实现大屏、小屏互动传播，打造电视节目和短视频的融合传播矩阵，充分发挥"1+1＞2"的效应，扩大栏目在观众，尤其是年轻观众中的口碑和影响力，占据新媒体舆论宣传高地。主持人：阿伟。

《讲大道新闻》（民生新闻类） 都市文体频道播出，播出时间：周一至周五，时长约40分钟，2006年12月开播。多主持人"聊"新闻是栏目一大特色。演播室通过两位主持人对聊的方式把新闻进行故事化叙述，通过设置悬念、情景化再现、抖包袱等形式把新闻事件表现得十分生动，容易看懂；在讲述新闻事件的同时，栏目还把宁波地方特色的方言俚语、民风习俗、人情风貌等有机融入栏目。舆论监督和帮困解难是栏目另一大特色。记者进行舆论监督时不怕事件棘手，记录过程真实细致，表述客观公正，一时间成为舆论监督的典范。该栏目长期占据宁波自办电视栏目收视率前列，并多次被评为宁波市优秀品牌栏目。制片人：吴柯诺。

《寻味明州》（美食体验类） 新闻综合频道周日18:00首播，时长28分钟。2021年7月4日开播，是一档美食寻味、体验类原创栏目，定位在精品栏目高度上进行创作。通过对宁波各区（县、市）地标性食材、特色美食以及相关文化习俗梳理，用"寻味"串联起食材、美食、地域文化等的关联，挖掘美食承载的人物情感和地域气质，展示美食所代表的宁波人现代生活方式。栏目立足一个"新"字，创作新思路、拍摄新技术和制作新手段。强调一个"精"字，强调精品意识，追求精益求精。栏目播出后，引起社会广泛传播，受众口碑佳，栏目效果得到相关宣传部门和文旅单位的好评。编导：李洁。

《江南话语》（文化专题类） 新闻综合频道和都市文体频道播出，时长20分钟。由专题创研部创作，于2003年7月开播。作为一档历史文化类栏目，以影像志形式记录、发掘以宁波为主的浙东及江南历史文化，表现江南地区的历史人文、民风民俗等相关内容，并从中挖掘历史与文化的深层内涵。自栏目开办至2023年，作品18次获得国家级奖项，被国家广播电视总局授予"全国优秀电视文化栏目"荣誉称号。在2007年、2009年和2011年的"中国广播影视大奖"评选中，该栏目蝉联"优秀文艺栏目大奖"，成为截至2023年年底"中国广播影视大奖"唯一一档"三连冠"栏目。在"中国广播影视大奖"评选中，《江南话语》曾摘取首次设立的"优秀栏目成就奖"。编导：赵军、郑萍等。

《开心大赢家》（竞技综艺类） 影视剧频道播出，时长55分钟，于2011年10月开播，是一档大型棋牌竞技类栏目，形式为宁波特色的四人斗地主。该栏目自开播以来收视稳定，在本地集聚大量人气和节目号召力，成为广大宁波观众熟悉的品牌栏目之一。栏目门槛低，接地气，参与人群广、人数多，是普通老百姓茶余饭后消磨时光的首选。2021年，栏目在牌局播出界面做小改版，调整牌面布局、计分框等，部分增加出牌特效，给观众新鲜感，同时提升可看性。栏目成为影视剧频道一档王牌综艺栏目，每年收视率表现突出。制片人：张志伦；主持人：张叶璐。

海曙区全媒体中心

《海曙新闻》 海曙电视节目播出，播出时间：周一至周五18:30首播，21:00重播；时长约15分钟。《海曙新闻》紧扣中共海曙区委区政府中心工作和阶段性重点工作，担负宣传任务，是传达党委政府方针政策的重要窗口，联络政府、沟通百姓的桥梁纽带。

《尚书街》 "海曙新闻"客户端发布，《尚书街》栏目自2020年1月初开设以来，配合书香海曙建设，报道海曙市民的读书活动，推荐好书和好的读书方法，记录宁波这座城市的点点滴滴，开设《尚书人声》《每月荐学》《书送希望》等子栏目，推送一批优质的原创图文和视频作品。"读书读城读世界"是栏目定位，"读书"即读有字之书，"读城读世界"即读无字之书。

江北区全媒体中心

《江北农业》 数字广播播出，播出时间：周一、三、五8:00首播，周二、四、六重播。栏目结合江北地理特点、农业特点，从种植、养殖、农资农机、储藏加工等，宣教农业技术，传播科技信息，搭建致富桥梁。

《健康大讲堂》 数字广播播出，播出时间：周二、四、六8:00首播，周一、三、五重播。节目以"健康宁波"为核心，普及基础医疗知识，传递医疗科学理念，为大众讲解健康养生知识，传播科学健康的生活理念。

《江北新闻》 江北电视节目、数字广播播出，播出时间：周一至周五19:30，时长10分钟。《江北新闻》主要围绕中共江北区委区政府的政策方针，重大工作部署和工作要求，及时向观众传递时政消息，宣传中共江北区委区政府的中心工作进展，各地各部门的工作落实情况以及各项特色工作，向受众提供权威、真实、及时、贴近的新闻资讯；同时，将目光对准百姓身边的热点、焦点问题和突发事件，力求确保报道贴近社会生活，关注民生疾苦。

镇海区新闻中心（镇海区广播电视台）

《爱上上班路》 镇海广播节目播出，播出频率：FM104.7；播出时间：周一至周五7:00至9:00。该节目为甬城早高峰的上班族提供内容丰富的新闻早餐，同时开设母婴、汽车、房产、旅游、带货等特色版块，节目风格轻松幽默又不失严谨客观，深受听众喜爱。主持人：杰仔、雨晨。

《爱上车生活》 镇海广播节目播出，播出频率：FM104.7；播出时间：周一至周五10:00至11:30。该节目定位为一档专业的车主题服务类节目，主持人深耕汽车领域多年，致力于为听众提供选车、买车、修车、卖车等方面专业服务，同时分享汽车资讯和专业车评。主持人：佳乐。

《最爱麦克风》 镇海广播节目播出，播出频率：FM104.7；播出时间：周一至周五11:30至13:00。作为一档午间唤醒听众耳朵的音乐节目，《最爱麦克风》不仅分享好听的潮流音乐，还开设《大家一起唱》的K歌版块燃爆午休时光。主持人：耐听DJ姜楠。

《爱上加班路》 镇海广播节目播出，播出频率：FM104.7；播出时间：周一至周五19：30至20：30。该节目的目标受众是晚下班的加班人群，通过有趣的资讯解读和互动热线为大家提供精神放松和快乐按摩，释放加班的辛苦压力。主持人：思维、嘉雯。

《一路平安》　镇海电视节目播出，播出时间：每周播出一期，一期1分钟至3分钟。该栏目将视角延伸至每一位执勤交警，通过对交通现场的实时跟踪拍摄，挖掘交警背后的故事，展现交通现状，从而达到将交通知识传达给每一位观众的目的。栏目编导：陈士伟、王君美。

《一线冲锋》　"镇灵通"视频号、镇红先锋平台播出，播出时间：每月播出一期，一期6分钟至8分钟。该栏目深入一线采访跟踪，用镜头记录镇海区村（社）书记蓬勃的干事劲头，过硬的素质本领，营造奋勇争先的工作氛围。栏目编导：何顺。

北仑区传媒中心（北仑区广播电视台）

《1008早、晚新闻》　北仑广播节目播出，播出频率：FM100.8；播出时间：周一至周日19：08至19：38首播，次日早上6：00至6：30重播。《1008早、晚新闻》是一档新闻栏目，主要涉及中共北仑区委、区政府重要活动、文件精神、时事民生等内容。

《可乐爱回家》　北仑广播节目播出，播出频率：FM100.8；播出时间：周一至周五16：30至18：15。该栏目是1008频率晚高峰娱乐互动、脱口秀节目，受众定位为25岁至40岁左右的私家车主，节目设有《十排八座》《全球名时刻》《职来职往》《今晚吃什么》《哎呦喂？》《这也行》等版块。节目互动性强，以吃喝玩乐为特色内容，贴合本地生活，同时在节目中结合路况、即时资讯、新闻麻辣点评等设置特别环节。主持风格幽默亲和，有固定粉丝群。主持人：王卓、贾瑶雨。

《可乐早高峰》　北仑广播节目播出，播出频率：FM100.8；播出时间：周一至周五7：00至9：00。《可乐早高峰》是一档集资讯、新闻、路况播报、听众互动等为一体的早间节目，主持人以幽默诙谐的语言和积极乐观的态度将热点事件和民生新闻讲述得鲜活有趣。节目以搞笑娱乐的风格，获得众多听众的认同。主持人：卢彦伯、马雪儿。

《慵懒时光》 北仑广播节目播出，播出频率：FM100.8；播出时间：周一至周五12：00至13：30、20：30至22：00，周末10：30至12：00、19：30至21：00。该栏目是1008频率品味音乐类的伴随性节目，以不同的音乐主题，聆听新歌、聆听经典、音乐人物电影书籍等多元风格的内容，听听音乐，品味生活。主持人：田琦。

《音乐零时差》 北仑广播节目播出，播出频率：FM110.8；播出时间：周一至周五14：30至15：30（周三停机检修停播）、19：30至20：30（重播），周末17：30至18：30（重播）。该节目是一档轻松愉快的音乐互动类节目，结合当下最新的热点话题、旅行美食、穿搭生活等展开互动讨论。听听音乐、聊聊生活，打造一档轻松、愉快、休闲的广播节目，设有《新歌速递》《华语经典》《我们的歌手》等版块，节目以活泼欢快的风格从不同角度带大家解锁不一样的音乐世界。主持人：梅笑晗、张卓妮、王卓、马雪儿。

《出发，汽车人！》 北仑广播节目播出，播出频率：FM100.8；播出时间：周一、周三、周五9：00至9：30。该栏目以提供实用的汽车资讯、二手车评估、新车推荐、车市行情分析和用车保养常识，以及推荐汽车类其他相关产品为主要内容。主持人：卢彦伯。

《山海经》 北仑电视节目播出，首播周日18：42，时长15分钟。《山海经》为方言故事类栏目，由中共北仑区委宣传部和北仑区传媒中心联合主办。栏目以传统家风、家训故事和发生在身边的当代好人好事为主要素材，结合北仑社会热点，着重突出"身边人讲身边事"，深受广大电视观众及网民的关注和好评。主持人：钱树德、叶光龙、张仿治。

《杏林之家》 北仑电视节目播出，首播周六18：30，时长15分钟。《杏林之家》为健康服务类节目，由北仑区中医院和北仑区传媒中心联合主办。节目主要提供北仑区中医院最新最全的医疗资讯，并邀请专家名医解惑各类疑难杂症，分享中医文化。主持人：吕彦续。

《纪录》 北仑电视节目播出，周六22：10首播，时长15分钟。《纪录》为社教专题节目，旨在为观众讲述人物故事，传播正能量。节目以专题、纪实等形式，讲述老百姓身边的故事，通过表现本地文化传承人的精彩技艺和人生故事，记录时代变迁，见证社会进步。主持人：吕彦续。

《走进恬园》　北仑电视节目播出，周六 20:10 首播，时长 15 分钟。《走进恬园》以农村建设为中心，以服务"三农"为宗旨，围绕"农"字做文章，关注农民生活，传递服务信息，记录农村社会变迁。栏目设置《恬园采风》《经验谈》《恬园新貌》等版块，通过不同版块传递多样精准的信息。主持人：吕彦续。

《仑直播》　北仑区传媒中心重点打造的一款移动端产品、新媒体矩阵重点打造的特色栏目，是本地有影响力的专业直播品牌。以政务类、休闲类直播为主，实时展现北仑本地社会热点与多姿多彩的风土人情，旗下品牌直播栏目《第一发布》《赛事前沿》《吃喝玩乐 GO》深受网友喜爱。主播带领网友追赶潮流。主持人：王孟思、田琦。

鄞州区融媒体中心（鄞州区广播电视台）

《105 上班路》　鄞州广播节目播出，播出频率：FM105.2；播出时间：周一至周五 7:00 至 8:30。《105 上班路》以中英双语介绍全球新鲜资讯，覆盖商业、科技、消费、传媒等行业，拓展国际视野。配以动感好音乐伴随每一位私家车主上班早高峰。主持人：Maddy。

《105 下班路》　鄞州广播节目播出，播出频率：FM105.2；播出时间：周一至周五 16:30 至 18:30。《105 下班路》是一档晚高峰脱口秀节目。整个节目分割成单元时长 15 分钟的若干小版块：《下班早点到》《好玩佳怡点》《弹幕新闻 123》《电影猜猜猜》《105 游戏战》《阿拉来毁歌》等。接地气的话题和听众良性紧密互动，培养一群忠实听众，粉丝黏性强，节目风格风趣幽默，深受城市下班族喜爱。主持人：巨牌、施展、佳怡。

《鄞视报道》　鄞州电视节目播出，首播时间：周一至周日 18:00；时长约 15 分钟。《鄞视报道》关注全区重大政策举措、重要时政活动，纵览鄞州大事要闻，突出"围绕主题突出主线，服务大局助推发展"，先后开辟《"千万工程" 20 周年看鄞州》《"八八战略"鄞州实践》《"七创争先"勇攀高之项目进行时》等专栏，立足做强做优主流舆论阵地，主动担当尽责。同时，记录社会发展变迁，关心百姓苦乐冷暖，确保宣传报道有高度、有深度、有温度，致力打造有责任、有权威、有情怀的主流新闻栏目。

《鄞视聚焦》 鄞州电视节目播出，每周播出一期，时长约6分钟，2018年9月8日正式开播，自2022年10月起改为每月一期。《鄞视聚焦》紧扣中共鄞州区委、区政府中心工作和阶段性重点工作，以建设性监督为原则，坚持正确的舆论监督方向，坚守舆论监督底线，敢于揭丑亮短，在新闻调查的基础上，采用"一事一曝，一事一评议"的方式进行监督，落实反馈，确保舆论监督有深度，最终目的是推动问题的解决，树立党委政府的良好形象。栏目口号："发挥新闻监督力量，助力鄞州领跑领先。"

《健康鄞州　听医生讲》 鄞州电视节目播出，首播时间：周日19:50，时长10分钟。每期结合老百姓关心的健康问题进行科普宣讲，提升全民健康意识。

《鄞视周刊》 鄞州电视节目播出，周日18:30首播，时长约6分钟。

奉化区融媒体中心（奉化区广播电视台）

《城市早七点》 奉化广播节目播出，播出频率：FM99.4；播出时间：周一至周五7:00至9:00，时长120分钟。2013年推出至2023年，推陈出新，在大量提升单位时间内信息量的同时，着眼民生，以亲民的播报方式贴近百姓。内容涵盖国内外即时资讯、路况信息、航班信息、本地要闻等内容，成为奉化人民上班路上必不可少的信息集合站。主持人：叶凡、子扬。

《HELLO晚高峰》 奉化广播节目播出，播出频率：FM99.4；播出时间：周一至周五16:30至18:30，时长120分钟。节目融合全媒体传输新方式，开设全新美食互动版块《HELLO美食家》，利用短视频传播方式，与传统广播相融合，使节目更加鲜活灵动，从视觉和听觉两方面双管齐下，满足受众收听需求。结合时下热点，设计改良答题互动版块《HELLO小答人》，通过增设主题专场的方式，使节目贴近群众所思所需。主持人：小叨、凌白。

《城市夜高峰》 奉化广播节目播出，播出频率：FM99.4；播出时间：周一至周五19:00至20:00，时长60分钟。百变的小仙女百变的夜高峰，节目新增模仿秀环节增加与听友互动，DJ、伤感情歌party、猜猜我是谁等音乐类互动游戏的方式打开夜晚高峰时段的娱乐时间，同时通过听友发送歌曲链接的方式进行歌曲PK，为广大市民搭建展现自我的平台。主持人别具特色的主持风格，让整个时段都充满欢声笑语，也为忙碌一天的市民朋友在这一时段收获轻松快乐的体验。主持人：蒋琳。

《嗨！宝贝》　奉化广播节目播出，播出频率：FM99.4；播出时间：周一至周五9:00至10:00，时长60分钟。奉化首档母婴类节目，陪伴0岁至6岁宝贝健康成长，主播佳佳和蒋琳作为时尚和智慧并存的辣妈，为宝贝搜集各种好吃、好玩、好用的信息，关注学龄前儿童的吃喝玩乐学。通过沉浸式场景互动，线上线下活动结合，进行话题分享、知识输出、好物团购等，邀请育儿帮帮团、医生、营养师、金牌月嫂、金牌育儿师、幼儿教师等为听众的育儿之路保驾护航。主持人：蒋琳、张佳。

《嗨！奉化》　奉化广播节目播出，播出频率：FM99.4；播出时间：周一至周五16:00至17:00，时长60分钟。本节目是频率全新打造的一档围绕衣食住行而展开的生活服务类可视化广播栏目，节目在每天下班高峰时段16:00至17:00通过车载广播在线互动直播，"掌上奉化"客户端同步视频直播。内容涵盖时下综艺讨论、抖音达人种草、房产信息发布、汽车资讯分享、美食娱乐盘点等内容，让您爱上奉化，爱享生活！主持人：小叻、子扬。

《阿拉奉化人》　奉化广播节目播出，播出频率：FM99.4；播出时间：周一至周五17:00至17:30，时长30分钟。方言节目旨在发扬和传承奉化方言，通过《方言讲故事》《方言说新闻》《方言聊热点》《方言小贴士》等版块，以听众喜闻乐见的形式，讲好奉化故事，说好本地新闻。主持人：凌白、静巧。

《少年好·非正式代表谈》　奉化广播节目播出，播出频率：FM99.4；播出时间：周五7:30首播、周一16:00重播，时长15分钟。本栏目旨在关注孩子在学校、家庭、社会生活中的各种问题，搭建一个平台，鼓励孩子勇于表达自己的想法，提出自己的困惑和问题，与他人分享自己的经验，倾听孩子的心声，组建"少年好·非正式代表团"，寻找孩子的"意见领袖"。同时，通过这个平台，提高孩子的口语表达能力、逻辑思维能力等综合素质，并帮助孩子建立正确的世界观、人生观和价值观。主持人：叶凡、春芬。

《奉视新闻》　奉化电视节目播出，播出时间：周一至周五18:30，时长12分钟至15分钟。该栏目紧密围绕中共奉化区委区政府中心工作，以媒体的视角，对全区各地各部门的重点工作进行全方位展示。《奉视新闻》是中共奉化区委区政府重大决策、重要方针政策主要发布渠道之一，深受广大干部群众喜爱。责任编辑：董伟；主持人：陈璐娜、成功、范菁菁、张梦涵、杨伟冬。

《乡间小路》 奉化电视节目播出，播出时间：周二、周四一套18:00，周六一套18:30，周一、周三、周五二套19:40，时长15分钟。《乡间小路》对农栏目结合奉化地理特点、农业特点，同时认真总结过去农业节目的经验，在栏目定位上大胆尝试、大胆创新，通过三大版块：《农业资讯通》以平民视角，报道最新三农信息；《三农直播间》为农户提供展示展销平台，架起助农惠民连心桥；《乡村大观园》反映农村生活，展示新时代农村、农民新形象，把欢乐、服务、技术和政策送到农村，走出一条与众不同、与以往不同的对农栏目。主创人员：沈旭琴、张肯登。

《阳光城》 奉化电视节目播出，播出时间：周一至周日18:00，时长40分钟。栏目分设《小眼睛大视界》《奉化少年说》《美丽校园》《最萌乡音》等版块。以"让学习更快乐，让成长更精彩，与奉化少年儿童共成长"为宗旨，摄录阳光童年的点点滴滴，成为少年儿童学习成长的快乐园地。到2023年，该栏目的奉化少儿春节联欢晚会成功举办10届，成为奉城人民家喻户晓的品牌活动。主创人员：傅陈、鲍骀科、蒋豪、俞远。

《奉城纪事》 奉化电视节目播出，播出时间：周日一套18:30、22:30，周六二套19:40。该栏目半月一期，是一档人文底蕴深厚的纪录栏目，用镜头讲述奉城人的故事，小人物的奇闻趣事，大人物的传奇故事，由古至今的人文历史和城市发展的沧海桑田，都可以在栏目中可窥一斑。主创人员：周晓璐、李博滕、傅聂。

《奉化党建》 奉化电视节目播出，播出时间：周日一套18:30、22:30，周六二套19:40。该栏目半月一期，集中介绍奉化各地各部门的党建教育活动进展情况，优秀共产党员和基层党组织的先进事迹，聚焦党建前沿，弘扬时代精神。主创人员：张艳、李博滕、傅聂。

《奉话健康》 奉化电视节目播出，播出时间：周五18:00、周日19:50，时长10分钟。本栏目由奉化区疾病预防控制中心与奉化区融媒体中心联办，栏目以建设"健康奉化"为中心思想，借助全区优势医疗资源，为奉城百姓带去健康养生知识。在立足传统电视播出端的同时，该栏目通过"掌上奉化""奉化区疾控中心"官方微信公众号、视频号等新媒体平台，以及全区医院内部电视端"健康云平台"的播出平台，为建设"健康奉化"贡献一份力量。主创人员：李铁、陈娜、应婕敏、邬诚挺、蒋豪。

《生活365》 奉化电视节目播出，播出时间：周一至周日，新闻综合频道17:40、21:05，生活娱乐频道20:10、12:30，时长15分钟至20分钟。该栏目是一档涵盖百姓衣、食、住、行、游、购等的生活服务类节目。将生活中的新鲜热门资讯、城市信息、生活小窍门等，通过主持人体验式介绍，以个性化、灵活多样的节目形式，传递给大众。为百姓打造优质生活的同时，也为广大商家提供多元素的展示与合作平台。制片人：冯瑜；主持编导：张迪；摄像：汪诚勇；制作：肖容勤。

《"报料"平台》 "掌上奉化"新闻移动客户端的"报料"平台，是与奉化区政府民情会办中心、市长电话共同合办的媒体监督平台。群众登录"掌上奉化"客户端，就能随时随地、方便快捷地提交诉求、反映问题等。内容涉及交通运输、建设、教育、卫生、农林、城管、交警、市场发展、乡镇街道等，其中以"咨询求助类"和"投诉反馈类"居多，也包含部分社会爱心点赞及生活分享。"报料"平台的搭建畅通群众诉求反映渠道，依托大数据和信息技术，打造奉城民生服务平台，一大批事关群众切身利益的热点、难点问题得到快速反映和有效解决。

《老爸老妈》《掌上奉化》视听栏目播出。《老爸老妈》系奉化区融媒体中心旗下针对中老年群体的品牌栏目，2022年7月推出。该栏目包含《老爸老妈才艺秀》《老爸老妈去旅行》《老爸老妈俱乐部》等系列子栏目。其中，《老爸老妈才艺秀》每年开展一季，至2023年成功举办2季，影响涉及奉化及周边地区1万余人。"老爸老妈"系列品牌旨在为奉化区中老年群体搭建有声舞台，展示中老年人群体的声音和才艺。依托品牌活动，使中老年人群真切感受到老有所乐、老有所为、老有所享的快乐生活，增强对美好生活的热爱与向往。主创人员：陈娜、李铁、应婕敏、邬诚挺、蒋豪。

余姚市融媒体中心（余姚市广播电视台）

《姚剧大家唱》 余姚广播节目播出，播出频率：FM96.6；播出时间：周六至周日 9:00 至 11:00，时长 120 分钟。为宣传传承姚剧文化，联合余姚市姚剧文化传承保护中心推出《姚剧大家唱》栏目。节目邀请姚剧代表性传承人，讲授姚剧相关知识，教唱姚剧选段。同时配合姚剧的宣传，邀请主创人员走进直播室进行直播访谈，和听众互动。根据姚剧演出实况，制作相关视频进行宣传报道。节目分为《姚剧教唱》《经典姚剧欣赏》《戏迷时间》等版块。主创人员：陈霞、陆晓珊。

《教子有方》 余姚广播节目播出，播出频率：FM96.6；播出时间：周六至周日 16:00 至 17:00，时长 60 分钟。《教子有方》由余姚市妇女联合会和余姚人民广播电台联合推出，成为一档名牌栏目，深受家长欢迎，节目不仅收听率高，而且参与性很强，通过专家老师和家长互动，使家庭教育理念深入人心。节目通过热门教育话题展开讨论，每周制作成小插件在直播节目中播出，并在周末通过余姚人民广播电台微信公众号平台进行推送。自 2003 年开播以来，深受广大听众的喜爱。主创人员：陈霞、陆晓珊。

《966 幸福下午茶》 余姚广播节目播出，播出频率：FM96.6；播出时间：周一至周五 13:00 至 15:00，时长 120 分钟。其中，周三停机检修，播出时间为 13:00 至 14:00，时长 60 分钟。该节目借助广播的听觉优势，让听众在音乐中享受听觉的旅行、音乐的魅力等。每期设置不同主题与听友互动，如从歌手或同一类型歌曲出发，通过音乐赏析方式，分享创作者和歌曲背后的故事，以及听者的心情感悟，使听众的审美情感与音乐作品产生共鸣，获得审美愉悦，同时可以了解各地的文化和风情，传递积极向上的正能量，在午后为大家带来惬意舒适的幸福感。自节目开播以来，参与度不断提升，积累了众多忠实粉丝，成为大家午后固定收听的节目。主创人员：陆晓珊。

《966 房产时间》 余姚广播节目播出，播出频率：FM96.6；播出时间：周一至周五 15:00 至 16:00（周三机器检修停播），时长 60 分钟。《966 房产时间》是余姚广播电台推出的一档商业地产咨询服务类节目，关注国家房产信息、本地楼市行情、市民在买房卖房中遇到的问题纠纷、评估分析二手房行情、交流家装建材资讯等。设置《房产风向标》《我爱我家》《霄鹏看盘》等子栏目。2018 年 9 月开播，吸引稳定的收视群体，成为余姚本土极具影响力的楼市房产节目之一。主创人员：徐霄鹏。

《幸福慢生活》 余姚广播节目播出，播出频率：FM96.6；播出时间：周一至周五7:00至9:00，时长120分钟。基于余姚汽车保有量的不断提高，早晚高峰时期是路面通行压力最大的时间段。早上路况呈现时间长、集中路段多、短时流量密集等特点，实时性和陪伴性成为节目最主要的把握方向。在此基础上，早高峰节目内容重点体现在集交通、新闻和服务于一体，紧扣听众的收听习惯，通过社会热点新闻，提炼话题，并进行多方面、多角度的采访，调动听友参与积极性，宣传社会正能量。在媒体融合的背景下，每周一7:30至8:30，开通视频直播渠道，打造"看得见的电波"，拉近与听众的距离。设置《头条早班车》《交警连线》《今晨读报》《新闻切克闹》《新闻奥斯卡》等版块。主创人员：娄智伟、王佳、潘梦思。

《潮流城风尚》 余姚广播节目播出，播出频率：FM96.6；播出时间：周一至周五9:00至11:00，时长120分钟。《潮流城风尚》是一档生活服务类节目。以"吃喝玩乐行"带听众感受生活、体验潮流。通过邀请嘉宾进直播室，两人互动为节目增添可听性；邀请医生、旅行达人、美食店家、潮玩店家等走进直播室和听众分享生活；邀请余姚各大景区负责人，通过直播分享"家门口"的美丽风景。主创人员：王锦。

《小城故事》 余姚广播节目播出，播出频率：FM96.6；播出时间：周一至周五12:30至13:00（重播时间：周一至周五21:00至21:30），时长30分钟。《小城故事》是一档文艺专题类节目。以讲述余姚本地人物和故事为主，将余姚的风土人情、民俗文化等用声音进行传递，偶尔邀请嘉宾进行访谈，多人互动为节目增添可听性。主创人员：叶聪。

《余姚新闻》 余姚电视节目播出，播出时间：周一至周日19:40首播，23:00重播，次日8:15、12:00、16:45重播，节目时长：15分钟。节目宗旨：紧密围绕中共余姚市委、市政府中心工作，充分发挥喉舌功能和导向作用，以报道余姚时政新闻为主体，坚持正面报道，兼顾舆论监督，体现信息传播的权威性与贴近性。节目定位：传播主流声音，发布权威信息。近年来，以做强重点主题报道为侧重点，以加大电视新闻节目信息量为抓手，以不断提升自身影响力为目标，受到社会各界广大观众的肯定。主创人员：徐斌、郑杰锋、阮占君、陆小玲、马亚萍、傅森。

《姚江桥头》 余姚电视节目播出，播出时间：周一至周五18:40首播，当日22:50重播，次日8:35、11:30重播，时长15分钟。《姚江桥头》是一档杂志类方言专题节目，说余姚事，评余姚人，以"百姓讲故事，讲百姓故事"为核心内容，做到新闻性与服务性相统一。内容侧重于民生新闻，主要反映群众关注的新闻性事件和社会热点，进行新闻追踪和深度报道，对典型人物进行宣传，对不文明行为进行抨击。一篇篇短小精致的报道不但接地气，而且用方言讲述亲切易懂，受到观众热捧。主创人员：黄茫、张蕾、宋芳芳、张晓炯、徐宇文、霍轶卿、郭越、唐蓓蕾、陶梦卿。

《姚江田野》 余姚电视节目播出，播出时间：周六、周日18:40，周日、周一11:30，时长12分钟。《姚江田野》是余姚市融媒体中心一档以农业、农村、农民为主线的农业类节目。目的是向广大农民传播中央对农政策和农业科技知识，推广农业实用技术，提高农民朋友的科技素质和生产技能；报道身边的致富经验和创新做法，带动农民朋友一起致富。该节目是余姚电视台一档老牌专题节目，深受农民朋友喜爱。主创人员：余凡、郑钊辉、杨亮。

《快乐碰碰车》 余姚电视节目播出，播出时间：以日播版（周一至周五）与周末版（周六至周日）播出，时长25分钟。栏目秉承健康阳光的正能量理念，根据小朋友不同年龄阶段的学习生活和心理成长特点，通过寓教于乐的节目内容呈现出来，让大家在观看节目的同时能在同龄人的成长经历中感同身受，并在得到启发之余通过努力成为更好的自己。栏目推出实践版块《快乐体验》、学习版块《快乐分享》、科普知识版块《知识魔方》、校园故事系列《校园直通车》等，呈现的主题更加鲜明。主创人员：周亮、丁丹斌、杨亮。

慈溪市融媒体中心（慈溪市广播电视台）

《朝慈·溪闻》 慈溪广播节目播出，播出频率：FM106.4；播出时间：周一至周五7:30至8:30，时长60分钟。该节目是一档集慈溪本土资讯、社会民生新闻、生活知识为一体的民生新闻节目。栏目以了解城市最新动态为主线，以独特的视角网罗观众身边的大小事，带观众了解慈溪。宣传口号："早上八点半，城市资讯快一点，了解慈溪从《朝慈·溪闻》开始。"主创人员：秋明。

《**快乐便利店**》 慈溪广播节目播出，播出频率：FM106.4；播出时间：周一至周五 8:30 至 9:30，时长 60 分钟。分享生活点滴、音乐、心情等。主创人员：可可。

《**汽车当道**》 慈溪广播节目播出，播出频率：FM106.4；播出时间：周一至周五 10:00 至 11:00，时长 60 分钟。内容以汽车资讯、汽车价格走势和汽车质量问题解答为主，是一档服务型民生节目。节目以服务百姓、科普汽车知识为主线，为出行解决安全隐患。邀请汽车维修行业协会专业技师或专业汽车销售人员在线答疑解惑，在线解答百姓关心的各类汽车问题。《每月汽车召回咨询》《每月新车发布信息》《二手车评估》《汽车市场现状》《汽车维修咨询》等版块，切实服务于大众，耐心解决每一个汽车小问题。宣传口号："任何汽车问题，在这里都会找到答案！《汽车当道》。"主创人员：余泽峰。

《**拜托了！姐妹**》 慈溪广播节目播出，播出频率：FM106.4；播出时间：周一至周五中午时段。以听众求助热线、新闻资讯、生活百科、家长里短等不同信息给听众提供生活服务。同时和慈溪司法局合作推出"现声说法""法治督查月月谈"，请专业律师和法治督察员走进直播室，就听众关心的法律法规、民生话题进行科普及讨论，做到真正为听众办实事，解难题。主创人员：静雯、房方。

《**红蜻蜓**》 慈溪广播节目播出，播出频率：FM106.4；播出时间：每天 15:00 至 16:00（周二机器检修除外），时长 60 分钟。面对全新的社会环境和媒介环境，少儿节目负起引导认知、寓教于乐的使命。整合融媒体资源优势，开拓少儿市场电台平台，扩大市场影响力。设有《父母课堂》《涨知识小课堂》《青瓷娃娃听故事》等版块，不定期上线《传统节日我来说》《萌娃萌语》等版块。

《**Hi，快乐下班路**》《**我要唱歌**》 慈溪广播节目播出，播出频率：FM106.4；播出时间：周一至周五 16:00 至 18:00，时长 120 分钟。内容集资讯、竞猜互动、话题、音乐、路况、美食等于一体的晚高峰娱乐节目。以娱乐大众、传递正能量为主线，每天下班路上陪伴听友。路况武工队带来第一手交通信息，吃货粉丝团带你吃遍大街小巷的各种美食。连麦全民 K 歌大赛等。主创人员：胡芷旖、吴尘、伊琳。

《慈溪新闻》 慈溪电视节目播出，播出时间：周一至周日18:30首播，当日21:30、次日10:00重播，节目时长：15分钟。节目宗旨：紧密围绕中共慈溪市委市政府中心工作，充分发挥区域主流媒体喉舌功能和导向作用，以报道慈溪时政新闻为主体，兼顾前湾地区新闻报道，体现电视新闻的权威性、时效性和贴近性。节目定位：传播主流声音，发布权威信息，反映群众心声。近年来，《慈溪新闻》围绕中心、服务大局，全面报道慈溪经济社会发展所取得的辉煌成就，集中反映慈溪广大干部群众的创业创新面貌，为广大观众提供鲜活生动、有价值的新闻信息。主创人员：华建清、卢萌卿、徐立荣、陆军如、黄央芳、俞建明、杨益、沈波、许俊琳。

《小灵热线》 慈溪电视节目播出，播出时间：周一至周五18:45首播，21:45重播。《小灵热线》是一档以报道突发新闻事件、舆论监督为主的民生新闻节目。2005年开设。因其与老百姓日常生活息息相关，在舆论监督和传递正能量上不遗余力，形成固定收视群体，成为宁波市电视媒体的品牌栏目。主创人员：吕怡然、戚益春、谢静迪、陆艳艳、庄海峰、胡琼、方凯明、袁雨婷、赵军等。

《戏韵流芳》 慈溪电视节目播出，播出时间：周一至周日18:00至19:00（周五至周日18:30至19:00除外）。《戏韵流芳》电视戏曲票友展演展播活动，扎根于本土文化土壤，贴近普通百姓生活，紧扣"草根明星"展示才艺的企盼心理，深受中老年观众及戏迷的广泛欢迎。以镇村团队展示、优秀节目汇演、本土名票沙龙、名家纪念活动等为主要形式。主创人员：胡焕龙、陈艳艳、胡幸佳等。

《美好生活》 慈溪电视节目播出，播出时间：周五19:30首播，之后每天同一时间重播，时长20分钟左右。该栏目是一档介绍慈溪文化、旅游、美食，发布周边及本市农业信息内容的农业、生活类综合栏目。组织开展观众参与活动，在观众中有良好口碑。栏目口号是："美好生活有你有我。"栏目宗旨是："分享生活资讯，推广农业技术，免费试吃试玩。"栏目主创人员：朱松青、李俏萱、林津津、罗羽璐。

《金黄道地》 慈溪电视节目播出，播出时间：周一至周五19:00首播，21:00重播，次日12:00重播，时长30分钟。该栏目是一档民生类的方言节目，用慈溪本土方言、采用角色化播报的形式为百姓说事说理，关注群众的喜怒哀乐和生存状态，以平民视角关注平民生活。节目设置的帮忙类、舆论监督类版块深受当地老百姓欢迎，先后开辟《走进社区》《文明红黑榜》《道地大舞台》等版块，获得良好反响。"夜饭吃好7点钟，金黄道地讲摊头"成为慈溪百姓的口头禅。主创人员：徐施荻、陈金华、孙如川、黄科锋、何敏、张青等。

宁海传媒集团（宁海县广播电视台）

《我们快出发》 宁海广播节目播出，播出频率：FM98.9；播出时间：周一至周五7:30至9:00。栏目包含各大门户网站的最新头条，时下关注的时事、新规，以及具有借鉴意义的社会新闻。同时，开通微信互动，针对时下热点新闻，大家有话说。另外，每周五8:00至8:30，设有健康科目栏目《医生来了》，邀请医护人员做客直播间，宣传科目健康知识。主创人员：林夕、鸿睿。

《越行乐动听》 宁海广播节目播出，播出频率：FM98.9；播出时间：周一至周五11:30至13:30。这是一档午间音乐娱乐伴随类节目，子栏目包括《989一点通》《娱乐百分百》《989芝麻街》《989点歌台》《989察话会》等五大版块，涵盖天气路况、惠民资讯、话题互动、娱乐生活资讯、猜歌互动、在线点歌等领域。听众可以与主播幽默互动，主播用轻松愉快的语言为听友带来最新的生活资讯、搞笑段子、猜歌游戏和在线点歌活动，让人们在午间放松心情、释放压力、享受欢乐时光等。主创人员：微微、宇宸。

《我们下班了》 宁海广播节目播出，播出频率：FM98.9；播出时间：周一至周五16:30至18:30。栏目以快乐的方式说新闻，传递正能量，风格偏向娱乐化和搞笑化。节目涵盖话题互动、本地民生新闻、即时路况插播、美食推介、旅游推介、娱乐生活指南等元素。主创人员：雷洋、珊珊。

《主播帮帮帮》 宁海电视节目播出，播出时间：周六19:30首播，21:45重播，周日8:15、12:00、21:40重播，时长15分钟左右。作为《宁海新闻》周末版块，为民解忧和舆论监督合二为一。围绕帮忙说理、帮忙办事、帮忙维权等各种百姓诉求，为百姓排忧解难，同时挖掘幕后故事，反映事件进展，力求结局圆满，真正搭建群众之间、群众和政府之间的沟通桥梁。主创人员：侯德勇、沈洁、娄伟杰、潘怡帆、张旭灿、周震霄、娄文涌、俞樾、齐肖冉等。

《全媒聚焦》 宁海电视节目播出，播出时间：周六19:30首播，21:45重播，周日8:15、12:00、21:40重播，隔周播出，时长15分钟左右。栏目以舆论监督为主，紧密配合中共宁海县委县政府的中心工作，聚焦政府各部门在日常工作中存在的突出问题，对群众普遍关注的典型性问题进行事中和事后监督，促进热点难点问题得到有效解决。主创人员：侯德勇、沈洁、娄伟杰、张旭灿、潘怡帆、周震霄等。

《今日访谈》 宁海电视节目播出，播出时间：周六19:30首播，21:45重播，周日8:15、12:00、21:40重播，每月播出一期，时长15分钟左右。栏目聚焦宁海经济社会发展各方面的新闻人物。主创人员：侯德勇、沈洁、娄伟杰、张旭灿、潘怡帆、周震霄等。

《新农家》 宁海电视节目播出，播出时间：周三、四、六、日21:00，时长15分钟。栏目以"新农村、新农业、新农民、新变化、新风尚、新面貌、新生活"为报道内容，展示农村新貌，倡导文明新风，传播科技信息，搭建致富桥梁。设有《农家人农家事》《农事新前沿》《乡村共富在路上》等10档子栏目，是一档杂志型结构的电视对农栏目。主创人员：侯德勇、储超、童佳莉、李舒琪蓉、邬恒博、王雨卿、贺丛等。

《宁好　生活》 宁海电视节目播出，播出时间：周日20:00，时长10分钟至15分钟。栏目涉及科技、健康、消费、政策、人物、美食、健身、旅游、房产、家居装修、车市等与老百姓生活息息相关的领域，全方位满足观众的真实需求和生活向往。设有《生活小妙招》《宁好医·健康面对面》《品位生活》《生活家》《饭吃了没》等子栏目。采取采访型、访谈型、表演型、演示型等形式，根据不同内容采取不同形式。主创人员：侯德勇、储超、杨眉、任敏、叶文彬等。

《锋领宁海》 宁海电视节目播出，播出时间：周二21:00首播，次周重播，两周一档，时长12分钟。设有《基层风采》《先锋故事》《组织生活》《党群同心圆》等版块。栏目与中共宁海县委组织部联合创办，以宣传党建工作、教育党员干部、服务人民群众、推动科学发展等为目标。栏目设置突出党建宣传主题，实时播报最新的党建资讯，宣传先进基层党组织和优秀共产党员的典型事迹，为党员群众提供政策解读。主创人员：侯德勇、刘慧娴、杨显峰、柴顺骥、符巾等。

《法在身边》 宁海电视节目播出，播出时间：周一20:10首播，次日重播。每月播出两期，时长15分钟左右。栏目设有《普法信息》《执法看台》《普法风采》《法律课堂》《给你说法》《法治聚焦》等版块。宁海县普法办公室牵头，组织宁海县法院、教育局、公安局、司法局、人力资源和社会保障局、住房和乡村建设局、交通局、市场监督管理局、安全生产监督管理局、广播电视台等单位共同联办《法在身边》普法专栏，集中报道全县普法动态，介绍典型普法案例，展示各普法教育领导小组成员单位的法治文化特色，扩大法治宣传教育效果和影响力，致力于用法治文化引领全民守法。主创人员：侯德勇、华瑛、王晓丹、杨显峰、柴顺骥等。

《太阳花开》 宁海电视节目播出，播出时间：周六18:30首播，周日12:30、18:30重播，并同时在"看宁海"客户端、"直播宁海"抖音号、"宁海新闻"微信公众号等新媒体平台推送，时长10分钟至15分钟。作为电视文艺部、电视专题部、旅游与对农节目部联合重磅打造的大型全媒体少儿节目，设有《嘚吧嘚说新闻》《秀Time》《你好老师》《一起读书吧》《小脚丫走宁海》《同手同脚》等版块，主要关注孩子关心的话题，展示他们多姿多彩的生活，以及可爱、搞怪、有趣丰富的内心世界，为孩子提供丰富的艺术养分，营造浓厚的少儿艺术发展营氛围。主创人员：李巧燕、华瑛、王晓丹、余婷婷、童泽之、杨显峰、胡宏波、胡嘉芸、柴顺骥、谢盈翎、宋芷珩等。

《主播看宁海》 "看宁海"客户端推出的一档融媒体节目。每周1期，时长3分钟左右。主播及创作人员走进宁海大街小巷，深入宁海田间地头，采用新媒体表达方式，给用户带来新鲜、有温度的新闻，多元化、多角度呈现百姓身边事。整档栏目画面真实，冲击力强，新闻视角独特，表现形式新颖，具有新媒体的特色和属性，一经播出就得到社会各界关注和肯定，视频转发量、点赞数和评论数喜人。主创人员：黄浓珍、吴帅、朱鲁瑶、杨凯程、罗孙志。

象山县传媒中心（象山县广播电视台）

《向快乐出发》 象山广播节目播出，播出频率：FM107.3、FM103.9；播出时间：周一至周日9:30，时长60分钟。栏目设有《旅游风向标》《爱象山爱旅游》《头脑风暴》《吃喝玩乐大搜索》《听世界》《音乐旅行家》等版块。致力于搜罗本县好吃好玩的地方与旅游景点，让听众足不出户就能了解全城吃喝玩乐与旅游景点相关资讯，加强与听众互动，商家也能通过电台宣传，吸引消费者，刺激消费。自开办以来，先后组织多场次的听众旅游互动活动，成为象山旅游的一张名片，起到介绍县内旅游资源、培育旅游市场、传递旅游动态、服务游客、促进消费等积极作用。主创人员：沈绚、何飞燕。

《奇奇怪怪知识局》 象山广播节目播出，播出频率：FM107.3、FM103.9；播出时间：周一至周日16:20首播，次日11:30重播，时长10分钟至16分钟。《奇奇怪怪知识局》是一档面向全年龄段的广播栏目，主持人在节目中以"知识局局长"身份，用诙谐搞笑的方式传递知识内容，专注于研究奇奇怪怪的知识。旨在通过脱口秀、说段子等当代人感兴趣和易接受的方式，让大家在行车路上，听一听各个领域的知识和看点，内容涵盖古今历史、古人生活、古代人物、社会热点、网络热梗、生活常识、冷知识等。主创人员：石熹。

《嗨，下班啦》 象山广播节目播出，播出频率：FM107.3、FM103.9；播出时间：周一至周五17:00，时长35分钟至50分钟。《嗨，下班啦》是一档面向全年龄段的广播录播节目，整体节目节奏欢快，风格轻松搞笑，主持人用愉快幽默的主持风格趣说新闻，陪伴下班路上的受众。内容包罗各种社会热点话题，传递较有时效性的实时资讯（以民生新闻为主）、生活常识、冷知识、节气知识等，依托微信公众号平台和"山海万象"客户端，就有趣的话题与听众互动。旨在通过节目让快节奏生活中的听众可以利用下班回家路上的时间获取新闻热点、放松心情等。主创人员：石熹。

《缤纷车世界》 象山广播节目播出，播出频率：FM107.3、FM103.9；播出时间：周一至周五：8:15至8:20。《缤纷车世界》是一档汽车栏目，主要介绍汽车相关资讯，结合最新交通动态，及时带大家了解交通法规和养护知识，带车主朋友清楚了解汽车相关信息。主创人员：张玲玲。

《音乐在旅行》 象山广播节目播出，播出频率：FM107.3、FM103.9；播出时间：周一至周五10:30，时长25分钟。宗旨是传播音乐知识、推广优秀音乐作品，通过主持人每期对5首歌曲的介绍和解读，为听众带来一场美妙的音乐之旅。主创人员：沈绚。

《夜到讲白搭》 象山电视节目播出，播出时间：周一至周五18:10首播，当日22:20、次日12:20重播，时长15分钟。《夜到讲白搭》是一档民生类方言新闻杂志节目，片头形式为曲艺节目象山走书，透出象山特有的韵味。唱词是："塔山文化六千年，扯扯白水翻老底，大事小事新鲜事，聊聊天来聊聊地。"主要关注百姓周边所发生的事情，下设《讲新闻》《生筋络》《扯白书》《翻老底》《出主意》《教两句》《三姊妹热线》等版块。2009年播出，观众反响热烈，关注度较高，拥有庞大忠实收视群体。主创人员：夏琪磊、吴晓青、董浩、汤水树、张薇。

《每周聚焦》 象山电视节目播出，播出时间：周三18:45，时长5分钟。《每周聚焦》栏目打造"公众参与、媒体监督、干群互动"的问政平台，围绕"五水共治""三改一拆""作风建设"等重点专项工作、群众关心关注的热点难点问题，以记者调查为表现手段，探寻事实真相，用新闻力量向政府问作风、问效能、问责任等，通过媒体介入方式推动各级政府部门抓紧整改存在问题，力促转型升级。主创人员：贺林汕、王泽奇、徐静。

《经典时段》 象山电视节目播出，播出时间：周一至周日18:00至20:00首播，次日重播。旨在弘扬国学文化，集中传播社会主义核心价值观，打造文化品质栏目。下设《塔山讲堂》《养生堂》《今日书简》《经典纪录》《经典动漫》等五个版块。主要内容包括中华传统故事、《弟子规》解读、《论语》三百讲、经典书籍介绍、纪录片等。主创人员：金宇。

《悦动最美海岸线》 象山电视节目播出，播出时间：周二19:35首播，次日中午重播，栏目围绕北纬30°最美海岸线，以一个人物或一个景点展开，穿插网红打卡、人物故事等，带动本地和外地游客吃喝玩乐游象山。主创人员：沈洁。

《万象山海·飞越海岸线》 象山电视节目播出，2022年11月8日推出第一季《路在脚下》《潮隐山海》《影动西岸》《色润斑斓》等4集，每集时长8分钟左右。截至2023年年底，开播三季共12集。栏目以乡镇为单位进行选题和分类，以影像视角全景展示象山滨海花园城市的魅力，艺术化解读"万象山海、千年渔乡、百里岸线、十分海鲜、一曲渔光"的动人魅力，捕捉象山在海洋经济、海洋文化、海洋生态等变迁中的独特场景。主创人员：金旭东、赵真珍、胡渊博、屠世丹、吴敏勇。

《风吹小海螺》 象山电视节目播出，播出时间：周六19:30，一周一期，时长6分钟至8分钟。《风吹小海螺》是一档以4岁至12岁少年儿童为主要受众群体的栏目，下设《异想天开》《大声说》《海边故事》《锋领少年》等四个版块，每期播出两个版块。栏目注重趣味性、教育性和互动性，内容涵盖知识科普、海洋渔文化、才艺展示、心理成长、亲子教育等，旨在为孩子提供一个快乐成长的平台，为家长提供一个与孩子互动交流的亲子空间，让孩子在轻松愉快的氛围中开阔视野，热爱家乡，增长知识，培养良好的品德和价值观。主创人员：汤苟瑜、章以芳、沈洁。

《青年与海共"象"未来人才说》 象山电视节目播出，"山海万象"客户端同步发布，播出时间：周一19:35首播，周二12:00重播，每月播出一期，时长5分钟。栏目聚焦各领域拔尖人才，讲述他们在象山的成长、成才、创业的故事，提炼青年人才奋斗创业创新的精神内核。栏目以人物讲述为主线，根据内容再现或跟踪记录现场情景，综合运用主人公旁白、同期声、镜头、音乐、视频特效、字幕等元素表达主题。主创人员：邱小维

《奔赴山海 向往新鲜》 "象山发布"微信公众号、中国象山港网站、视频号、"山海万象"客户端、抖音等平台共同发布，每周一期，时长2分钟。栏目图文结合，突出"新鲜"二字，由记者深入象山旅游一线，通过探寻旅游目的地，挖掘象山北纬30°新玩法，第一时间寻找当季象山味道，体验个性民宿等方式，展现半岛象山最"仙"风光景色、最"鲜"海鲜美味和最"先"旅游资讯。主创人员：董小滋、陈雨露。

第五节　受众调查

2023年度宁波地区广播收听市场调研报告

一、2023年宁波地区广播时段收听率走势

2023年，宁波地区广播收听率为7.46%，同比上升0.14%，地区广播收听资源有所增加。

2023年，宁波地区广播收听最高峰出现在7:00至10:40，收听率在10.0%以上。与2022年相比，宁波地区广播收听率上升明显时段出现在9:30至16:00。

二、2023年宁波地区主要电台平均收听率和市场占有率

2023年，宁波电台拥有宁波地区广播市场半数以上的市场份额，市场占有率达53.3%，同比上升1.8%，比第二名浙江电台高出33.7%，竞争优势明显。宁波电台平均收听率为3.98%，同比上升0.21%，收听表现明显好于浙江电台。

三、2023年宁波地区主要电台分时段收听率和市场占有率走势

2023年，宁波电台收听最高峰出现在6:50至10:40，时段收听率都在5.0%以上。宁波电台全天收听表现明显领先浙江电台，尤其是早高峰时段领先优势突出。

纵观宁波地区频率2023年四个季度的收听表现，宁波电台交通广播表现亮眼，始终占据地区收听率榜首的位置，宁波电台旗下的新闻综合广播和音乐广播紧随其后，分别位列地区收听风云榜第二和第三的位置。

纵观宁波地区频率2023年四个季度的竞争力情况，宁波电台旗下的交通

广播竞争优势突出，市场占有率稳居榜首；其次是宁波电台旗下的新闻综合广播和音乐广播，分列地区频率占有率第二和第三的位置。

（数据来源：广州赛立信数字传媒科技有限公司）

第六节　获奖与表彰

2023年，全市广播电视播出机构获得国家级各类奖项10项（名）。其中，2021—2022年度中国广播电视大奖广播电视节目奖3项（见表2-9），2023年王选新闻科学技术奖3项（见表2-10），2023年度中国电影电视技术学会科技进步奖1项（见表2-11），2023年度中国电影电视技术学会科技人才奖1名（见表2-12），国家广播电视总局第三届广播电视和网络视听人工智能应用创新大赛获奖2项（见表2-13）。

表2-9　2021—2022年度中国广播电视大奖广播电视节目奖一览表

序号	奖项等级	作品类别	作品名称	完成单位	主要完成人
1	提名奖	广播文艺类	《典妻》二十年后，我的选择是……	宁波广播电视集团	邬宵蕾　诸晓丽　仇芳华 何　瑾　姚　煜　阮佳妮
2		广播文艺类	大地知道我来过	宁波广播电视集团	毛　欣　郭英杰　黄育莉 马　丹　戴洁敏　张箭锋
3		电视消息类	城市·十年	宁波广播电视集团	屠佳祺　刘智超　王　肃

表2-10　2023年王选新闻科学技术奖获奖一览表

序号	奖项等级	作品类别	作品名称	完成单位	主要完成人
1	三等奖	项目奖	广电发射系统开源云平台智慧化应用	宁波广播电视集团	王　伟　毛世俊　庄　严 李　科　郑晓夏　许晓强 柴　华　赵炜畅

续表

序号	奖项等级	作品类别	作品名称	完成单位	主要完成人
2	三等奖	优秀论文奖	深度学习算法在广播信号画面智能分析系统中的应用	宁波广播电视集团	郑凯辉
3		优秀论文奖	无压缩IP灾备云播出系统建设思路探讨	宁波广播电视集团	吴石松

表2-11　2023年度中国电影电视技术学会科技进步奖获奖一览表

序号	奖项等级	作品类别	作品名称	完成单位	主要完成人
1	三等奖	项目奖	人防掩蔽场所融媒体信息应急发布系统（一期）	宁波广播电视集团 宁波市广播电视监测中心 宁波市无线城市运营有限公司	王　伟　马海荣　周　全 孙　欣　缪志敏　陈方晖 马旭文　陈　琛

表2-12　2023年度中国电影电视技术学会科技人才奖

序号	奖项等级	奖项类别	奖项名称	完成单位	主要完成人
1	优秀奖	科技人才奖	优秀科技人才奖	宁波广播电视集团	吴石松

表2-13　国家广播电视总局第三届广播电视和网络视听人工智能
应用创新大赛获奖一览表

序号	奖项等级	作品类别	作品名称	完成单位	主要完成人
1	三等奖	应用创新大赛	融媒体平台AI智能"视觉焕新"项目	宁波广播电视集团	黄培建　吴石松　孙　欣 刘宏杰　陈　晔　徐少勇 徐夏丹　马旭文　倪　巍 石益峰
2		应用创新大赛	宁波广播电视集团智能虚拟数字人	宁波广播电视集团	王　伟　黄培建　吴石松 孙　欣　沈福明　陈　晔 孙　胥　旻可　吴海翔　贺晓连

第七节　广播电视行业从业人员

2023年宁波广播电视行业从业人员有4705名。其中，管理人员有781名，专业人员有3093名（编辑记者有1184名，播音员主持人有211名，工程技术人员有906名，艺术人员有33名，经营人员有550名），其他人员有831名（见表2-14）。从事广播电视专业岗位的副高以上专业人员有305名，其中正高级有25名，副高级有280名（见表2-15、表2-16和表2-17）。

表2-14　2023年宁波广播电视行业从业人员情况一览表（一）

人员情况	从业人员	用工情况 长期职工	性别 女	政治面貌 党员	管理人员	专业人员	按专业分					其他人员
							编辑记者	播音员主持人	工程技术人员	艺术人员	经营人员	
甲	1	2	3	4	5	6	7	8	9	10	11	12
宁波市合计	4705	4273	1987	1972	781	3093	1184	211	906	33	550	831
地市级小计	1957	1946	797	763	357	1347	323	63	429	29	429	253
宁波广播电视集团	1086	1086	472	512	234	720	321	63	198	29	35	132
宁波华数广电网络有限公司	850	850	322	242	118	622	—	—	228	—	394	110
宁波市广播电视监测中心	21	10	3	9	5	5	2	—	3	—	—	11

续表

人员情况	从业人员	用工情况 长期职工	性别 女	政治面貌 党员	管理人员	专业人员	按专业分					其他人员
							编辑记者	播音员主持人	工程技术人员	艺术人员	经营人员	
县级小计	2748	2327	1190	1209	424	1746	861	148	477	4	121	578
江北区	97	47	56	28	20	77	72	2	3	—	—	—
镇海区	256	226	103	121	48	171	118	32	21	—	10	37
北仑区	229	155	116	93	69	130	75	17	12	—	11	30
鄞州区	246	245	128	107	41	134	112	12	27	—	29	71
奉化区	375	134	160	149	68	236	106	20	86	2	22	71
余姚市	391	391	146	196	62	93	72	22	140	—	49	236
慈溪市	613	613	265	285	6	603	140	19	81	2	—	4
宁海县	150	150	66	118	—	132	57	9	47	—	—	9
象山县	391	366	150	112	101	170	109	15	60	—	—	120

表2-15　2023年宁波广播电视行业从业人员情况一览表（二）

人员情况	从业人员（人）	按学历分			按年龄分			按专业技术职务分			
		研究生及以上（人）	本科及大专（人）	高中及以下（人）	35岁及以下（人）	36岁至50岁（人）	51岁及以上（人）	正高级（人）	副高级（人）	中级（人）	初级（人）
宁波市合计	4705	139	3999	538	1485	2302	888	25	280	813	1149
地市级小计	1957	73	1683	201	682	923	352	22	162	408	352
宁波广播电视集团	1086	55	946	85	300	524	262	21	131	329	277

续表

人员情况	从业人员（人）	按学历分			按年龄分			按专业技术职务分			
		研究生及以上（人）	本科及大专（人）	高中及以下（人）	35岁及以下（人）	36岁至50岁（人）	51岁及以上（人）	正高级（人）	副高级（人）	中级（人）	初级（人）
宁波华数广电网络有限公司	850	16	718	116	369	391	90	1	29	73	74
宁波市广播电视监测中心	21	2	19	—	13	8	—	—	2	6	1
县级小计	2748	66	2316	337	803	1379	536	3	118	405	797
江北区	97	9	88	—	57	35	5	—	3	1	73
镇海区	256	8	206	12	90	102	34	—	6	50	98
北仑区	229	8	214	7	91	109	29	—	6	26	53
鄞州区	246	5	229	12	70	122	54	1	10	44	78
奉化区	375	16	306	53	141	159	75	—	20	72	122
余姚市	391	2	313	76	88	188	115	2	20	27	44
慈溪市	613	6	486	121	141	357	115	—	12	79	177
宁海县	150	5	138	7	24	93	33	—	24	59	50
象山县	391	7	336	49	101	214	76	—	17	47	102

表2-16 2023年宁波广播电视正高级专业技术职务人员一览表

序号	姓名	专业职务	职称取得时间	单位／部门职务
1	王 玮	一级作曲	2008-12	宁波广播电视集团享受中层正职待遇
2	叶秀少	高级编辑	2010-12	宁波广播电视集团原党委委员、原副总编辑

续表

序号	姓　名	专业职务	职称取得时间	单位/部门职务
3	周洋文	高级记者	2012-12	宁波广播电视集团副总编辑、党委委员、新媒体研发服务中心主任、宁聚传媒科技有限公司总经理、宁波广电网总编辑
4	李　飒	播音指导	2012-12	宁波广播电视集团多媒体新闻中心首席主播
5	王　伟	教授级高级工程师	2012-12	宁波广播电视集团原副总裁、原党委委员
6	毛洲英	高级编辑	2013-12	宁波广播电视集团党委委员、副总编辑、广播传媒战略发展中心总监
7	孟海英	高级编辑	2013-12	宁波广播电视集团审计室主任
8	张倩奕	播音指导	2014-08	宁波广播电视集团广播传媒战略发展中心副总监
9	陶廷龙	高级编辑	2014-12	宁波广播电视集团享受中层正职待遇
10	丁杨明	高级记者	2015-12	宁波广播电视集团副总裁、党委委员、多媒体新闻中心主任、外宣联络中心主任
11	姚　兰	一级录音师	2015-12	宁波广播电视集团享受中层副职待遇
12	陈起来	教授级高级工程师	2017-12	宁波广播电视集团科技管理部部长
13	杨彦翀	高级记者	2017-12	宁波广播电视集团新媒体研发服务中心副主任、宁聚传媒科技有限公司副总经理
14	何　瑾	播音指导	2019-10	宁波广播电视集团享受中层正职待遇
15	吕　岸	高级记者	2019-12	宁波广播电视集团享受中层副职待遇
16	戴洁敏	播音指导	2020-11	宁波广播电视集团广播传媒民生中心总监、广播传媒品牌运营中心总监

续表

序号	姓　名	专业职务	职称取得时间	单位/部门职务
17	谢辉珍	教授级高级工程师	2020-12	宁波广播电视集团广播电视制作播出中心主任
18	求剑锋	高级记者	2021-12	宁波广播电视集团组织人事部副部长
19	叶赵明	高级编辑	2021-12	宁波广播电视集团广播传媒战略发展中心副总监
20	黄培建	教授级高级工程师	2021-12	宁波广播电视集团融媒体技术中心主任
21	张　睿	播音指导	2023-12	宁波广播电视集团广播传媒文化传播中心副总监
22	钟发松	正高级工程师	2021-12	华数传媒控股股份有限公司高级顾问
23	洪晓薇	高级编辑	2021-12	鄞州区融媒体中心副主任
24	陈斌荣	高级记者	2020-12	余姚市融媒体中心副主任、党委委员
25	叶逢春	正高级工程师	2023-12	余姚市融媒体中心副主任、党委委员

表 2-17　2023 年宁波广播电视副高级专业技术职务人员一览表

序号	姓　名	专业职务	职称取得时间	单位/部门职务
1	郭文军	高级工程师	1999-09	宁波广播电视集团科技管理部
2	齐宁哲	高级工程师	2000-12	宁波广播电视集团享受正科级待遇
3	黄征宇	主任记者	2002-10	宁波广播电视集团宁聚传媒科技有限公司
4	李鸿斌	高级工程师	2002-11	宁波广播电视集团广播电视制作播出中心
5	程　波	高级工程师	2002-11	宁波广播电视集团广播电视制作播出中心技术发展部主任
6	梁　勇	高级工程师	2002-12	宁波广播电视集团行政安保部部长
7	马青石	高级工程师	2003-07	宁波广播电视发射中心发射二台副台长

序号	姓 名	专业职务	职称取得时间	单位/部门职务
8	邵南宏	高级工程师	2003-12	宁波广播电视集团享受正科级待遇
9	吴石松	高级工程师	2003-12	宁波广播电视集团融媒体技术中心副主任
10	陈春玉	高级工程师	2004-12	宁波广播电视集团享受正科级待遇
11	董万春	高级工程师	2004-12	宁波广播电视发射中心发射二台台长
12	庄 严	高级工程师	2004-12	宁波广播电视发射中心副主任
13	葛晓雷	高级工程师	2004-12	宁波广播电视集团广播电视制作播出中心
14	沈天友	高级工程师	2004-12	宁波广播电视集团科技管理部正科职员
15	毛世俊	高级工程师	2005-11	宁波广播电视发射中心主任
16	朱红天	高级工程师	2005-11	宁波广播电视集团副总裁、党委委员
17	项亚萍	主任编辑	2005-12	宁波广播电视集团享受中层正职待遇
18	王秋萍	主任记者	2006-12	宁波广播电视集团广播传媒民生中心副总监
19	郑士炎	主任编辑	2006-12	宁波广播电视集团研究室主任、办公室副主任
20	吴晨海	高级工程师	2006-12	宁波广播电视集团广播电视制作播出中心节目传输部主任
21	戴 羽	高级工程师	2006-12	宁波广播电视集团广播电视制作播出中心
22	陈列铭	高级工程师	2006-12	宁波广播电视集团广播电视制作播出中心副主任
23	孙刚鸿	高级工程师	2006-12	宁波广播电视集团广播电视制作播出中心副主任
24	曹滔滔	高级工程师	2006-12	宁波广播电视集团产业投资部部长、经营发展办公室主任
25	高红明	主任记者	2007-12	宁波广播电视集团多媒体新闻中心副主任

续表

序号	姓　名	专业职务	职称取得时间	单位/部门职务
26	沈小贤	副研究员	2007-12	宁波广播电视集团副总裁、副书记
27	陈三俊	副教授	2008-11	宁波广播电视集团影视发展中心主任 宁波影视艺术有限责任公司董事长、总经理
28	马旭文	高级工程师	2008-12	宁波广播电视集团融媒体技术中心网络信息部主任
29	姜　娴	主任播音员	2009-10	宁波广播电视集团编委会委员、社会生活频道总监
30	郑静峰	主任记者	2009-12	宁波广播电视集团纪委副书记、纪检监察部部长
31	王　磊	主任编辑	2009-12	宁波广播电视集团办公室副主任
32	何　斌	主任编辑	2009-12	宁波广播电视集团多媒体新闻中心副主任
33	赵　兵	主任记者	2010-12	宁波广播电视集团多媒体新闻中心
34	闫　全	主任记者	2010-12	宁波广播电视集团电视传媒新闻中心副总监
35	杜颖聪	主任编辑	2010-12	宁波广播电视集团总编室
36	俞　三	高级工程师	2010-12	宁波广播电视发射中心发射一台台长
37	王起广	高级工程师	2010-12	宁波广播电视发射中心副主任
38	齐亚坤	高级工程师	2010-12	宁波广播电视集团融媒体技术中心
39	华荣强	高级工程师	2010-12	宁波广播电视集团组织人事部部长
40	曾泽坤	主任舞台技师	2010-12	宁波广播电视集团广播电视制作播出中心副主任
41	俞　峰	高级会计师	2011-04	宁波广播电视集团产业投资部副部长
42	周彤宇	主任播音员	2011-09	宁波广播电视集团广播传媒新闻中心
43	吴晓漪	高级工程师	2011-12	宁波广播电视集团广播电视制作播出中心

续表

序号	姓　名	专业职务	职称取得时间	单位／部门职务
44	王　宇	高级工程师	2011-12	宁波广播电视发射中心工程部主任
45	丁小敏	高级工程师	2011-12	宁波广播电视集团广播电视制作播出中心
46	陈　军	高级工程师	2011-12	宁波广播电视集团办公室主任
47	戴宏斌	高级工程师	2011-12	宁波广播电视集团广播电视制作播出中心播控部主任
48	邓　婷	高级经济师	2011-12	宁波广播电视集团经营发展办公室副主任
49	徐永林	高级政工师	2011-12	宁波广播电视集团享受中层副职待遇
50	董建红	副研究馆员	2011-12	宁波广播电视集团广播传媒战略发展中心
51	蒋　萍	高级政工师	2012-10	宁波广播电视集团电视传媒综合管理部正科职员
52	傅燕盛	高级会计师	2012-05	宁波广播电视集团财务管理部正科职员
53	郑　岗	主任记者	2012-12	宁波广播电视集团多媒体新闻中心
54	翁常春	主任记者	2012-12	宁波广播电视集团广播传媒新闻中心副总监
55	沈建华	主任记者	2012-12	宁波广播电视集团广播传媒新闻中心副总监
56	王伟波	主任编辑	2012-12	宁波广播电视集团广播传媒品牌运营中心副总监
57	郭洁黎	主任编辑	2012-12	宁波广播电视集团享受中层副职待遇
58	忻　震	高级工程师	2012-12	宁波广播电视集团广播电视制作播出中心部门主任
59	钱　英	高级政工师	2013-11	宁波广播电视集团组织人事部
60	吴颖丹	高级工程师	2013-12	宁波广播电视集团广播电视制作播出中心
61	孙　欣	高级工程师	2013-12	宁波广播电视集团融媒体技术中心副主任
62	李文新	高级工程师	2013-12	宁波广播电视集团科技管理部副部长

续表

序号	姓　名	专业职务	职称取得时间	单位／部门职务
63	陈雅峰	主任编辑	2013-12	宁波广播电视集团广播传媒战略发展中心
64	胡旭霞	主任编辑	2013-12	宁波广播电视集团广播传媒新闻中心总监
65	郭英杰	主任编辑	2013-12	宁波广播电视集团直属机关党委副书记（专职）
66	罗建永	主任记者	2014-12	宁波广播电视集团新闻综合频道总监、多媒体新闻中心副主任
67	庄丽萍	主任记者	2014-12	宁波广播电视集团多媒体新闻中心
68	宓　锐	主任记者	2014-12	宁波广播电视集团少儿频道
69	钱　铃	主任编辑	2014-12	宁波广播电视集团电视传媒编播管理部正科职员
70	陈　蕾	主任编辑	2014-12	宁波广播电视集团多媒体新闻中心
71	袁　霶	主任编辑	2014-12	宁波广播电视集团广播传媒民生中心副总监
72	马　莎	主任编辑	2014-12	宁波广播电视集团广播传媒文化传播中心部门主任
73	周竞敏	主任编辑	2014-12	宁波广播电视集团广播传媒民生中心部门主任
74	胡晓蓉	高级工程师	2014-12	宁波广播电视集团广播电视制作播出中心
75	李世杰	高级工程师	2014-12	宁波广播电视集团广播电视制作播出中心
76	陈　艳	主任播音员	2015-12	宁波广播电视集团文化娱乐频道
77	胡红磊	主任编辑	2015-12	宁波广播电视集团多媒体新闻中心
78	孙　英	主任编辑	2015-12	宁波广播电视集团总编室
79	俞　敏	高级工程师	2015-12	宁波广播电视集团广播电视制作播出中心
80	王征新	高级工程师	2015-12	宁波广播电视集团广播电视制作播出中心转播部主任

续表

序号	姓 名	专业职务	职称取得时间	单位/部门职务
81	沈福明	高级工程师	2015-12	宁波广播电视集团融媒体技术中心运维保障部主任
82	金海燕	副研究馆员	2016-06	宁波广播电视集团媒资管理中心
83	王益宁	高级会计师	2016-07	宁波广播电视集团财务管理部
84	张箭锋	主任记者	2016-12	宁波广播电视集团广播传媒新闻中心副总监
85	刘宏杰	高级工程师	2016-12	宁波广播电视集团融媒体技术中心融媒体技术部主任
86	俞 颖	高级工程师	2016-12	宁波广播电视发射中心享受副科非领导职务待遇
87	武开有	高级工程师	2016-12	宁波广播电视集团融媒体技术中心
88	徐少勇	高级工程师	2017-11	宁波广播电视集团融媒体技术中心
89	徐夏丹	高级工程师	2017-11	宁波广播电视集团广播电视制作播出中心后期包装部主任
90	孙文霞	主任编辑	2018-10	宁波广播电视集团总编室正科职员
91	汪 蓉	主任记者	2018-11	宁波广播电视集团广播传媒新闻中心
92	毛 欣	主任播音员	2018-11	宁波广播电视集团广播传媒战略发展中心副总监
93	缪 靖	主任播音员	2018-11	宁波广播电视集团宁聚传媒科技有限公司
94	孙大彬	主任播音员	2018-11	宁波广播电视集团多媒体新闻中心正科级职员
95	周 健	高级政工师	2018-12	宁波广播电视集团总编室副主任
96	冯国荣	高级工程师	2018-12	宁波广播电视发射中心发射三台台长
97	岑学锋	主任记者	2019-11	宁波广播电视集团总编室副主任

续表

序号	姓　名	专业职务	职称取得时间	单位／部门职务
98	刘　徽	主任编辑	2019-11	宁波广播电视集团多媒体新闻中心
99	沈弘磊	主任编辑	2019-11	宁波广播电视集团广播传媒民生中心
100	陈　晔	二级录音师	2019-11	宁波广播电视集团融媒体技术中心综合部主任
101	林彬彬	高级工程师	2019-12	宁波广播电视集团行政安保部
102	孙　旻	高级工程师	2019-12	宁波广播电视集团融媒体技术中心
103	叶　敏	高级会计师	2019-12	宁波广播电视集团财务管理部
104	徐　宁	高级工程师	2019-12	宁波广播电视集团正科职员 宁波市无线城市运营有限公司副总经理 宁波广慧传媒科技有限公司副总经理
105	任博晟	高级工程师	2019-12	宁波广播电视发射中心技术运维部主任
106	吕　霞	主任记者	2020-12	宁波广播电视集团多媒体新闻中心
107	沈飞女	主任编辑	2020-12	宁波广播电视集团广播传媒战略发展中心
108	张国雁	高级工程师	2020-12	宁波广播电视集团广播电视制作播出中心
109	翁晴霄	高级工程师	2020-12	宁波广播电视集团广播电视制作播出中心
110	王实现	高级工程师	2020-12	宁波广播电视发射中心转播一台台长
111	吴仲芳	主任播音员	2021-08	宁波广播电视集团总编室
112	于宏伟	主任播音员	2021-08	宁波广播电视集团广播传媒新闻中心
113	郑　萍	二级导演	2021-09	宁波广播电视集团专题创研部
114	金　敏	主任记者	2021-11	宁波广播电视集团多媒体新闻中心地方部主任
115	励　正	主任记者	2021-11	宁波广播电视集团多媒体新闻中心正科级职员

续表

序号	姓　名	专业职务	职称取得时间	单位 / 部门职务
116	潘志君	主任编辑	2021-11	宁波广播电视集团电视传媒融媒传播中心副总监
117	沈棠燕	主任编辑	2021-11	宁波广播电视集团广播传媒民生中心
118	应　莹	高级经济师	2021-12	宁波广播电视集团组织人事部正科职员
119	王　净	主任播音员	2022-09	宁波广播电视集团广播传媒新闻中心
120	屠　彪	主任记者	2022-12	宁波广播电视集团多媒体新闻中心
121	包立君	高级会计师	2022-12	宁波广播电视集团组织人事部副部长
122	马佳媛	高级会计师	2022-12	宁波广播电视集团财务管理部
123	赵　勇	高级工程师	2022-12	宁波广播电视集团广播电视制作播出中心
124	朱建平	高级工程师	2022-12	宁波广播电视发射中心发射三台副台长
125	陈沨韵	主任播音员	2023-11	宁波广播电视集团广播传媒民生中心
126	徐　宁	主任编辑	2023-12	宁波广播电视集团广播传媒新闻中心
127	姚　昊	主任记者	2023-12	宁波广播电视集团多媒体新闻中心
128	何星烨	主任记者	2023-12	宁波广播电视集团多媒体新闻中心
129	吴海翔	高级工程师	2023-12	宁波广播电视集团广播电视制作播出中心
130	沈　雷	高级工程师	2023-12	宁波广播电视集团广播电视制作播出中心
131	毛迅成	高级工程师	2023-12	宁波广播电视集团广播电视制作播出中心
132	胡定颉	高级工程师	2001-01	宁波华数广电网络有限公司（内退）
133	方　斌	高级工程师	2001-12	宁波市鄞州华数广电网络有限公司技术运维部（研发中心）机房检测组组长
134	吕志良	高级工程师	2003-11	宁波华数广电网络有限公司风控审计部总经理
135	李军波	高级会计师	2004-12	华数传媒控股股份有限公司高级专家

续表

序号	姓　名	专业职务	职称取得时间	单位 / 部门职务
136	朱光浩	高级工程师	2005-11	宁波华数广电网络有限公司网络部副总经理
137	单智勇	高级工程师	2005-11	宁波市鄞州华数广电网络有限公司工程维护部图纸设计
138	徐鸿乾	高级工程师	2006-12	宁波华数广电网络有限公司党委委员、纪委书记、副总经理
139	徐　峰	高级工程师	2006-12	宁波华数广电网络有限公司（离岗创业）
140	张　峰	高级工程师	2008-12	宁波华数广电网络有限公司网络部网络支撑主管
141	林宏波	高级工程师	2008-12	宁波华数广电网络有限公司安全管理办公室主任
142	胡志鸿	高级工程师	2008-12	宁波华数广电网络有限公司纪检监察部主任
143	陈　成	高级工程师	2008-12	宁波市鄞州华数广电网络有限公司技术运维部（研发中心）经理
144	王永丽	高级工程师	2012-12	浙江宁广有视网络工程有限公司总经理助理
145	楼　昶	高级工程师	2014-12	宁波华数广电网络有限公司技术总监兼浙江宁广总经理
146	龚琦峰	高级工程师	2014-12	宁波华数广电网络有限公司网络部总经理助理
147	王雷达	高级经济师	2014-12	宁波华数广电网络有限公司党委书记、执行董事、总经理
148	董玲娜	高级会计师	2015-04	宁波华数广电网络有限公司党委办公室（综合办公室）主任
149	张远宁	高级工程师	2015-12	宁波华数广电网络有限公司技术播控部机房管理及技术培训主管

续表

序号	姓　名	专业职务	职称取得时间	单位 / 部门职务
150	郑　军	高级网络规划设计师	2016-03	宁波华数广电网络有限公司集客支撑部副总经理
151	俞青亚	高级经济师	2017-12	宁波华数广电网络有限公司安全管理办公室副主任
152	孙丹萍	信息系统项目管理师	2019-05	宁波华数广电网络有限公司市场部平台支撑主管
153	董新明	信息系统项目管理师	2019-05	宁波华数广电网络有限公司海曙分公司网络部建设维护主管
154	殷　伟	信息系统项目管理师	2019-11	浙江宁广有视网络工程有限公司技术发展部经理
155	周晓燕	高级经济师	2019-12	宁波华数广电网络有限公司客户服务部副总经理兼营业中心主任
156	李浩波	高级会计师	2019-12	宁波市鄞州华数广电网络有限公司财务总监兼宁波江北华数广电网络有限公司财务总监
157	张志群	信息系统项目管理师	2020-11	宁波市鄞州华数广电网络有限公司
158	徐　丰	信息系统项目管理师	2020-11	宁波华数广电网络有限公司海曙分公司技术部经理
159	金　鑫	信息系统项目管理师	2020-11	浙江宁广有视网络工程有限公司业务二部经理助理
160	孟　波	高级会计师	2021-11	宁波华数广电网络有限公司财务部总经理
161	马海荣	高级工程师	2012-12	宁波市广播电视监测中心主任
162	韩计海	高级工程师	2021-12	宁波市广播电视监测中心
163	沈剑定	主任编辑	2007-12	江北区全媒体中心技术服务部

续表

序号	姓　名	专业职务	职称取得时间	单位／部门职务
164	俞呈阳	高级工程师	2013-12	江北区全媒体中心副主任
165	张乐萍	主任播音员	2018-12	江北区全媒体中心采访通联部
166	许坚刚	高级工程师	2001-01	镇海区新闻中心技术信息部
167	鲍志刚	高级工程师	2001-01	镇海区新闻中心
168	吴华本	高级工程师	2002-01	镇海区新闻中心总编辑
169	严洪智	高级工程师	2007-12	镇海区新闻中心技术信息部
170	傅景涛	高级工程师	2011-12	镇海区新闻中心技术信息部
171	胡　嵘	主任播音员	2019-09	镇海区新闻中心组织人事部
172	缪春伦	高级网络规划师	2009-11	北仑区传媒中心技术部
173	姚新华	主任记者	2012-02	北仑区传媒中心总编室
174	赵前进	主任记者	2014-01	北仑区传媒中心编辑部
175	王　越	主任播音员	2019-01	北仑区传媒中心编辑部
176	谢　挺	主任记者	2019-12	北仑区传媒中心采访部
177	张　华	主任编辑	2023-12	北仑区传媒中心总编室
178	姜　琴	主任播音员	2007-01	鄞州区融媒体中心新媒体部
179	胡卫玲	高级会计师	2008-07	鄞州区融媒体中心总编室
180	朱红英	高级政工师	2015-12	鄞州区融媒体中心办公室
181	姚赛芬	高级工程师	2014-12	鄞州区融媒体中心技术中心
182	陈浩良	高级工程师	2014-04	鄞州区融媒体中心技术中心
183	周萍萍	主任编辑	2016-12	鄞州区融媒体中心广播节目部
184	俞朝辉	主任编辑	2018-12	鄞州区融媒体中心新媒体部
185	徐奇锋	主任记者	2019-12	鄞州区融媒体中心新媒体部

续表

序号	姓 名	专业职务	职称取得时间	单位/部门职务
186	李 伟	主任记者	2020-12	鄞州区融媒体中心
187	王海棠	主任播音员	2021-12	鄞州区融媒体中心广播节目部
188	胡亚佩	主任编辑	2008-12	奉化区融媒体中心保留副局级待遇
189	王桃波	主任编辑	2008-12	奉化区融媒体中心总编室
190	杨永革	高级工程师	2008-12	奉化区融媒体中心保留副局级待遇
191	刘 声	高级政工师	2009-12	奉化区融媒体中心办公室
192	范爱飞	高级经济师	2011-01	奉化区融媒体中心总编室
193	黄铭均	高级工程师	2012-01	奉化区融媒体中心基层事业部主任
194	沈旭辉	高级工程师	2012-01	奉化区融媒体中心计划财务部主任
195	范洪元	高级工程师	2012-12	奉化区融媒体中心产业规划部主任
196	汪杏意	高级工程师	2012-12	奉化区融媒体中心节目部
197	邢燕君	主任记者	2014-01	奉化区融媒体中心总编室
198	邢良军	主任记者	2014-01	奉化区融媒体中心采访部主任
199	林佩锋	主任记者	2014-01	奉化区融媒体中心总编室
200	陈 娜	主任播音员	2014-01	奉化区融媒体中心节目部主任
201	杨成业	高级工程师	2016-12	奉化区融媒体中心技术部副主任
202	董玉立	高级工程师	2018-12	奉化区融媒体中心建设管理部主任
203	胡金霞	主任编辑	2019-11	奉化区融媒体中心总编室主任
204	朱晓冬	主任编辑	2020-12	奉化区融媒体中心党委委员、融媒编发部主任
205	潘珊珠	主任播音员	2020-11	奉化区融媒体中心广播部主任
206	陈璐娜	主任播音员	2020-11	奉化区融媒体中心溪口广电站副站长

续表

序号	姓　名	专业职务	职称取得时间	单位／部门职务
207	郑晓先	高级工程师	2020-12	奉化区融媒体中心产业规划部副主任
208	钟孟君	高级工程师	2006-12	余姚市融媒体中心广联公司工程技术部部长
209	柯　伟	高级工程师	2007-12	余姚市融媒体中心网络公司经理
210	褚海燕	高级工程师	2008-12	余姚市融媒体中心组织人事部主任
211	徐　千	主任记者	2008-12	余姚市融媒体中心副（科）局级干部
212	徐渭明	主任编辑	2009-12	余姚市融媒体中心副（科）局级干部
213	姚　杰	高级工程师	2015-06	余姚市融媒体中心发展规划部主任
214	颜文祥	主任编辑	2016-01	余姚市融媒体中心报刊编辑部
215	孙海苗	主任记者	2016-03	余姚市融媒体中心外联部
216	陆连军	主任记者	2016-03	余姚市融媒体中心机关党委专职副书记
217	唐继民	高级工程师	2016-12	余姚市融媒体中心（传媒集团）网络公司技术服务部部长
218	吴高权	高级工程师	2017-04	余姚市融媒体中心（传媒集团）媒体技术部副主任
219	干鑫淼	高级工程师	2017-01	余姚市融媒体中心基建办
220	徐　翔	高级工程师	2017-05	余姚市融媒体中心（传媒集团）网络公司经营管理部部长
221	陈朝晖	网络规划设计师	2018-11	余姚市融媒体中心（传媒集团）人力资源部部长
222	万振华	高级工程师	2018-12	余姚市融媒体中心（传媒集团）媒体技术部主任
223	刘文治	主任记者	2019-11	余姚市融媒体中心新媒体与视觉创意部主任

续表

序号	姓 名	专业职务	职称取得时间	单位/部门职务
224	胡文锋	信息系统项目管理师	2020-11	余姚市融媒体中心（传媒集团）网络公司技术服务部
225	杨 军	主任记者	2021-11	余姚市传媒集团有限公司经理
226	杨华平	主任编辑	2022-11	余姚市融媒体中心（科）局级干部
227	汤建良	高级工程师	2022-12	余姚市融媒体中心广联信息工程有限公司
228	曾 斌	主任播音员	2009-01	慈溪市融媒体中心大数据部
229	冯立中	高级工程师	2005-11	慈溪市融媒体中心党委委员、副主任
230	孙建军	高级工程师	2010-12	慈溪市融媒体中心信息技术部副主任
231	苏 瑛	高级政工师	2017-12	慈溪市融媒体中心机关党委
232	李 红	主任播音员	2018-12	慈溪市融媒体中心时政部
233	赵战战	信息系统项目管理师（高级）	2020-01	慈溪市融媒体中心数字电视部
234	孙高峰	高级工程师	2021-08	慈溪市融媒体中心信息技术部
235	王 浩	主任播音员	2022-04	慈溪市融媒体中心时政部
236	张存凯	主任播音员	2022-04	慈溪市融媒体中心城区分中心
237	陈 锋	二级摄像师	2022-04	慈溪市融媒体中心视频创意部
238	张欢柱	信息系统项目管理师（高级）	2023-05	慈溪市融媒体中心办公室
239	岑凯妮	信息系统项目管理师（高级）	2023-05	慈溪市融媒体中心新媒体发布部
240	陈元俊	高级工程师	2012-12	宁海传媒集团机关党委专职副书记
241	叶月飞	高级会计师	2012-08	宁海传媒集团计划财务部主任
242	童国强	高级工程师	2013-12	宁海传媒集团办公室

续表

序号	姓　名	专业职务	职称取得时间	单位/部门职务
243	陈泽华	高级工程师	2013-12	宁海传媒集团全媒体技术部
244	丁伟标	高级工程师	2014-12	宁海传媒集团工程技术部副主任
245	章敏秀	档案副研究馆员	2016-06	宁海传媒集团办公室
246	张旭灿	高级工程师	2017-11	宁海传媒集团全媒体采访部
247	潘晓娥	主任编辑	2019-11	宁海传媒集团总编室主任
248	俞立勋	高级工程师	2019-12	宁海传媒集团工程技术部主任
249	王海峰	高级工程师	2019-12	宁海传媒集团全媒体技术部主任
250	张　琼	文学创作二级	2014-05	宁海传媒集团专刊编辑部
251	赵鸿伟	文学创作二级	2020-06	宁海传媒集团专刊编辑部
252	陈　勇	高级工程师	2020-06	宁海传媒集团全媒体技术部副主任
253	尤俊椋	高级工程师	2020-11	宁海传媒集团全媒体采访部
254	黄浓珍	主任编辑	2020-12	宁海传媒集团新媒体部主任
255	陈　隽	主任播音员	2021-08	宁海传媒集团广播节目部主任
256	严亚平	主任编辑	2022-12	宁海传媒集团全媒体要闻编辑部
257	陈健海	高级工程师	2022-12	宁海传媒集团规划拓展部主任
258	蔡伟东	高级工程师	2022-12	宁海传媒集团全媒体技术部
259	赵维华	高级工程师	2023-05	宁海传媒集团融媒体指挥中心主任
260	谢海涛	高级工程师	2023-12	宁海传媒集团办公室主任
261	储　超	主任编辑	2023-12	宁海传媒集团旅游与对农节目部主任
262	项高飞	高级工程师	2023-12	宁海传媒集团工程技术部副主任
263	何红枫	高级工程师	2023-12	宁海传媒集团全媒体技术部
264	郑根土	高级工程师	2004-12	象山县传媒中心副主任

序号	姓　名	专业职务	职称取得 时间	单位/部门职务
265	李仁德	高级工程师	2005-11	象山县传媒中心总工程师
266	励江一	高级工程师	2009-12	象山县传媒中心技术部
267	方永东	高级工程师	2009-12	象山县传媒中心总编室副主任
268	金旭东	主任记者	2011-12	象山县传媒中心专题活动部主任
269	陈亚琴	主任编辑	2012-12	象山县传媒中心电视部
270	孙平华	主任播音员	2014-01	象山县传媒中心广播部副主任
271	邹艾玲	主任播音员	2014-11	象山县传媒中心广播部
272	徐树国	主任编辑	2014-12	象山县传媒中心机关支部专职副书记
273	龚　成	高级工程师	2014-12	象山县传媒中心技术部主任
274	曹建华	主任编辑	2001-12	象山县传媒中心报刊部
275	谢振明	高级政工师	2017-12	象山县传媒中心副主任
276	鲍乔屹	高级工程师	2018-10	象山县传媒中心综合业务部
277	金　宇	主任编辑	2021-11	象山县传媒中心总编室主任
278	朱永杰	高级工程师	2021-12	象山县传媒中心技术部副主任
279	许周腾	信息系统管理师	2022-11	象山县传媒中心技术部副主任
280	孙建军	主任记者	2022-12	象山县传媒中心报刊部主任

第八节　电影经营单位

一、电影公司

2023年，宁波电影公司有6家，其中市级有1家，县级有5家，承担相关区域的电影发行和放映任务。

表 2-18　2023 年宁波电影公司一览表

序号	经营机构	法定代表人（负责人）	单位地址	邮编
1	宁波市电影集团有限责任公司	王　兵	鄞州区达升路 289 号文旅中心三层	315040
2	鄞州区电影发行放映公司	陈　捷	鄞州区百丈街道演武街 8 号	315040
3	奉化区电影有限责任公司	周良妃	奉化区中山路 138 号	315500
4	慈溪市电影发行放映公司	陆　敏	慈溪市浒山三北西大街 15-17 号	315300
5	余姚市电影发行有限责任公司	张　展	余姚市舜水南路 108 号	315400
6	象山县电影发行放映有限公司	郭继军	象山县丹东街道新华路 12-5 号	315700

二、院线公司

2023 年，宁波电影院线公司有 22 家，全年为 119 家电影院供片，覆盖 860 张银幕 119 852 个座位，放映 1 372 250 场次。

表 2-19　2023 年宁波电影院线公司一览表

序号	院线名称	影院数（家）	银幕数（张）	座位数（个）	放映场次（次）
1	浙江时代电影院线股份有限公司	29	197	24 575	290 815
2	上海联和电影院线公司	22	148	20 151	234 900
3	珠海横琴万达电影院线有限公司	6	55	8378	111 659
4	博纳电影院线有限公司	7	66	10 671	121 904
5	中影电影院线有限公司	7	62	10 212	85 243
6	江苏幸福蓝海院线有限责任公司	6	43	5998	69 296

续表

序号	院线名称	影院数（家）	银幕数（张）	座位数（个）	放映场次（次）
7	中影数字院线（北京）有限公司	6	45	5799	78 444
8	横店影视股份有限公司	6	39	5797	76 993
9	深圳市中影南方电影新干线有限公司	5	37	4638	58 320
10	浙江星光电影院线有限公司	5	34	4295	50 995
11	上海华人文化电影院线有限公司	2	21	2818	35 880
12	北京长城沃美电影院线有限公司	2	15	2624	27 404
13	北京华夏联合电影院线	2	15	2175	29 257
14	重庆保利万和电影院线	2	14	2118	21 493
15	广州金逸珠江电影院线有限公司	2	15	2540	21 376
16	广东大地电影院线股份有限公司	4	20	2091	26 003
17	上海大光明院线有限公司	1	11	1016	13 826
18	北京红鲤鱼数字电影院线有限公司	1	5	630	8575
19	武汉天河影业有限公司	1	9	1728	2681
20	北京新影联影业有限责任公司	1	3	194	5288
21	中广国际数字电影院线（北京）有限公司	1	2	231	999
22	温州雁荡电影院线有限公司	1	4	1173	899
合　计		119	860	119 852	1 372 250

三、电影院

2023年，宁波电影院一共有119家（其中新开11家，关停6家），分布在全市各区（县、市）。其中，海曙区有19家，江北区有11家，镇海区有6家，北仑区有8家，鄞州区有25家，奉化区有7家，余姚市有10家，慈溪市有21家，宁海县有6家，象山县有6家。全市放映电影1 372 250场次。

表 2-20　2023 年宁波电影院情况一览表

序号	区域	影院名称	银幕数（张）	座位数（个）	放映场次（次）
1	海曙区	宁波影都（东门口店）	9	1376	16 410
2		宁波影都（亚细亚 IMAX 店）	9	1345	16 219
3		UME 影城（宁波天一店）	14	1510	24 210
4		博纳国际影城宁波海曙印象城店	8	1269	14 337
5		星光嘉映影城（LUXE 终极巨幕海曙天街店）	8	1024	8495
6		浙影时代影城·宁波东门银泰店	11	994	15 966
7		宁波民光影城	7	706	12 279
8		宁波影都（樱花里店）	6	531	10 351
9		宁波 SAS 国际影城	7	789	13 642
10		至潮影城（中山东路江荟 151 店）	5	412	9015
11		宁波横店电影城（洛兹店）	6	820	12 715
12		宁波横店电影城（海曙恒一店）	6	948	12 529
13		保利国际影城宁波新天地店	7	1235	11 066
14		中影南方国际影城宁波 U-Park 店	7	950	10 826
15		金逸影城（宁波复悦城店）	7	1194	11 072
16		宁波影都（高鑫店）	6	344	7175
17		上影 X-Cinema 影城（洞桥店）	6	871	12 654
18		汉鼎宇佑影城翠柏里店	10	918	6073
19		天一蝴蝶影院	3	55	3684
20	江北区	万象影城（宁波万象城 IMAX 激光店）	11	1729	18 172
21		万达影城（江北万达广场 IMAX 店）	10	1491	20 144

续表

序号	区域	影院名称	银幕数（张）	座位数（个）	放映场次（次）
22	江北区	宁波中影国际影城（来福士店）	7	1126	12 309
23		华纳影城（宁波怡丰汇激光巨幕店）	8	1007	14 022
24		时代国际影城（江北店）	8	1083	15 810
25		德信影城（天水店）（丽江路地铁站 B 口）	10	989	16 543
26		宁波横店电影城（江北恒一店）	6	881	12 205
27		幸福蓝海国际影城（富力店）	7	811	8356
28		宁波嘉宝国际影城	7	901	12 134
29		宁波影都（中旅城店）	7	905	10 246
30		宁波魔杰电竞影院	3	194	5288
31	镇海区	星轶 IMAX 影城（镇海吾悦广场旗舰店）	8	1518	13 457
32		UME 影城宁波镇海店（万科广场中国巨幕店）	7	1308	11 670
33		中影国际影城（开元广场 CINITY 店）	7	1225	15 251
34		镇海时代电影大世界	6	667	11 461
35		汉鼎宇佑影城（镇海银泰店）	8	1345	10 260
36		红星电影世界镇海爱琴海店	6	644	8984
37	北仑区	博纳国际影城北仑 IMAX 店	13	1862	25 556
38		中影星美国际影城（博地店）	10	1610	10 514
39		沃美影城北仑印象里店（杜比全景声巨幕）	8	1347	13 801
40		宁波影都（大榭店）	5	414	8060

续表

序号	区域	影院名称	银幕数（张）	座位数（个）	放映场次（次）
41	北仑区	海盛博地国际影城	10	1610	2180
42		中影千玥影城	12	1300	18 044
43		宁波滨海时代影城	7	708	14 794
44		上影国际影城（翔立方海天文体中心店）	3	345	5448
45	鄞州区	万达影城（鄞州万达广场IMAX店）	8	1833	17 919
46		宁波影都（鄞州印象城店）	7	1192	11 849
47		寰映影城（宁波阪急店）	10	1160	17 710
48		博纳国际影城（东银泰店）	9	1708	17 209
49		CGV影城（鄞州IMAX店）	9	1659	14 362
50		博纳国际影城宁波鄞州龙湖天街店	9	1224	18 254
51		博纳国际影城（宏泰店）	10	1915	16 066
52		SFC上影影城（宁波店）	8	2069	15 177
53		宁波中影国际影城（海港城中国巨幕店）	8	1510	16 653
54		宁波影都（培罗成店）	7	862	12 059
55		幸福蓝海国际影城（IMAX宁波环宇城店）	8	1480	12 569
56		中影国际影城（联盛广场中国巨幕店）	8	1572	16 372
57		博纳国际影城（宁波欢乐海岸店）	8	1655	12 831
58		宁波市环球时代国际影城（滨江店）	6	707	11 757
59		中影明州里影城（宁波明州里巨幕店）	8	1128	8513

续表

序号	区域	影院名称	银幕数（张）	座位数（个）	放映场次（次）
60	鄞州区	幸福蓝海国际影城（宁波高新宝龙店）	7	829	11 891
61		宁波大光明主题影城	11	1016	13 826
62		中影集禾国际影城（东钱湖店）	6	642	11 057
63		宁波金沙玺乐耀莱影城高新店	9	1069	11 491
64		宁波影都（天伦店）	8	1120	10 099
65		宁波影都（港隆店）	6	1167	8456
66		宁波影都（星光大道店）	9	1063	8653
67		幕语环球影城宁波店	6	634	6949
68		CGV影城（文化广场IMAX 4DX店）	9	1728	2681
69		上影国际影城（鄞州体育馆店）	6	603	6977
70	奉化区	万达影城（奉化万达广场IMAX店）	10	1489	20 821
71		博纳国际影城（奉化店）	9	1038	17 651
72		横店电影城（奉化宝龙广场店）	7	806	14 323
73		奉化豪盛时代电影大世界	6	628	9611
74		美伦影城溪口店	5	566	6940
75		华纳兄弟智慧影院	5	350	6891
76		奉化幕语溪口影城	2	231	999
77	余姚市	万达影城（余姚万达广场IMAX店）	9	1476	19 319
78		CGV影城（城东IMAX店）	8	1450	13 916
79		新幕激光巨幕影城（余姚众安广场店）	8	1386	15 615
80		金时代影城（天一商城店）	6	688	12 435

续表

序号	区域	影院名称	银幕数（张）	座位数（个）	放映场次（次）
81	余姚市	余姚新泗门时代影院	5	499	7342
82		余姚 SFC 上影国际影城	4	460	8839
83		余姚嘉莱影城	5	711	7409
84		东漫影城（太平洋广场店）	5	466	10 607
85		浙江宁波余姚影城	3	960	3482
86		余姚艺术影城	4	353	6112
87	慈溪市	红星电影世界（慈溪爱琴海 LUXE 巨幕店）	8	1380	13 840
88		慈溪星轶 STARX 影城（吾悦广场店）	9	1557	15 517
89		沃美影城杭州湾世纪金源店	7	1277	13 603
90		慈溪中影星美国际影城	8	1010	13 124
91		星象国际影城（周巷嘉悦广场店）	6	705	8212
92		慈溪中影星美国际影城（城西银泰 IMAX 店）	11	1774	14 091
93		浙影时代影城·慈溪新都汇店	12	1147	15 328
94		慈溪大剧院国际影城	7	883	10 427
95		慈溪新世界国际影城	6	847	11 125
96		杭州湾时代影城（水世界店）	7	762	12 396
97		宁波影都（掌起店）	6	691	9038
98		幸福蓝海国际影城（慈溪高新区爱琴海店）	7	854	13 656
99		辰佳国际影城（华润万家香格店）	8	688	15 166
100		国际时代影城·杜比全景声利时店	7	1093	10 328

续表

序号	区域	影院名称	银幕数（张）	座位数（个）	放映场次（次）
101	慈溪市	慈溪嘉莱影城龙山店	5	724	7423
102		慈溪大马力影城	5	630	8575
103		鑫亮影城	4	365	6617
104		慈溪恒丰数码影院	5	526	5497
105		环球时代国际影城（慈溪店）	6	845	2331
106		时代影城·新河坊店	8	1058	88
107		慈溪电影院（电影公司图书馆影厅）	1	265	496
108	宁海县	宁海万象国际影城	8	1190	16 298
109		中影集禾LUXE影城（宁海桃源广场店）	11	1409	19 572
110		宁海金逸泰悦影城	8	1346	10 304
111		宁海横店电影城人民路店	6	824	11 764
112		西店时代影城	4	375	5931
113		鲸时影城（宁海店）	5	509	8352
114	象山县	万达影城（象山万达广场PRIME店）	8	929	15 746
115		宁波影都（石浦店）	7	910	12 133
116		象山华影影城	7	1007	11 825
117		象山时代金球影城	8	1071	12 759
118		象山剧院	4	1173	899
119		象山宝象影城	4	615	2670
合　计			860	119 852	1 372 250

四、电影放映队

2023年，宁波农村数字电影放映队有111支，分布在全市各区（县、市）。其中，海曙区有8支，江北区有4支，镇海区有4支，北仑区有7支，鄞州区有15支，奉化区有12支，余姚市有17支，慈溪市有18支，宁海县有16支，象山县有8支，宁波国家高新区有1支，东钱湖旅游度假区有1支。全市流动放映队共放映电影27 805场次。

表2-21　2023年宁波农村数字电影放映队一览表

序号	区域	负责人	放映队名称	单位地址
1	海曙区	俞浩辉	宁波市海曙石碶星辉电影放映队	海曙区石碶街道
2		施月国	宁波市海曙高桥乐映电影放映队	海曙区高桥镇
3		童军儿	宁波市海曙集士港振影电影放映队	海曙区集士港镇
4		郭　伟	宁波市海曙古林新影电影放映队	海曙区古林镇
5		童琴琪	宁波市海曙横街琴琪电影放映队	海曙区横街镇
6		潘永远	宁波市海曙洞桥一兴电影放映队	海曙区洞桥镇
7		应友芬	宁波市海曙章水应友芬电影放映队	海曙区章水镇
8		钱建茂	宁波市海曙龙观群乐电影放映队	海曙区龙观乡
9	江北区	方金龙	江北区慈城阿龙电影队	江北区慈城察院巷16号
10		方金龙	江北慈城阿龙数字电影放映队	江北区慈城察院巷16号
11		陈国飞	宁波市电影有限公司大众电影放映队	江北区慈城镇东镇桥街54号
12		陈国飞	宁波市电影有限公司大众电影放映队	江北区慈城镇东镇桥街54号

续表

序号	区域	负责人	放映队名称	单位地址
13	镇海区	张卫国	镇海区招宝山大众放映队	镇海区服装城2-11
14		张国平	镇海区影星流动放映队	镇海区风龙路14号
15		张 峰	镇海区招宝山为民放映队	镇海区环城北路90号
16		李建惠	镇海区火凤凰流动电影队	镇海区清泉花园10号
17	北仑区	曹定福	北仑区柴桥芦江流动放映队	北仑区柴桥环镇北路49号
18		俞兴岳	北仑区大矸阿岳电影队	北仑区大碶街道林头方村徐家90号
19		俞兴岳	北仑区大矸阿岳电影队二队	
20		袁志福	北仑区白峰志福电影队	北仑区白峰街道上阳村186号
21		陈文国	北仑影剧院流动电影队	北仑区劳动路
22		丁志浩	北仑影剧院流动放映队	北仑区劳动路
23		周能达	大榭开发区文体产业有限公司	大榭体育馆
24	鄞州区	景文江	鄞州区会议中心电影队	鄞州区外潜龙街51号
25		景文江	鄞州区电影公司流动电影队	鄞州区外潜龙街51号
26		沙建勋	鄞州区邱隘镇数字电影队	鄞州区外潜龙街51号
27		吕益君	鄞州区电影公司流动电影队	鄞州区外潜龙街51号
28		吕益君	鄞州区电影公司流动电影队	鄞州区外潜龙街51号
29		谬 云	鄞州区钟公庙电影队	鄞州区钟公庙街道
30		傅剑光	鄞州区五乡数字电影二队	鄞州区五乡镇
31		沙市娣	鄞州区塘溪镇华影电影队	鄞州区塘溪镇
32		张海德	鄞州区塘溪镇数字电影队	鄞州区塘溪镇
33		傅剑光	鄞州区电影公司五乡电影队	鄞州区五乡镇
34		郁洪祥	鄞州区云龙镇数字电影队	鄞州区云龙镇

续表

序号	区域	负责人	放映队名称	单位地址
35	鄞州区	任国庆	鄞州区云龙镇甲村数字电影队	鄞州区云龙镇甲村
36		李仁甫	鄞州区横溪文化中心放映队	鄞州区横溪镇
37		吴国兴	鄞州区姜山镇电影一队	鄞州区姜山镇
38		陈自浩	鄞州区姜山镇电影二队	鄞州区姜山镇
39	奉化区	梁超峰	奉化区旭峰电影队	奉化区锦屏街道广南商城二区3幢3号
40		田永仁	奉化区尚田电影队	奉化区尚田镇鸣雁村
41		邬嘉康	奉化区西坞电影队	奉化区西坞街道西街6号
42		王国成	奉化区锦屏电影队	奉化区勤丰村2幢6号
43		吴越鸿	奉化区岳林电影队	奉化区岳林街道后方新村
44		裴　杰	奉化区溪口电影队	奉化区溪口毛家弄152号
45		王金尧	奉化区江口电影队	奉化区江口街道江宁路57号
46		李文远	奉化区银光电影队	奉化区岳林街道小湖桥新村40幢-4号
47		韩定岳	奉化区萧王庙电影队	奉化区江口街道方桥家丁埭村
48		李根全	奉化区裘村电影队	奉化区裘村镇裘四村勤丰路13号
49		王孝良	奉化区莼湖电影队	奉化区莼湖西谢村
50		王宗云	奉化区大堰电影队	奉化区大堰镇柏坑村
51	余姚市	周炼宏	余姚市电影公司流动放映一队	余姚市阳明西路61弄8号
52		方　波	余姚市电影公司流动放映二队	余姚市阳明西路61弄8号
53		楼　刚	余姚市电影公司流动放映三队	余姚市阳明西路61弄8号

续表

序号	区域	负责人	放映队名称	单位地址
54	余姚市	茹国才	余姚市电影公司流动放映四队	余姚市阳明西路61弄8号
55		潘达鸣	余姚市电影公司流动放映五队	余姚市阳明西路61弄8号
56		任　帆	余姚市电影公司流动放映六队	余姚市阳明西路61弄8号
57		褚鹏力	余姚市电影公司流动放映七队	余姚市阳明西路61弄8号
58		沈申健	余姚市电影公司流动放映八队	余姚市阳明西路61弄8号
59		张勤聪	余姚市电影公司流动放映九队	余姚市阳明西路61弄8号
60		牛其苗	余姚市电影公司流动放映十队	余姚市阳明西路61弄8号
61		张岳维	余姚市电影公司流动放映十一队	余姚市阳明西路61弄8号
62		邹大龙	余姚市邹大龙电影流动放映队	余姚市阳明西路61弄8号
63		朱慧丹	余姚市电影公司流动放映队	余姚市阳明西路61弄8号
64		徐康安	余姚市电影公司流动放映队	余姚市阳明西路61弄8号
65		熊奎珏	余姚市电影公司流动放映队	余姚市阳明西路61弄8号
66		陈　诚	余姚市电影公司流动放映队	余姚市阳明西路61弄8号
67		毛婉娣	余姚市电影公司流动放映队	余姚市阳明西路61弄8号
68	慈溪市	陆　敏	慈溪市电影发行放映公司道林电影队	慈溪市道林镇东大街韩家弄
69		陆　敏	慈溪市电影发行放映公司天元电影放映队	慈溪市天元文化宫
70		陆　敏	慈溪市电影发行放映公司横河流动电影队	慈溪市横河镇
71		胡建军	慈溪市电影发行放映公司直属流动电影队	慈溪市浒山街道三北大街15-17号
72		陆　敏	慈溪市电影发行放映公司周巷电影放映队	慈溪市周巷镇

续表

序号	区域	负责人	放映队名称	单位地址
73		陆　敏	慈溪市电影发行放映公司观城电影队	慈溪市观海卫镇东城边街
74		陆　敏	慈溪市电影发行放映公司庵东电影放映队	慈溪市庵东镇
75		陆　敏	慈溪市电影发行放映公司范市电影队	慈溪市龙山镇淞浦村
76		陆　敏	慈溪市电影发行放映公司掌起电影队	慈溪市掌起镇掌起大街
77		陆　敏	慈溪市电影发行放映公司坎墩电影队	慈溪市坎墩街道三四灶村
78	慈溪市	陆　敏	慈溪市电影发行放映公司长河电影队	慈溪市长河镇中街
79		陆　敏	慈溪市电影发行放映公司新浦电影队	慈溪市新浦镇余家路
80		陆　敏	慈溪市电影发行放映公司宁波杭州湾新区电影放映队	宁波杭州湾新区商贸街
81		陆　敏	慈溪市逍林放映队	慈溪市逍林镇
82		陆　敏	慈溪市电影公司	慈溪市浒山街道
83		陆　敏	慈溪市电影公司	慈溪市浒山街道
84		陆　敏	慈溪市电影公司	慈溪市浒山街道
85		陆　敏	慈溪市电影公司	慈溪市浒山街道
86		张光尧	宁海县家苗数字电影放映队	宁海县桃源街道江南名都2幢412室
87	宁海县	周其贤	宁海县桥头胡数字电影放映队	宁海县桥头胡镇汶溪周村
88		葛民翼	宁海县岔路数字电影放映队	宁海县岔路镇兴中路132号

续表

序号	区域	负责人	放映队名称	单位地址
89	宁海县	谢大章	宁海县力洋星柏电影队	宁海县力洋镇田交朱村
90		郑志远	宁海县西店致富影视厅	宁海县西店南路30号
91		高瑞平	宁海县西店瑞平数字电影放映队	宁海县西店镇樟树中路70弄18号
92		姜爱国	宁海县深圳爱国数字电影队	宁海县深圳镇大里姜家
93		褚孟海	宁海县大众流动电影放映队	宁海县一市镇东岙村
94		王雄飞	宁海县昊天数字电影放映队	宁海县华庭家园3幢208
95		褚孟海	宁海县东洲数字电影放映队	宁海县一市镇东岙村
96		阮兴芬	宁海县惠民流动电影放映队	宁海县长街影剧院电影服务中心
97		王瑞玲	宁海县黄坛镇瑞玲数字电影队	宁海县松竹新村15幢303
98		吴小钱	宁海县长街长河数字电影放映队	宁海县长街影剧院电影服务中心
99		褚孟海	宁海县菊强数字电影放映队	宁海县一市镇东岙村
100		褚孟海	宁海县湖海数字电影放映队	宁海县一市镇东岙村
101		吴小钱	宁海县长街便民电影队	宁海县长街影剧院电影服务中心
102	象山县	王文波	象山县电影公司放映队	象山县西周镇湖边村
103		王惠波	象山县电影公司放映队	象山县新桥镇山头王村
104		夏永如	象山县电影公司放映队	象山县贤庵镇东风村
105		韩时芳	象山县电影公司放映队	象山县新桥镇海台村
106		张岳辉	象山县电影公司放映队	象山县高塘乡江北村
107		郑明能	象山县电影公司放映队	象山县鹤浦镇小百丈村

续表

序号	区域	负责人	放映队名称	单位地址
108	象山县	应岳玉	象山县电影公司放映队	象山县黄避岙乡大斜桥村
109		何云明	象山县电影公司放映队	象山县丹东街道马乌岭
110	东钱湖旅游度假区	钱浴华	东钱湖旅游度假区文化中心	东钱湖旅游度假区清泉山庄189号
111	宁波国家高新区	施荣	宁波高新区梅墟明达电影队	宁波国家高新区梅墟路66号

第九节　广播电视节目制作经营机构

2023年，宁波广播电视制作经营机构有280家。其中，海曙区有6家，江北区有9家，镇海区有9家，北仑区有18家，鄞州区有42家，奉化区有6家，余姚市有2家，慈溪市有3家，宁海县有3家，象山县有168家，宁波国家高新区有12家，东钱湖旅游度假区有2家。2023年比2022年减少82家，同比减少23%。

表2-22　2023年宁波广播电视制作经营机构一览表

序号	区域	机构名称	法人代表	单位地址	许可证号
1	海曙区	宁波启润影视文化传媒有限公司	李启涵	海曙区东渡路29号15-26、15-27	（浙）字第01719号
2		宁波风向文化传媒有限公司	赵野	海曙区柳庄巷43号1011室	（浙）字第03414号
3		宁波卓圆影视文化有限公司	刘书魁	海曙区蓝天路121号2-8	（浙）字第07066号

续表

序号	区域	机构名称	法人代表	单位地址	许可证号
4	海曙区	宁波念白影业有限公司	姚 赟	海曙区药行街204-210号4-17	（浙）字第07201号
5		宁波广电广通移动数字电视有限公司	李 纲	海曙区开明街4号二楼	（浙）字第07394号
6		宁波丹尼影视传媒有限公司	靳小根	海曙区中山西路1182弄1号305室	（浙）字第07875号
7	江北区	宁波嘉纳影视文化有限公司	王永福	江北区徐江岸路620号（弘茂大厦）A座4-17室	（浙）字第03518号
8		浙江交子传媒有限公司	何 捷	江北区长兴路618号42幢2034	（浙）字第03707号
9		浙江欣喜文化传媒有限公司	胡琼超	江北区长兴路677号、685号、687号3幢7-2-9	（浙）字第03829号
10		浙江乐檬信息技术有限公司	张海波	江北区长兴路996号前洋之星广场2-5号楼401室	（浙）字第05629号
11		宁波格物致知文化创意发展有限公司	盘 燊	江北区茂悦商业中心32号	（浙）字第06275号
12		宁波星空畅享信息科技有限公司	冯旋魁	江北区人民路645弄312号11-8	（浙）字第06359号
13		宁波应大众创科技有限公司	应 挺	江北区江北大道1228号5幢5层	（浙）字第06564号
14		兴宇影业（宁波）有限公司	吴兴宇	江北区慈城镇走马街广场35号2-36、2-37	（浙）字第06654号

续表

序号	区域	机构名称	法人代表	单位地址	许可证号
15	江北区	宁波美乐童年玩具有限公司	毛铭辉	江北区通宁路321弄39号	（浙）字第07751号
16	镇海区	宁波市五千年文化产业发展有限公司	杨端芹	镇海区庄市街道中官西路777号	（浙）字第01092号
17		宁波涌逸影视传媒有限公司	周晨晨	镇海区庄市街道中官西路777号	（浙）字第01686号
18		宁波友联盛业文化发展股份有限公司	张梅生	镇海区庄市街道中官西路777号	（浙）字第01721号
19		宁波市大鱼文化传媒有限公司	钮德红	镇海区庄市街道中官西路279号	（浙）字第02391号
20		中视中少（宁波）文化传媒有限公司	王咨	镇海区骆驼街道锦业街18号	（浙）字第04742号
21		宠友科技股份有限公司	喻巧珍	镇海区招宝山街道平海路1188号6号楼D座417室	（浙）字第06332号
22		甬顺常昇影视文化传媒（宁波）有限公司	王林	镇海区骆驼街道永和西路788号1-14室	（浙）字第06407号
23		童煜影业有限公司	陈波	镇海区骆驼街道民和路789号17-1室（承诺申报）	（浙）字第07311号
24		浙江甬城影视文化有限公司	吴越	镇海区庄市街道中官西路777号	（浙）字第07992号
25	北仑区	浙江凤凰影视传播有限公司	王学超	北仑区梅山海兰路66号（领豪鑫座）1幢1221室	（浙）字第00029号

续表

序号	区域	机构名称	法人代表	单位地址	许可证号
26		宁波三只喜鹊文化科技有限公司	吕艺真	宁波保税区鸿海商务楼411-5室	（浙）字第04125号
27		宁波东方周末广告传媒有限公司	张银山	北仑区大碶街道宝山路1288号1123室	（浙）字第04210号
28		浙江欢禧影视文化有限公司	徐威	（注册地在北仑）杭州市临平区南苑街道汀城街13号1604室	（浙）字第04869号
29		宁波金泽影视传媒有限公司	王旭东	北仑区大碶街道宝山路1288号10层01室	（浙）字第05199号
30	北仑区	宁波睿星喜达文化传媒有限公司	俞杨	北仑区大碶街道宝山路1229号（中青文化广场)1幢C442室	（浙）字第05779号
31		宁波小当文化有限公司	沈洋	北仑区大碶街道宝山路1298号11层1108室	（浙）字第06017号
32		宁波嘉嘉文化传媒有限公司	张晓丹	北仑区大碶街道宝山路1296号5层503室	（浙）字第06125号
33		宁波众观文化科技有限公司	王义之	北仑区小港街道江南公路1666号2幢1号B-4043-2	（浙）字第06262号
34		宁波逸趣文化传媒有限公司	崔思思	北仑区大碶街道宝山路1296号5层504室	（浙）字第06413号

序号	区域	机构名称	法人代表	单位地址	许可证号
35		博地霄然（宁波）影业有限公司	刘 扬	北仑区大碶街道宝山路1296号1层142室	（浙）字第06463号
36		浙江思睿新媒体有限公司	李 羚	北仑区大碶街道宝山路1298号8层806室	（浙）字第06883号
37		黎鸣文化传媒（宁波）有限公司	朴芳超	北仑区大碶街道宝山路1296号4层485室	（浙）字第07015号
38		宁波本嘉影视传媒有限公司	任 杭	北仑区大碶街道宝山路1296号3层3147室	（浙）字第07103号
39	北仑区	肆芳启点（浙江）文化传媒有限公司	蒋 华	北仑区大碶街道宝山路1296号4层4123室	（浙）字第07356号
40		宁波腾云影视文化传媒有限公司	阮凌峰	北仑区梅山街道梅山大道288号2幢1412室	（浙）字第07575号
41		宁波桃花坞影视文化传媒有限公司	郭苗苗	北仑区大碶街道宝山路1298号6层671室	（浙）字第07783号
42		宁波华盛金榜国际传媒有限公司	高德库	北仑区大碶街道宝山路1296号3层310室	（浙）字第08078号
43	鄞州区	宁波卡酷动画制作有限公司	沈丹冶	鄞州区首南街道日丽中路555号1005室	（浙）字第00576号

序号	区域	机构名称	法人代表	单位地址	许可证号
44		宁波市尚方影视动画有限公司	江海仁	鄞州区江东北路317号（临）	（浙）字第00620号
45		宁波艺舟影视有限公司	周正显	鄞州区中山东路369号916	（浙）字第00954号
46		宁波莱彼特动漫发展有限公司	朱俊澎	鄞州区钟公庙街道贸城西路157号1D05室	（浙）字第01233号
47		宁波摩登视界文化传媒有限公司	孔 琳	鄞州区天童南路707号	（浙）字第01515号
48		宁波纳豆文化传媒有限公司	邬昇利	鄞州区首南街道日丽中路757号1202-7室	（浙）字第02344号
49	鄞州区	宁波澜风文化传媒有限公司	陈志永	鄞州区德厚街282号、284号，中山东路2388号1802室	（浙）字第03224号
50		浙江艾沃文化传媒有限公司	陈海帆	鄞州区首南街道水街172-190号（双号）内6F201、6F301室	（浙）字第03769号
51		浙江蔓越莓文化传媒有限公司	朱维琛	鄞州区福明路835弄2号412室（承诺申报）	（浙）字第03905号
52		宁波品杉电子商务有限公司	王 琳	鄞州区日丽中路777号2401室	（浙）字第05076号
53		宁波鼎铭影业有限公司	裴立霞	鄞州区中河街道科技路455号513	（浙）字第05215号

续表

序号	区域	机构名称	法人代表	单位地址	许可证号
54		浙江东伸文化传媒有限公司	陈梦真	鄞州区安波路30号、建宁街8号（19-1）（集中办公区）	（浙）字第05305号
55		宁波汉影文化传播有限公司	唐敏	鄞州区首南街道天达巷416号16-1-1室	（浙）字第05436号
56		宁波追光网络科技有限公司	罗铮	鄞州区邱隘镇中山东路2622号，善嘉路216弄1号楼710-1室	（浙）字第05961号
57		观邦正业（宁波）影视传媒有限公司	张曦尧	鄞州区东方商务中心2幢11号<12-13>-1	（浙）字第06012号
58	鄞州区	宁波轩晨文化创意有限公司	励宏	鄞州区首南街道天童南路568号1504-2室	（浙）字第06148号
59		宁波月光宝盒文化传媒有限公司	娄宇标	鄞州区首南街道天达巷416号1511室	（浙）字第06184号
60		浙江森菱文化传媒有限公司	周光尧	鄞州区首南街道泰康中路468号1701室	（浙）字第06186号
61		宁波月粟影视传媒有限公司	俞亚凤	（注册地在鄞州）宁波高新区菁华路188号（甬港现代铭楼）B座041幢305室	（浙）字第06216号
62		宁波派星视频传播有限责任公司	俞越	鄞州区姜山镇科技园区东一路	（浙）字第06243号

续表

序号	区域	机构名称	法人代表	单位地址	许可证号
63		宁波浮云海洋科技有限公司	江　珍	鄞州区潘火街道启明路 818 号 13 幢 100 号	（浙）字第 06291 号
64		宁波铭暄文化传媒有限公司	张　伟	鄞州区东胜街道宁波书城文化广场 6 幢 1 号 3-1-1	（浙）字第 06470 号
65		宁波麦冬映画文化传播有限公司	梁世挺	鄞州区首南街道天高巷 98 号 1402、1403 室	（浙）字第 06480 号
66		宁波巨星新媒体科技有限公司	高晋伟	鄞州区潘火街道童家村（217 室）	（浙）字第 06595 号
67	鄞州区	宁波品智网络科技有限公司	吴龙杰	鄞州区首南街道天童南路 639 号 1701-2	（浙）字第 06799 号
68		宁波青云影视有限公司	殷敏娜	鄞州区蝶缘路 218 号 1102 室 -3	（浙）字第 06965 号
69		宁波光与景文化传媒有限公司	邱　艳	鄞州区实怡中心 8 幢 26 号 6-1	（浙）字第 07054 号
70		宁波铭润创展实业集团有限公司	高树青	鄞州区锦寓路 666 号 905 室	（浙）字第 07154 号
71		禾合影视（浙江）有限公司	年会元	鄞州区中河街道天童北路 899 号和邦大厦 C 座 2905-2、2907、2909 室	（浙）字第 07262 号
72		登峰国际文化传播（宁波）有限公司	吴　燕	鄞州区天智巷 385 号 1001 室	（浙）字第 07278 号

序号	区域	机构名称	法人代表	单位地址	许可证号
73	鄞州区	宁波合益影视文化有限公司	黄振兴	鄞州区首南街道天健巷26号301-11室	（浙）字第07437号
74		宁波九成峰影视文化有限公司	左伟琴	鄞州区泰康中路468号701-3	（浙）字第07512号
75		浙江永赢科技有限公司	顾剑辉	鄞州区福明街道和源路318号（21-1）（21-2）（21-3）2103室	（浙）字第07577号
76		宁波蓝创文化传播有限公司	魏巍	鄞州区中河街道春园路268号G103	（浙）字第07591号
77		宁波启点教育科技有限公司	吴小波	鄞州区前河南路88号1702室	（浙）字第07632号
78		觉思迷（宁波）影视文化有限公司	周晓君	鄞州区朝晖路17号8-3（集中办公区）	（浙）字第07637号
79		约翰休斯（宁波）影视科技有限公司	蔡蕾	鄞州区邱隘镇沈家村晨源大楼8-01-66室	（浙）字第07718号
80		宁波市万籁有声传媒有限公司	林波	鄞州区彩虹南路16号（9-12）-11	（浙）字第07772号
81		凤梨宇宙（宁波）文化有限公司	李赳赳	鄞州区名远巷125号20-1室	（浙）字第07852号
82		宁波郁金香文化传媒有限公司	娄世苗	鄞州区首南街道天高巷98号1306-03室	（浙）字第07974号
83		宁波北影文化产业有限公司	江海仁	鄞州区邱隘镇东外环8号浅水湾1幢102室	（浙）字第07987号

续表

序号	区域	机构名称	法人代表	单位地址	许可证号
84	鄞州区	宁波晓柒数字科技有限公司	姜珊珊	鄞州区天健巷26号1201-19室	（浙）字第08010号
85		宁波扩视文化传媒有限公司	柳海燕	奉化区西坞街道花厅路2-4号（自主申报）	（浙）字第05791号
86		大布袋文化创意（宁波）有限公司	梅跃峰	奉化区溪口镇新一路518号-1（自主申报）	（浙）字第05866号
87		大布袋影视文化（宁波）有限公司	梅跃峰	奉化区溪口镇新一路518号-4-5	（浙）字第06458号
88	奉化区	宁波高度映画传媒有限公司	林　昕	奉化区江口街道慧鼎创智园16幢3A层3A09（自主申报）	（浙）字第06571号
89		宁波市江权文化传媒有限公司	江　权	奉化区锦屏街道南山路172号爱伊美财富中心7层06室（自主申报）	（浙）字第06627号
90		浙江这视一家影业有限公司	张丹阳	奉化区锦屏街道南山路175号商业楼二楼2001-11室（自主申报）	（浙）字第07858号
91	余姚市	麦好火（浙江）科技有限公司	孙旭焕	余姚市梁弄镇正蒙街230号（自主申报）	（浙）字第07486号
92		宁波蒙太奇文化传播有限公司	黄斌权	余姚市阳明街道翰府西区48、50、52、54号（自主申报）	（浙）字第07649号

续表

序号	区域	机构名称	法人代表	单位地址	许可证号
93	慈溪市	浙江微微文化创意有限公司	王建平	慈溪市掌起镇慈掌东路145号	（浙）字第01169号
94		云游（慈溪）传媒有限公司	戎凌航	慈溪市浒山街道新城大道99号	（浙）字第05849号
95		浙江禾马娱乐有限公司	马大强	慈溪市浒山街道团圈支路8号4-22室	（浙）字第07655号
96	宁海县	宁海熊小米文化传播有限公司	于胜军	宁海县跃龙街道外环东路8号2207室（自主申报）	（浙）字第02301号
97		宁波上金福地影视传媒有限公司	张金斌	宁海县桃源街道时代大道160号25-1（自主申报）	（浙）字第04759号
98		宁波岚枚科技有限公司	刘美丽	宁海县桃源街道气象北路295号环球中心801-4（自主申报）	（浙）字第07580号
99	象山县	浙江知闲影业有限公司	盛　菊	宁波象保合作区邻里中心商住楼2号楼488室	（浙）字第03805号
100		宁波琪铄影业有限公司	张盼盼	宁波象保合作区航天大道99号12幢638室	（浙）字第03874号
101		象山枫海传媒科技有限公司	汪　壮	象山县新桥镇影视大道14号	（浙）字第04479号
102		象山上博文化传媒有限公司	龚伟杰	象山县新桥镇象山影视城—民国城A9-1-127室（自主申报）	（浙）字第04526号

续表

序号	区域	机构名称	法人代表	单位地址	许可证号
103	象山县	象山鑫润天泽文化传媒有限公司	王清洋	象山县新桥镇象山影视城—民国城A9-1-213室（自主申报）	（浙）字第04554号
104		浙江温润如玉影视文化有限公司	毛海莺	象山县新桥镇象山影视城—民国城A9-1-125室（自主申报）	（浙）字第04559号
105		象山沐阳文化传媒有限公司	孟凡晶	象山县新桥镇象山影视城—民国城A9-1-224室（自主申报）	（浙）字第04600号
106		象山昌星影视文化有限公司	张丹露	象山县新桥镇象山影视城—民国城A9-3-102室（自主申报）	（浙）字第04762号
107		象山乐桔桔文化传媒有限公司	刘宝金	象山县新桥镇象山影视城—民国城A9-2-202室（自主申报）	（浙）字第04768号
108		象山至美影视文化传媒有限公司	陶承修	象山县新桥镇象山影视城—民国城A9-3-115号（自主申报）	（浙）字第04902号
109		象山艺火影视传媒有限公司	邵崽姝	象山县新桥镇象山影视城—民国城A9-1-113室（自主申报）	（浙）字第04903号

续表

序号	区域	机构名称	法人代表	单位地址	许可证号
110		浙江字梦影业有限公司	李洋	象山县新桥镇象山影视城—民国城A9-4-102室（自主申报）	（浙）字第04933号
111		青梅影业（象山）有限公司	李越	象山县新桥镇象山影视城—民国城A9-3-118室（自主申报）	（浙）字第04991号
112		象山缔峰影视传媒有限公司	朱静斌	象山县新桥镇象山影视城—民国城A9-4-214室（自主申报）	（浙）字第05028号
113	象山县	皮克影业（宁波）有限公司	荆武星	象山县新桥镇象山影视城—民国城A4-5-204室（自主申报）	（浙）字第05072号
114		象山米和花文化传媒有限公司	窦黎黎	象山县新桥镇象山影视城—民国城A9-5-125室（自主申报）	（浙）字第05088号
115		糖逗儿（象山）文化传媒有限公司	谷雷	象山县新桥镇象山影视城—民国城A8-7-111室（自主申报）	（浙）字第05209号
116		糖豆儿（象山）影视传媒有限公司	谷雷	象山县新桥镇象山影视城—民国城A8-7-101室（自主申报）	（浙）字第05210号

续表

序号	区域	机构名称	法人代表	单位地址	许可证号
117	象山县	宁波润钧文化传媒有限公司	周玮瑶	象山县新桥镇象山影视城—民国城A1-3-124室（自主申报）	（浙）字第05355号
118		象山一水影视文化有限公司	姜海珍	象山县新桥镇象山影视城—民国城A9-5-121室（自主申报）	（浙）字第05429号
119		宁波聚影星辰影业有限公司	吴 杰	象山县新桥镇象山影视城—民国城A8-4.5-103室（自主申报）	（浙）字第05430号
120		宁波泰锐格斯文化传播有限公司	巢婵英	宁波象保合作区航天大道99号12幢495室	（浙）字第05740号
121		吃个橘子（象山）文化传媒有限公司	季淼方	象山县新桥镇象山影视城—民国城A8-3-205室（自主申报）	（浙）字第05804号
122		宁波蓁鹿影视文化有限公司	夏广禧	象山县新桥镇神雕侠侣城神雕路7号214室（自主申报）	（浙）字第05822号
123		象山久安影视文化有限公司	马 威	象山县新桥镇象山影视城—民国城A9-3-112室（自主申报）	（浙）字第05836号
124		象山耀玥影业有限公司	吴 青	象山县新桥镇神雕侠侣城襄阳路4号、6号102室（自主申报）	（浙）字第05838号

序号	区域	机构名称	法人代表	单位地址	许可证号
125	象山县	浙江枫润影视文化有限公司	徐露	象山县新桥镇影视大道16号	（浙）字第05847号
126		宁波天澄地阔影视文化有限公司	李海鹰	象山县新桥镇象山影视城—民国城A8-4、5-216室（自主申报）	（浙）字第05851号
127		象山灿美文化传媒有限公司	俞水艇	象山县新桥镇象山影视城—民国城A8-3-210室（自主申报）	（浙）字第05905号
128		宁波依汝影视文化有限公司	徐伟	象山县新桥镇神雕侠侣城襄阳路4号、6号113室（自主申报）	（浙）字第05906号
129		浙江日晟影视文化有限公司	楼国航	宁波象保合作区航天大道99号12幢657室	（浙）字第05923号
130		旭影光视（象山）影视文化传媒有限公司	兰旭阳	象山县新桥镇神雕侠侣城襄阳路4号、6号110室（自主申报）	（浙）字第05934号
131		象山臻媒文化传播有限公司	丁宁	象山县新桥镇影视大道16号	（浙）字第05935号
132		象山金鸣影业有限公司	张意法	象山县新桥镇神雕侠侣城襄阳路4号、6号202室（自主申报）	（浙）字第05936号

续表

序号	区域	机构名称	法人代表	单位地址	许可证号
133		橙像影业（宁波）有限公司	田　甜	象山县新桥镇神雕侠侣城襄阳路4号、6号109室（自主申报）	（浙）字第05937号
134		浙江蚂蚁狂奔影视文化传媒有限公司	陈东升	象山县新桥镇神雕侠侣城襄阳路4号、6号118室（自主申报）	（浙）字第05938号
135		浙江鬼斧神工影视文化有限公司	张　伟	象山县新桥镇神雕侠侣城襄阳路4号、6号206室（自主申报）	（浙）字第05986号
136	象山县	浙江海内比邻影业有限公司	敖文龙	象山县新桥镇象山影视城—民国城A8-7-201室（自主申报）	（浙）字第06013号
137		象山牛魔中庸文化传媒有限公司	綦宗亮	象山县新桥镇神雕侠侣城襄阳路4号、6号212室（自主申报）	（浙）字第06014号
138		宁波渡渡鸟文化艺术有限公司	吴　罡	象山县新桥镇象山影视城—民国城A8-3-217室（自主申报）	（浙）字第06027号
139		宁波蜜糖影业有限公司	王羿乔	象山县新桥镇象山影视城—民国城A8-4、5-210室（自主申报）	（浙）字第06071号

续表

序号	区域	机构名称	法人代表	单位地址	许可证号
140		自由自在影业（象山）有限公司	唐宁	象山县新桥镇神雕侠侣城神雕路4号、6号、8号111室（自主申报）	（浙）字第06083号
141		之升剧火（浙江）影视有限公司	赵李君	象山县新桥镇神雕侠侣城神雕路4号、6号、8号202室（自主申报）	（浙）字第06110号
142		象山小红花影业有限公司	张国栋	象山县新桥镇神雕侠侣城神雕路4号、6号、8号114室（自主申报）	（浙）字第06127号
143	象山县	象山腰果影业有限公司	侯岱宗	象山县新桥镇神雕侠侣城襄阳路4号、6号111室（自主申报）	（浙）字第06128号
144		宁波龙队影视文化有限公司	刘小芳	象山县新桥镇象山影视城—民国城A8-4、5-116室（自主申报）	（浙）字第06136号
145		象山云星棕叶影视文化有限公司	曹越栋	象山县新桥镇神雕侠侣城神雕路4号、6号、8号205室（自主申报）	（浙）字第06161号
146		宁波蕉漾影视文化有限公司	韦翔东	象山县新桥镇神雕侠侣城神雕路4号、6号、8号117室（自主申报）	（浙）字第06162号

续表

序号	区域	机构名称	法人代表	单位地址	许可证号
147	象山县	象山灵龙文化传媒有限公司	何小欧	象山县新桥镇神雕侠侣城神雕路4号、6号、8号 211 室（自主申报）	（浙）字第06163号
148		浙江圆镜头影视传媒有限公司	徐志伟	象山县新桥镇神雕侠侣城神雕路4号、6号、8号 115 室（自主申报）	（浙）字第06197号
149		象山万龟之上影视文化有限公司	马喆	象山县新桥镇神雕侠侣城襄阳路4号、6号201室	（浙）字第06198号
150		浙江象山远帆影视文化有限公司	徐国庆	象山县新桥镇神雕侠侣城襄阳路4号、6号112室（自主申报）	（浙）字第06206号
151		浙江奕梵度影业有限公司	吴奕	象山县新桥镇影视大道16号（自主申报）	（浙）字第06211号
152		象山人参果影视文化有限公司	金宏宇	象山县新桥镇神雕侠侣城神雕路12号110室（自主申报）	（浙）字第06225号
153		映乐影业（象山）有限公司	余峰	象山县新桥镇神雕侠侣城襄阳路4号、6号218室（自主申报）	（浙）字第06236号
154		象山木奉木奉影视文化有限公司	刘玮	象山县新桥镇神雕侠侣城神雕路4号、6号、8号 209 室（自主申报）	（浙）字第06237号

续表

序号	区域	机构名称	法人代表	单位地址	许可证号
155		宁波澎瑞影业有限公司	谢晟泓	象山县新桥镇神雕侠侣城神雕路12号114室（自主申报）	（浙）字第06256号
156		象山稻麻竹苇文化传媒有限公司	张俊杰	象山县新桥镇象山影视城—民国城A8-4.5-101室（自主申报）	（浙）字第06267号
157		象山倚马可待文化传媒有限公司	张晶	象山县新桥镇神雕侠侣城神雕路12号111室（自主申报）	（浙）字第06314号
158	象山县	浙江攀峰影业有限公司	胡宗祥	象山县新桥镇神雕侠侣城神雕路7号105室（自主申报）	（浙）字第06331号
159		象山共氧文化传媒有限公司	戈燕燕	象山县新桥镇神雕侠侣城襄阳路4号、6号214室（自主申报）	（浙）字第06352号
160		象山兰心绘制影视文化有限公司	熊玉兰	象山县新桥镇神雕侠侣城襄阳路10号-314室（自主申报）	（浙）字第06374号
161		金石树影业（宁波）有限公司	王超全	象山县新桥镇神雕侠侣城神雕路7号203室（自主申报）	（浙）字第06385号

续表

序号	区域	机构名称	法人代表	单位地址	许可证号
162		宁波佳翔影视文化有限公司	徐慧琴	象山县新桥镇神雕侠侣城神雕路4号、6号、8号217室（自主申报）	（浙）字第06386号
163		金视飞扬（象山）影视文化传媒有限公司	周旭强	象山县新桥镇影视大道16号（自主申报）	（浙）字第06409号
164		宁波水月镜画影业有限公司	徐 洋	象山县新桥镇神雕侠侣城神雕路7号211室（自主申报）	（浙）字第06436号
165		浙江镜昇焕霖影视制作有限公司	张朝霞	象山县新桥镇神雕侠侣城神雕路7号218室（自主申报）	（浙）字第06437号
166	象山县	侨星影业（浙江）有限公司	李 静	（注册地在象山）杭州市西湖区转塘街道双流643号5幢4011室	（浙）字第06444号
167		象山德艺影业有限公司	吴 际	象山县新桥镇象山影视城—民国城9-4-206室（自主申报）	（浙）字第06445号
168		象山龙林翔影业有限公司	杨晓光	象山县新桥镇神雕侠侣城襄阳路1号、3号、5号102室（自主申报）	（浙）字第06454号
169		象山大胜影业有限公司	张龙洲	象山县新桥镇神雕侠侣城襄阳路4号、6号104室（自主申报）	（浙）字第06471号

续表

序号	区域	机构名称	法人代表	单位地址	许可证号
170		象山知全影业有限公司	刘 禾	象山县新桥镇神雕侠侣城神雕路7号221室	（浙）字第06475号
171		浙江海啦啦文化传播有限公司	徐 珉	象山县新桥镇神雕侠侣城神雕路7号206室（自主申报）	（浙）字第06495号
172		象山跳跳糖影视文化有限公司	李 明	象山县新桥镇神雕侠侣城神雕路7号219室（自主申报）	（浙）字第06506号
173		宁波金色麦芒影视文化传媒有限公司	刘绪斌	象山县新桥镇神雕侠侣城襄阳路1号、3号、5号113室（自主申报）	（浙）字第06557号
174	象山县	宁波火五影业有限公司	王明月	象山县新桥镇神雕侠侣城襄阳路1号、3号、5号115室（自主申报）	（浙）字第06574号
175		宁波渔乐不止影视制作有限公司	杨晓来	象山县新桥镇神雕侠侣城襄阳路1号、3号、5号106室（自主申报）	（浙）字第06586号
176		象山简笔画文化传媒有限公司	丁敏香	象山县新桥镇神雕侠侣城襄阳路1号、3号、5号203室（自主申报）	（浙）字第06587号
177		粗花（象山）文化传媒有限公司	高 磊	象山县新桥镇神雕侠侣城襄阳路1号、3号、5号211室（自主申报）	（浙）字第06623号

续表

序号	区域	机构名称	法人代表	单位地址	许可证号
178	象山县	象山龙幕影视文化有限公司	汪小龙	象山县新桥镇神雕侠侣城神雕路7号210室（自主申报）	（浙）字第06638号
179		象山如歌影视文化有限公司	高歌	象山县新桥镇神雕侠侣城襄阳路1号、3号、5号116室（自主申报）	（浙）字第06652号
180		象山斑斓文化传媒有限公司	刘俊辰	象山县新桥镇神雕侠侣城襄阳路1号、3号、5号（自主申报）	（浙）字第06659号
181		象山合意影业有限公司	周婷羽	象山县新桥镇神雕侠侣城榕林路，归云路8号102室（自主申报）	（浙）字第06677号
182		浙江海煜影视传媒有限公司	赵月	象山县新桥镇神雕侠侣城神雕路4号、6号、8号204室（自主申报）	（浙）字第06723号
183		宁波酥吉拉影业有限公司	邢瑶	象山县新桥镇神雕侠侣城神雕路7号112室（自主申报）	（浙）字第06734号
184		象山千熠星影业有限公司	王菲	象山县新桥镇神雕侠侣城榕林路，归云路8号204室（自主申报）	（浙）字第06736号
185		象山元贞影视文化有限公司	雷志强	象山县新桥镇神雕侠侣城榕林路，归云路8号207室（自主申报）	（浙）字第06737号

续表

序号	区域	机构名称	法人代表	单位地址	许可证号
186		同贺影业（浙江）有限公司	沈浩宇	象山县新桥镇神雕侠侣城襄阳路1号、3号、5号119室（自主申报）	（浙）字第06756号
187		浙江珩星文化传媒有限公司	邱枫	象山县新桥镇象山影视城—民国城A8-7-118室（自主申报）	（浙）字第06757号
188		象山卡采嘉影视传媒有限公司	王采	象山县新桥镇神雕侠侣城榕林路，归云路8号210室（自主申报）	（浙）字第06771号
189	象山县	好景（象山）影视文化有限公司	张景思	象山县新桥镇神雕侠侣城襄阳路1号、3号、5号207室（自主申报）	（浙）字第06775号
190		象山博睿熙和影业有限公司	张利东	象山县新桥镇神雕侠侣城鸳鸯二路1号、3号、5号-110室（自主申报）	（浙）字第06842号
191		宁波风驰文化传播有限公司	魏晓凤	象山县新桥镇象山影视城—民国城A8-7-202室（自主申报）	（浙）字第06916号
192		象山挚上影视文化有限公司	杨潇叶	象山县新桥镇神雕侠侣城鸳鸯二路1号、3号、5号-212室（自主申报）	（浙）字第06917号

续表

序号	区域	机构名称	法人代表	单位地址	许可证号
193		浙江造剧影业有限公司	孙玉浩	象山县新桥镇神雕侠侣城鸳鸯二路1号、3号、5号-213室（自主申报）	（浙）字第06931号
194		戎马英熊（宁波）影业有限公司	尹兆熊	象山县新桥镇神雕侠侣城鸳鸯二路1号、3号、5号-207室（自主申报）	（浙）字第06936号
195		象山无糖影视文化有限公司	王 菲	象山县新桥镇神雕侠侣城榕林路，归云路8号205室（自主申报）	（浙）字第06943号
196	象山县	象山和喜合欢影视有限公司	付 芳	象山县新桥镇神雕侠侣城鸳鸯二路1号、3号、5号-106室（自主申报）	（浙）字第06945号
197		象山红熙影视文化传媒有限公司	孙 寒	象山县新桥镇神雕侠侣城襄阳路1号、3号、5号213室（自主申报）	（浙）字第06960号
198		吾里影业（象山）有限公司	宋 倩	象山县新桥镇神雕侠侣城鸳鸯二路1号、3号、5号-201室（自主申报）	（浙）字第06968号
199		象山棱视巨象影视文化有限公司	吕 波	象山县新桥镇神雕侠侣城鸳鸯二路1号、3号、5号-214室（自主申报）	（浙）字第06971号

续表

序号	区域	机构名称	法人代表	单位地址	许可证号
200		宁波花解语影视文化传媒有限公司	胡媚嘉	象山县新桥镇神雕侠侣城鸳鸯二路1号、3号、5号-215室（自主申报）	（浙）字第06972号
201		熙悦和洲（宁波）影视文化传媒有限公司	梁栋才	象山县新桥镇象山影视城—民国城A8-3-206室（自主申报）	（浙）字第06981号
202		象山雨沐禾生影业有限公司	曾杨彬	象山县新桥镇神雕侠侣城鸳鸯二路1号、3号、5号-116室（自主申报）	（浙）字第06990号
203	象山县	宁波星傲影业有限公司	李洋	象山县新桥镇神雕侠侣城神雕路12号220室（自主申报）	（浙）字第06991号
204		宁波忞星影业有限公司	郭辰琳	象山县新桥镇象山影视城—民国城A5-6（自主申报）	（浙）字第06993号
205		浙江欣欣向荣影业有限公司	盛超	象山县新桥镇神雕侠侣城神雕路7号201室（自主申报）	（浙）字第06994号
206		象山满格影业有限公司	董姝	象山县新桥镇神雕侠侣城鸳鸯二路1号、3号、5号-101室（自主申报）	（浙）字第07021号

序号	区域	机构名称	法人代表	单位地址	许可证号
207	象山县	象山吉众格黎影业有限公司	潘海峰	象山县新桥镇神雕侠侣城神雕路10号、12号、14号114室（自主申报）	（浙）字第07041号
208		象山影潭影视文化有限公司	张　莹	象山县新桥镇神雕侠侣城神雕路10号、12号、14号108室（自主申报）	（浙）字第07048号
209		象山新角度影视传媒有限公司	刘　静	象山县新桥镇神雕侠侣城榕林路，归云路8号114室（自主申报）	（浙）字第07068号
210		象山工夫真言影业有限公司	毛　妮	象山县新桥镇神雕侠侣城神雕路7号220室（自主申报）	（浙）字第07074号
211		象山工夫小戏影视文化有限公司	罗　楠	象山县新桥镇神雕侠侣城神雕路10号、12号、14号206室（自主申报）	（浙）字第07095号
212		欧蒙影视（象山）有限公司	欧巧合	象山县新桥镇神雕侠侣城鸳鸯二路1号、3号、5号-208室（自主申报）	（浙）字第07101号
213		沐汐影业（象山）有限公司	袁　汐	象山县新桥镇神雕侠侣城神雕路10号、12号、14号117室（自主申报）	（浙）字第07128号

序号	区域	机构名称	法人代表	单位地址	许可证号
214		象山斯科塞斯影视文化有限公司	许开隽	象山县新桥镇神雕侠侣城神雕路10号、12号、14号119室（自主申报）	（浙）字第07134号
215		象山舒室文化传媒有限公司	唐琪	象山县新桥镇神雕侠侣城神雕路10号、12号、14号213室（自主申报）	（浙）字第07168号
216		象山枫苓影业有限公司	王艺	象山县新桥镇春秋战国城邯郸路6号-105室（自主申报）	（浙）字第07177号
217	象山县	象山好风如水影视文化有限公司	王紫昊	象山县新桥镇象山影视城—民国城A8-6-217室（自主申报）	（浙）字第07183号
218		象山煦阳睿创文化传媒有限公司	倪莎	象山县新桥镇象山影视城—民国城A9-5-102室（自主申报）	（浙）字第07184号
219		象山钧宏影视文化有限公司	张军	象山县新桥镇神雕侠侣城神雕路10号、12号、14号218室（自主申报）	（浙）字第07193号
220		象山西嘻影视文化传媒有限公司	杨西娟	象山县新桥镇神雕侠侣城襄阳路1号、3号、5号108室（自主申报）	（浙）字第07212号

续表

序号	区域	机构名称	法人代表	单位地址	许可证号
221	象山县	象山奇鲸拓海文化传媒有限公司	戴和忠	象山县新桥镇神雕侠侣城神雕路10号、12号、14号220室（自主申报）	（浙）字第07223号
222		青少爷文化传媒（象山）有限公司	杨学会	象山县新桥镇神雕侠侣城襄阳路1号、3号、5号112室（自主申报）	（浙）字第07234号
223		浙江和捷影业有限公司	王鹏	象山县新桥镇象山影视城—民国城A8-4、5-117室（自主申报）	（浙）字第07259号
224		象山缤果文化传媒有限公司	张文明	象山县新桥镇象山影视城—民国城A1-3（自主申报）	（浙）字第07273号
225		象山有所思影视文化有限公司	陈建平	象山县新桥镇春秋战国城邯郸路6号-206室（自主申报）	（浙）字第07298号
226		宁波锦珠文化发展有限公司	方圆	象山县新桥镇春秋战国城邯郸路6号-116室（自主申报）	（浙）字第07371号
227		宁波哇唧唧哇影视文化有限公司	吴艳	象山县新桥镇春秋战国城邯郸路6号-218室（自主申报）	（浙）字第07385号

续表

序号	区域	机构名称	法人代表	单位地址	许可证号
228		宁波古尔浪哇影视文化传媒有限公司	杨婷婷	象山县新桥镇春秋战国城邯郸路6号-209室（自主申报）	（浙）字第07386号
229		象山来龙趣麦文化传媒有限公司	黄玮	象山县新桥镇象山影视城—民国城A10-5-104室（自主申报）	（浙）字第07466号
230		宁波潜用文化传媒有限公司	李荣华	象山县新桥镇神雕侠侣城榕林路，归云路8号212室（自主申报）	（浙）字第07467号
231	象山县	象山启泰文化传媒有限公司	东浩	象山县新桥镇春秋战国城邯郸路6号-216室（自主申报）	（浙）字第07469号
232		象山闲工夫文化传媒有限公司	常犇	象山县新桥镇春秋战国城邯郸路6号-224室（自主申报）	（浙）字第07474号
233		象山光驰映画影视文化有限公司	崔畅	象山县新桥镇象山影视城—民国城A8-3-218室（自主申报）	（浙）字第07491号
234		象山神策文化传媒有限公司	黄以	象山县新桥镇春秋战国城咸阳路10号-113室（自主申报）	（浙）字第07515号

续表

序号	区域	机构名称	法人代表	单位地址	许可证号
235		多明治影业（象山）有限公司	刘昕昕	象山县新桥镇春秋战国城咸阳路10号-202室（自主申报）	（浙）字第07605号
236		嘉唯（象山）影视文化有限公司	张 禹	象山县新桥镇春秋战国城咸阳路10号-102室（自主申报）	（浙）字第07614号
237		象山睿瑄文化传媒有限公司	张潇文	象山县新桥镇神雕侠侣城鸳鸯二路1号、3号、5号-202室（自主申报）	（浙）字第07627号
238	象山县	新棋（象山）影视文化有限公司	敖 昕	象山县新桥镇春秋战国城邯郸路6号-207室（自主申报）	（浙）字第07628号
239		象山匠刻影视文化有限公司	郭 星	象山县新桥镇春秋战国城咸阳路10号-304室（自主申报）	（浙）字第07653号
240		宁波南风北云文化传媒有限公司	石长斌	象山县新桥镇春秋战国城咸阳路10号-118室（自主申报）	（浙）字第07662号
241		象山枞荣文化传媒有限公司	徐人杰	象山县新桥镇春秋战国城咸阳路10号-302室（自主申报）	（浙）字第07665号

续表

序号	区域	机构名称	法人代表	单位地址	许可证号
242		象山象荣影视文化有限公司	任海龙	象山县新桥镇春秋战国城咸阳路10号-220室（自主申报）	（浙）字第07678号
243		华影冰河坤月影业（浙江）有限公司	石雨晴	象山县新桥镇春秋战国城咸阳路10号-111室（自主申报）	（浙）字第07679号
244		浙江猫南北影视文化有限公司	徐佳欢	象山县新桥镇春秋战国城咸阳路10号-206室（自主申报）	（浙）字第07698号
245	象山县	梦蝶（象山）影视文化有限公司	郑海凌	象山县新桥镇象山影视城一民国城A8-6-111室（自主申报）	（浙）字第07743号
246		宁波有妖狐文化传媒有限公司	忙泽一	象山县新桥镇春秋战国城咸阳路10号-213室（自主申报）	（浙）字第07768号
247		象山容量文化传媒有限公司	陈云锋	象山县新桥镇春秋战国城邯郸路7号-102室（自主申报）	（浙）字第07794号
248		象山剧优文化传媒有限公司	沈嘉辉	象山县新桥镇春秋战国城邯郸路7号-108室（自主申报）	（浙）字第07803号

序号	区域	机构名称	法人代表	单位地址	许可证号
249		象山枫禾影业有限公司	汪　壮	象山县新桥镇神雕侠侣城榕林路，归云路8号215室（自主申报）	（浙）字第07848号
250		宁波诞诞影业有限公司	文　聪	象山县新桥镇春秋战国城邯郸路7号-103室（自主申报）	（浙）字第07863号
251		万态幻影（象山）影视科技有限公司	沈祥荣	象山县新桥镇春秋战国城邯郸路7号-216室（自主申报）	（浙）字第07864号
252	象山县	象山西悦谷影视文化有限公司	宝学良	象山县新桥镇春秋战国城邯郸路6号-220室（自主申报）	（浙）字第07895号
253		宁波地星共核文化传媒有限公司	李玉芝	象山县新桥镇神雕侠侣城鸳鸯二路1号、3号、5号-219室（自主申报）	（浙）字第07897号
254		浙江弘盛文化传媒有限公司	曹吉海	象山县新桥镇春秋战国城邯郸路7号-203室（自主申报）	（浙）字第07903号
255		象山等鱼影视文化传媒有限公司	王奕霏	象山县新桥镇春秋战国城邯郸路7号-208室（自主申报）	（浙）字第07913号

续表

序号	区域	机构名称	法人代表	单位地址	许可证号
256		象山幻想时代文化传媒有限公司	徐丽丽	象山县新桥镇春秋战国城咸阳路10号-314室（自主申报）	（浙）字第07918号
257		浙江骑灵影业有限公司	陈健淳	象山县新桥镇神雕侠侣城神雕路4号、6号、8号110室（自主申报）	（浙）字第07921号
258		象山剧驰影业有限公司	张培莉	象山县新桥镇春秋战国城邯郸路7号-230室（自主申报）	（浙）字第07966号
259	象山县	浙江方程式影业有限公司	张微微	象山县新桥镇春秋战国城邯郸路7号-308室（自主申报）	（浙）字第07990号
260		象山以梦之南文化传媒有限公司	刘馨阳	象山县丹东街道象山中心大厦6幢3213室	（浙）字第07995号
261		象山万颗子文化传媒有限公司	徐碧燕	象山县新桥镇春秋战国城邯郸路7号-219室（自主申报）	（浙）字第08001号
262		象山燃马文化传媒有限公司	陈盼	象山县新桥镇春秋战国城邯郸路7号-307室（自主申报）	（浙）字第08003号

续表

序号	区域	机构名称	法人代表	单位地址	许可证号
263	象山县	宁波吾将行文化传媒有限公司	严霜	象山县新桥镇春秋战国城咸阳路10号-306室（自主申报）	（浙）字第08042号
264		亿神影业（浙江）有限公司	南景	象山县新桥镇春秋战国城邯郸路7号-313室（自主申报）	（浙）字第08049号
265		长庚（象山）影视科技有限公司	陆殿军	象山县新桥镇春秋战国城邯郸路7号-105室（自主申报）	（浙）字第08050号
266		象山博辰影视传媒有限公司	毛雨晴	象山县新桥镇神雕侠侣城襄阳路1号、3号、5号109室（自主申报）	（浙）字第08079号
267	宁波国家高新区	宁波影视艺术有限责任公司	陈三俊	宁波高新区扬帆广场8、20、32号10-1至10-8，10-27至10-35	（浙）字第00007号
268		宁波泥巴文化传媒有限公司	刘响	宁波高新区扬帆广场8、10、20、22、32、34号4-13-2	（浙）字第04016号
269		宁波合乐影纪文化传播有限公司	刘开珞	宁波高新区扬帆广场8、10、20、22、32、34号4-6-1	（浙）字第05362号

续表

序号	区域	机构名称	法人代表	单位地址	许可证号
270	宁波国家高新区	宁波市江岚影视文化传媒有限公司	孙　旦	宁波高新区菁华路188号（甬港现代铭楼）B座041幢501室	（浙）字第05789号
271		宁波商盟海市供应链管理有限公司	曾大克	宁波高新区菁华路108号024幢4楼4-2	（浙）字第05876号
272		浙江开怀一笑影业传媒有限公司	刘海淞	宁波高新区扬帆广场8、10、20、22、32、34号4-28-3	（浙）字第05904号
273		浙江麦粒影视有限公司	王　刚	宁波高新区扬帆广场8、10、20、22、32、34号4-11-2	（浙）字第05976号
274		宁波明颜影视有限公司	刘梦云	宁波高新区扬帆广场8、10、20、22、32、34号4-8-3	（浙）字第05987号
275		宁波斯奇影视有限公司	胡　蝶	宁波高新区扬帆广场8、20、32号6-31-1	（浙）字第06170号
276		宁波凯星通教育科技有限公司	陈　涵	宁波高新区菁华路188号（甬港现代铭楼）B座505室	（浙）字第06264号
277		时在科技（宁波）有限公司	胡一平	宁波高新区光华路299弄10幢21、22、23号003幢701室	（浙）字第06477号

续表

序号	区域	机构名称	法人代表	单位地址	许可证号
278	宁波国家高新区	定格十光（宁波）文化传媒有限公司	王春荣	宁波高新区光华路299弄15幢36、37、38号004幢6-1、6-2（房间号：621）	（浙）字第07492号
279	东钱湖旅游度假区	宁波秉淳文化传媒有限公司	曹吉海	宁波东钱湖旅游度假区钱湖大道338号4-15-8（试点区）	（浙）字第05245号
280		宁波东钱湖文旅传媒有限公司	冯哲	宁波东钱湖旅游度假区东钱湖大道176号	（浙）字第06321号

第十节　社团组织

2023年宁波广播电影电视社团组织有8个。其中，属于宁波市文化广电旅游局业务主管的有6个（序号1—6）；属于宁波市文学艺术界联合会业务主管的有2个（序号7—8）。

表2-23　2023年宁波广播电影电视社团组织一览表

序号	单位名称	法人姓名	单位地址	邮编
1	宁波市广播电视学会	李仲祥	鄞州区紫鹃新村148号	315040
2	宁波市影视产业协会	徐健民	海曙区机场路1988号	315012
3	宁波市航拍协会	吴坚	海曙区新典路108号嘉和大酒店B座1107室	315012
4	宁波市动漫行业协会	江海仁	宁波国家高新区扬帆广场1幢8-1-19	315040
5	宁波市微电影协会	林洪	海曙区南塘河街116号	315010
6	宁波市主持人协会	李红	海曙区开明街4号	315010

续表

序号	单位名称	法人姓名	单位地址	邮编
7	宁波市电视艺术家协会	钱　铮	宁波国家高新区扬帆路扬帆广场2幢10楼	315000
8	宁波市电影家协会	郑开颜	鄞州区达升路289号文旅中心三层	315040

第十一节　书刊简目

2023年宁波广播电影电视编辑书刊3本。其中书籍1本，刊物2本。

表 2-24　2023 年宁波广播电影电视编辑书刊一览表

序号	书名/刊名	主编	编著单位	出版/印刷单位	印发时间
1	宁波广播电影电视发展报告（2023）	江武吉 徐小设 张菊琴	宁波市广播电视学会 宁波市广播电视发展研究中心	中国国际广播出版社	2023-12
2	浙东声屏	张菊琴	宁波市广播电视学会	宁波鑫宇印务有限公司	季刊
3	宁波广播电视	胡文飞	宁波广播电视集团	宁波羽丰印务公司	双月刊

第三章

专题研究报告

第一节　新时代市县播出机构综合评价指标体系研究

　　我国实行四级办台体制，市县播出机构这一层级媒体具有数量最大、离基层群众最近、深度融合难度最大、创新发展任务最重等特点。截至2023年3月，我国地市级广播电视播出机构有360家，县级广播电视播出机构有2100家。市县播出机构原来的主要功能定位是：当好宣传喉舌，开展社会教育，提供文化娱乐和资讯服务，发展广告影视等文化产业。2020年9月，中共中央办公厅、国务院办公厅印发《关于加快推进媒体深度融合发展的意见》，明确指出地方新型主流媒体"新闻+政务服务商务"的功能定位和发展路径。2019年1月15日，中央宣传部和国家广播电视总局联合发布《县级融媒体中心建设规范》，明确指出：县级融媒体中心是整合县级广播电视、报刊、新媒体等资源，开展媒体服务、党建服务、政务服务、公共服务、增值服务等业务的融合媒体平台。我国国家治理现代化要求市县播出机构从"媒体工具"转型为"治理平台"，政务服务成为播出机构重要功能。我国大力推进媒体融合和智慧广电建设，为播出机构从单一宣传平台转型为综合服务平台创造了条件。综合服务平台和社区信息枢纽成为新时代播出机构的全新功能定位和重要任务职责。

　　根据新时代市县播出机构功能定位、职责任务、特色优势、运营模式和发展路径的深刻变化和重大调整，课题组提出以媒体传播力、政务服务力、平台应用力和综合管理力为主要评价维度的新时代播出机构综合评价体系，详见图3-1：

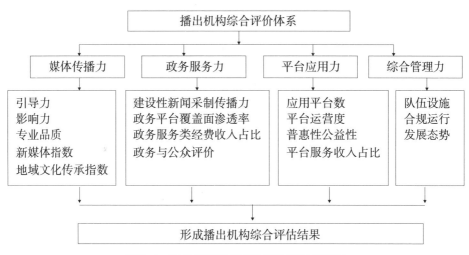

图3-1　市县播出机构综合评价体系框架图

　　针对指标设置和权重配置方案，课题组经过广泛调研，并听取业界学界和管理界专家意见，运用德尔菲法（Delphi Method）最终确定综合评价指标体系，明确每个评价要素和评价方法。考虑到地市级播出机构与县级播出机构在内容生产、政务商务服务、管理复杂度等方面存在差别，在市县级权重配置时，媒体传播力和综合管理力的权重地市级高于县级，政务服务力和平台应用力县级高于市级。

　　关于媒体传播力的权重配置，媒体属性是播出机构的基本属性，传播力是播出机构实现功能作用的基础和特色优势，在整个一级指标中权重配置最大：市级播出机构传播力的权重设定为50%，县级播出机构传播力的权重设定为40%。

　　在相关研究中，有些研究者只设置新媒体传播指标。根据课题组的调研结果，有必要对传统频道/频率的栏目/节目和活动内容的传播力和影响力进行评价。考虑到网络平台渠道极强的传播力和影响力，课题组采用传统频道频率节目内容全网视听率和全网互动力数据作为影响力评价依据，赋予10%的权重。同时，把播出机构主办运行的新媒体传播力单列为1个二级指标——新媒体指数。相比市级机构，县级更突出重视和强化新媒体平台矩阵的传播效果效率，新媒体指数的权重市级配置20%的权重，县级配置25%的权重，具体见表3-1：

表 3-1 市县播出机构综合评价指标体系一（媒体传播力）

一级指标	二级指标	三级指标
A1 媒体传播力 市级 50% 县级 40%	B1 引导力 市级 5% 县级 2%	C1 价值导向市级 2 分，县级 1 分
		C2 主题宣市级 2 分，县级 1 分
		C3 媒体公信力 1 分
	B2 影响力 市级 10% 县级 3%	C4 全网视听率市级 5 分，县级 1 分
		C5 忠实度满意度市级 2 分，县级 1 分
		C6 网络互动力市级 3 分，县级 1 分
	B3 专业品质 市级 10% 县级 5%	C7 节目设置 2 分
		C8 自制节目量市级 4 分，县级 3 分
		C9 专业性 2 分
		C10 创优品牌市级 2 分，县级 2 分
	B4 新媒体指数 市级 20% 县级 25%	C11 客户端指数市级 10 分，县级 12 分
		C12 微信指数市级 5 分，县级 7 分
		C13 微博指数 2 分
		C14 抖音等指数市级 3 分，县级 6 分
	B5 文化 传承力 5%	C15 节目数量质量 2 分
		C16 线下线上活动 2 分
		C17 成效贡献 1 分

　　媒体传播力评价要素和评价方法如下：价值导向，播出关于社会主义核心价值观的节目和本地导向性节目比例不低于 15% 等，由省级主管部门制定相关考评打分细则；主题宣传，依托中国视听大数据平台对重点宣传任务执行情况、稿件互动量、专栏设置、舆情热度等进行数据采集、综合评分等；媒体公信力，问卷调查考察受众对媒体的信任度和满意度计分，以及中国视听大数据平台数据分析；全网视听率，依托中国视听大数据平台

进行数据采集和评分；忠实度满意度，依托中国视听大数据平台进行数据采集和评分；网络互动力，主题内容网络阅读量、点赞量、评论量和转发量，上级媒体转载批示，依托中国视听大数据平台进行数据采集、综合评分等；节目设置，新闻资讯等八类公益性节目占比市级超过30%，县级超过20%，由省级主管部门制定相关考评打分细则；自制节目量，自办节目播出占比市级不低于25%，县级不低于15%，由省级主管部门制定相关考评打分细则；专业性，文案策划、编辑编排、制作剪辑、播音主持、音响音乐、画面镜头、纸媒品质等，由专家评分；创优品牌，新闻专业奖项获奖等加分，由省级主管部门制定相关考评打分细则；客户端指数，装机量、年用户增量、内容特色、直播、用户生成内容等互动力，采用第三方数据；微信指数，粉丝量、阅读量、点赞量、转发量等，采用第三方数据；微博指数，活跃度（发博量和原创量）、传播度（转发量、评论量和点赞量），采用第三方数据；抖音等账号指数，覆盖面、活跃度、互动力、影响力等，采用第三方数据；文化类节目数量质量，地域文化类节目数量、时长、版面、刊播周期、质量等，由专家评议；线下线上活动，地域文化传承类活动数量、效果等，由专家评议；成效贡献，问卷调查，专家评议，有突出贡献者可给分。

政务服务力评价是播出机构综合评价的新课题，也是难点。课题组深入播出机构一线，洞察底层逻辑，揭示共性规律，在此基础上提炼聚焦评价要素和考评办法。关于政务力权重配置，政务服务是播出机构重要功能创新，政务服务力权重市级设为25%，县级设为35%。关于评价标准和具体评价方法，设置4个二级指标：建设性新闻、政务平台覆盖面渗透率、政务服务类经费收入占比、政府与公众评价等。在具体评价要素和评价方法上，课题组尝试提出主要评价要素，并建议各省主管部门根据区域播出机构具体情况，制定本区域每个考评要素的要求标准和打分方法。同时，鉴于政务服务是发展中的业务，成长性是重要衡量标准，这些要素纵向自我比较增减情况也是考核打分依据（由省级主管部门根据区域播出机构具体情况制定考评细则，专家评议打分），具体见表3-2：

表 3-2　市县播出机构综合评价指标体系二（政务服务力）

一级指标	二级指标	三级指标
A2政务服务力 市级25% 县级35%	B6建设性 新闻5%	C18节目栏目数量2分
		C19新闻活动数量2分
		C20纵向自比增减1分
	B7政务平台覆盖面渗透率 市级10% 县级15%	C21服务平台项目数（含自设平台数）市级3分，县级4分
		C22点击量占人口的比例市级2分，县级4分
		C23开设平台占总服务比例市级2分，县级4分
		C24平台项目纵向自比增减市级3分，县级3分
	B8政务服务类经费收入占比 市级5% 县级8%	C25政务类收入占比市级3分，县级4分
		C26纵向自比增减市级2分，县级4分
	B9政府与公众评价 市级5% 县级7%	C27政府部门评价市级2分，县级3分
		C28群众评价市级3分，县级4分

　　政务服务力评价要素和评价方法为：建设性新闻栏目/节目数量，是指刊播周期、时长、版面、质量等情况，由省级主管部门根据区域播出机构具体情况制定考评细则，专家评议打分；政务服务类报道数量，是指政务性或建设性媒体活动组织举办数量、成效等情况，由省级主管部门根据区域播出机构具体情况制定考评细则，专家评议打分；服务平台数，是指播出机构平台开设的政务服务类项目入口平台数量、自设服务项目平台等情况，由省级主管部门根据区域播出机构具体情况制定考评细则，专家评议打分；点击人数占总人口的比例，指播出机构平台开设的政务服务类项目入口平台点击人数占区域总人口的比例，由省级主管部门根据区域播出机构具体情况制定考评细则，专家评议打分；开设平台占总服务比例，播出机构平台开设的政务服务类项目入口平台数占本地政府开设服务数比例，由省级主管部门根据区

域播出机构具体情况制定考评细则，专家评议打分；政务类收入占比，是指评价期内政务类收入占机构总收入／总营收的比例，由省级主管部门根据区域播出机构具体情况制定考评细则，专家评议打分；政府部门评价和群众评价，采用问卷调查，专家评议打分。

平台应用力评价是播出机构综合评价全新领域。关于权重配置，新时代播出机构定位功能和转型发展的重要方向是打造综合服务平台和社区信息枢纽，把平台应用力权重设为市级15%、县级20%，可视情况进行调整。经分析梳理播出机构平台服务的各种形态、不同载体、具体业务和发展趋势，设置4个二级指标：应用平台项目量、用户运营度、普惠性公益性、平台服务收入占比等，具体见表3-3：

表3-3 市县播出机构综合评价指标体系三（平台应用力）

一级指标	二级指标	三级指标
A3平台应用力 市级15% 县级20%	B10应用平台项目量 市级5% 县级7%	C29民生平台市级2分，县级3分
		C30文教平台市级1分，县级2分
		C31商务平台市级2分，县级2分
	B11用户运营度 市级4% 县级5%	C32平台用户市级2分，县级3分
		C33用户黏度1分
		C34平台拓展1分
	B12普惠性公益性2%	C35差异性1分
		C36社会效益1分
	B13平台服务收入占比 市级4% 县级6%	C37占总收入比例市级2分，县级3分
		C38纵向自比增减市级2分，县级3分

平台应用力评价要素和评价方法为：民生平台，由省级主管部门根据区域播出机构平台开设的民生应用类平台项目入口等具体情况制定考评细则，专家评议打分；文教平台，由省级主管部门根据区域播出机构平台开设的文教应用类平台项目入口等具体情况制定考评细则，专家评议打分；商务平台，

由省级主管部门根据区域播出机构平台开设的商务类平台项目入口等具体情况制定考评细则，专家评议打分；平台用户，上述民生、文教和商务平台项目活跃用户占本地人口比例和使用时长，根据第三方数据打分；用户黏度，包括平台用户开放度和公共空间的营造、互动产品和创意产品的打造，由专家评议打分；垂直平台拓展，包括社群运营、账号入驻、本地关键意见领袖和关键意见消费者引入等，由第三方考评打分；差异性和社会效益，包括是否针对市场化能力不足群体、与商业平台项目差异性、项目社会效益等，采用问卷调查，专家评议打分；占总收入比例，包括评价期内平台服务类收入占机构总收入/总营收的比例，由省级主管部门根据区域播出机构具体情况制定考评细则，专家评议打分；纵向自比增减，上述收入自我比较增减情况，由省级主管部门根据区域播出机构具体情况制定考评细则，专家评议打分。

综合管理力权重设置为：市级10%，县级5%。设置3个二级指标：队伍设施、合规运行和运营态势，具体见表3-4：

表3-4　市县播出机构综合评价指标体系四（综合管理力）

一级指标	二级指标	三级指标
A4综合管理力 市级10% 县级5%	B14队伍设施 市级3% 县级2%	C39硬件条件1分
		C40管理考核制度市级1分，县级1分
		C41人才队伍市级1分，县级1分
	B15合规运行 市级3% 县级2%	C42许可证管理市级1分，县级1分
		C43内容管理市级1分，县级1分
		C44广告管理1分
	B16运营态势 市级4% 县级1%	C45经营收入市级2分，县级1分
		C46产业结构1分
		C47持续运营力1分

综合管理力评价要素和考评方法为：硬件条件，建筑面积、技术投入、纵向变化等由省级主管部门根据区域播出机构具体情况制定考评细则，专家

评议打分；管理考核制度，由专家评议打分；人才队伍，员工专业学历、专业技术职务、高级人才数量等由省级主管部门根据区域播出机构具体情况制定考评细则，专家评议打分；许可证管理，执行频道/频率等许可证规定等由省级主管部门根据区域播出机构具体情况制定考评细则，专家评议打分；内容管理、广告管理、经营收入、产业结构、持续运营力等，由省级主管部门根据区域播出机构具体情况制定考评细则，专家评议打分。

综上，综合评价体系共设4个一级指标、16个二级指标和47个具体评价要素，总分100分。评价结果等次分为5档：90分（含）以上为"优秀"，80—89分为"良好"，70—79分为"较好"，60—69分为"合格"，59分（含）以下为"整改"。评价周期可设定为1年至2年，可采用"总局指导、统一框架，省市实施、制定细则"评价体系。国家广播电视总局制定出台相关综合评价指导意见，明确主要评价指标、评价要素、评价方法等；省级广播电视主管部门结合区域实际，对指标体系进行区域化、具体化改版，制定本省实施细则，具体组织开展区域播出机构综合评价工作。

评价体系列出的47个要素，相对全面反映新时代市县播出机构的新定位、新功能、新职责和新模式。这一体系从47个方面对播出机构进行颗粒化考核评议扫描，犹如做一次全面检测，不仅可了解播出机构履行职责发挥作用的效果、效能和效率，而且可以分析总结播出机构先进在哪里，短板是哪里，下一步努力提升的方向，起到综合评价的作用。

第二节　关于宁波广播电视集团打造直播经济公共服务平台的模式与路径分析

2023年，宁波全面实施数字经济"一号工程"，着力推进直播电商经济高质量发展，把宁波建设为直播电商经济的创新之城、机遇之城和发展高地。广播电视集团作为视听产业的重要力量，将直播经济作为推进数字化转型与国企转型升级的重要举措，充分发挥宁波广播电视在传播端、营销端和人才端的优势，打造宁波首个直播经济一站式公共服务平台——宁波（前洋）直播中心，经过两年培育，2023年发展为宁波直播产业标杆园区，展现广电媒体发展直播经济的竞争优势和巨大潜力。

一、宁波直播经济的现状

（一）基本情况

近年来，宁波积极抢抓直播风口，直播电商经济实现爆发式增长，头部企业不断涌现，行业渗透率快速提升。2020年直播销售总额为391亿元，直播渗透率为15.6%，同比增长70%；到2022年销售总额达760亿元，增长率为41%，直播渗透率突破25%，建成直播电商基地22个，全职主播超过8000人。

（二）发展优势

第一，开放型经济优势，特别是对外贸易在全国/全省地位重要，优势明显。

第二，品牌与制造业优势，作为品牌之都、制造业之都和单打冠军城市，品牌、生产链、供应链等具备突出竞争优势。

第三，电商产业基础优势，在与国内外知名第三方电商平台深度合作、本土电商空间载体建设、市场主体发展培育等方面，宁波电商产业蓄积了较为扎实的发展基础。

第四，直播产业规模不断扩大，服装、家电、文具等行业进入深化发展阶段，一大批品牌发展为头部直播品牌企业。

（三）发展短板

第一，直播人才短缺。有带货能力的达人主播的"量"和"质"均整体偏弱，头部主播稀缺，直播带货相关岗位比如场控、运营、投手等岗位人才需求缺口很大。

第二，直播生态链不够完整。缺乏专业直播平台和多频道网络（MCN，Multi-Channel Network），直播经济生态有待进一步培育。

第三，直播转型意愿不足。受人才短缺、生态链不完整、转型成本较高、解决方案缺乏等因素影响，部分企业缺乏直播转型的底气和勇气。

二、打造直播经济公共服务平台的实践

（一）发展优势

第一，行业优势。短视频直播平台是用户数增长最快、增长规模最大、影响力增长最快的平台，直播短视频成为连接所有行业的最大触点，而宁波广播电视集团是本土唯一一家能够触达本地所有行业和单位的官方视听媒体机构。

第二，身份优势。宁波广播电视集团具备"媒体＋国企"的双重身份，对内可推动媒体融合与转型升级，推动内容、技术、广告等全面协同；对外可以推动与政府、产业等紧密连接，拓展基于新经济新业态的合作新模式。

第三，人才优势。宁波广播电视集团拥有较多知名栏目、主持人、记者等潜在IP资源，具备良好孵化条件和运营条件。

第四，技术优势。专业内容创作与技术团队，可提供业务支撑，也可实现自身业务转型。

第五，资源优势。丰富的政务商务的客户资源储备，借助经营模式升级，为客户提供优质服务的同时，实现资源二次开发。

（二）实践案例

宁波（前洋）直播中心是宁波广播电视集团旗下宁波移动电视公司聚焦数字经济改革与媒体产业转型，聚集多方资源打造的宁波首个直播产业一站式服务平台。宁波（前洋）直播中心成立于2021年3月，占地面积为8500平方米，拥有38个直播间、660平方米的选品中心等完善配套体系。宁波（前洋）直播中心以"专业驱动、生态赋能"为宗旨，着力推动宁波直播电商产业聚集与发展，制造型、外贸型企业双循环驱动，打造业态丰富、人才集聚、创新驱动的直播经济公共服务平台。宁波（前洋）直播中心积极投入数字化浪潮，在运作模式、合作模式、运营机制等方面进行多方位创新，将媒体优势与新经济、新业态和新模式紧密结合，有力推动直播行业发展，为宁波广播电视集团媒体融合与产业转型做出有益尝试。

（三）主要做法

1.构建行业头部平台，集聚产业链核心要素

第一，打造直播头部企业集聚地。项目选址宁波规模最大的电商产业聚集区，与国内头部电商园区开发运营商平定投资联合打造。园区与抖音、腾讯等官方平台建立密切联系，引进头部直播服务商，与多家头部机构开展战略合作，引进多个国内一线品牌，成为宁波直播产业规模最大、集聚度最高的综合性直播中心。

第二，打造最具吸引力的主播集聚地。在硬件方面，创造一流环境与直播场景，将园区打造成宁波热门直播网红打卡地，吸引网红主播入驻。在媒介方面，举办"红人好物""甬江创客"等主播大赛与宣传平台，加强对带货型头部主播、内容输出型头部主播的招引。在活动方面，鼓励企业与知名头部主播合作，吸引众多网红来宁波（前洋）直播中心开设专场直播。在赋能方面，与宁波市人力资源和社会保障局联合成立直播产业学院，开展超过50场的直播/短视频专业培训，帮助入门级主播迅速掌握技能。截至2023年年底，宁波（前洋）直播中心入驻主播超过100人，合作主播超过500人。

第三，打造行业性直播选品中心。充分发挥宁波制造业和品牌众多的优势，重点推动市内外产品制造商和外贸企业在园区设立服装、智能家居、文具等优势特色产业分类选品中心，形成规模集聚效应。吸引多个知名品牌设立专区，发挥直播机构的品牌塑造优势，培育和策划一批知名网红爆款产品，促进传统品牌与网红品牌融合发展。同时，与多个平台合作，为合作品牌打通供货渠道。

第四，打造直播经济权威活动体系。通过举办2023中国·宁波（前洋）直播电商经济高峰论坛，权威发布直播经济"1+x"政策体系（"1场论坛"+"1批榜单"+"1项政策解读"+"1批重大项目签约"+"1份宁波直播电商经济白皮书"发布+"1个直播经济倡议"+"1个直播季"），将本届高峰论坛打造为宁波直播电商产业权威评比、发布、交流的平台。

2.发挥广电融媒体优势，构建"直播+"跨场景应用

第一，发展"直播+品牌"。建立以品牌直播为核心的直播带货业务体

系，推出宁波品牌直播间矩阵，开展2023"甬尚优品"宁波广电直播节系列直播活动，首场直播观看人次突破60万大关，直播热度高居有赞直播平台榜首。引进或打造一批一线品牌直播间，初步建成宁波品牌直播间集群。本地生活直播开播两个月就跃升至华东区第一，月带货总额突破1000万元，各项业务呈现良好发展态势。

第二，发展"直播+跨境"。以第三届中国—中东欧国家博览会暨国际消费品博览会为中心，依托宁波跨境电商、进出口企业众多的优势，积极构建"直播+跨境"应用场景，培育具有海外营销能力、内容生产能力的机构/主播，建设具有国际竞争力的跨境直播营销模式。2023年，推出"环游中东欧"主题活动，以沉浸式市集、外交官直播专场等极具特色的活动，形成超高人气与关注热点。

第三，发展"直播+文旅"。充分挖掘宁波本土丰富文体资源的优势，积极发展"直播+旅游""直播+文化""直播+展会"等直播细分业态，推动文体产业与直播经济融合发展，将宁波文旅元素通过直播对外传播，讲好宁波城市故事，展现宁波城市形象，引爆宁波城市热度。

第四，发展"直播+三农"。围绕乡村振兴与农民增收致富，打造电商助农新模式，培育农村消费新场景，完善电商共富新服务，推动直播电商成为"共富工坊"的重要业态，真正发挥直播电商在共富中的重要作用。

第五，发展其他类型直播。主动适应"万物皆可直播"潮流趋势，发展"直播+本地生活""直播+助企服务""直播+政务"等模式，多向发力，形成目标群体多样、功能丰富的"直播+"服务集群。截至2023年年底，宁波（前洋）直播中心多功能直播间直播场次突破100场。

3.多纬度实施，打造直播经济公共支撑体系

第一，建设线上线下联动服务体系。直播中心在人、货、场等三个维度建立直播生态服务框架，构建"1+1+6"平台架构，以宁波直播产业赋能中心为线下平台，以"甬心播"小程序为线上服务平台，下设《直播学院》《选品中心》《运营中心》《双创中心》《跨境直播中心》《短视频赋能中心》等六个版块，提供人货场直播产业全链条一站式服务。

第二，建设直播人才培育体系。与宁波市人力资源和社会保障局和商务

局联合成立宁波直播产业学院，与浙大宁波理工、万里学院、工商职院、财经学院等六所高校成立宁波高校直播双创联盟，联合宁波市江北区商务局制定宁波首个直播行业人才标准，通过加大招引、分类认定、培育培训、强化赋能、引领服务等，全面加强直播电商人才队伍建设，构建直播人才的"培育—认证—交流—就业"闭环。同时，联合高校、企业、机构等，开展实战化直播电商技能培训，拓宽直播人才来源，为培育和孵化本土直播企业提供人力资源。2023年全年开展培训超过60场，培训人数超过3000人次，为宁波银行等多家单位开展定制化直播培训，取得良好效果。

第三，建设直播技术支撑体系。积极与宁波广播电视集团下属制播中心对接，联动开发XR品牌直播，推动元宇宙、虚拟数字人主播等新技术在产品设计研发、直播内容创作、营销推广、提升消费体验等方面的创新应用，提升科技研发能力和转化能力。

4.多方面探索，初步形成直播中心模式路径

第一，研发"政府+媒体+专业园区运营+专业直播服务"运营模式，以直播赋能中心工作。在运营过程中，逐渐形成业内首创"政府+媒体+专业园区运营+专业直播服务"运营模式。宁波（前洋）直播中心充分发挥宁波广播电视集团在团队、资源、技术、服务等方面的优势，积极依托政府、行业、高校和专业团队，多方联动、多维度赋能宁波（前洋）直播中心工作，大力提升园区服务功能。比如，与宁波市商务局联合打造直播电商创新示范基地，积极构建直播服务体系；与宁波市经济和信息化局联合打造宁波市中小企业直播产业服务平台，赋能中小企业创新创业；与市场监督局联合打造宁波市放心消费示范基地，推动直播行业健康有序发展；与宁波市妇女联合会联合打造宁波巾帼云直播中心，以"五朵云"（云直播、云好货、云创客、云学堂和云公益）为特色，助力女性就业创业；等等。良好效果使园区模式受到江苏无锡、浙江新昌和宁波象山借鉴引入。

第二，打造链式工作法，以直播赋能阵地建设。秉承广播电视媒体的责任与担当，在全市率先成立直播行业党委，建立红色直播中心，打造直播电商产业链模式，以链式工作法引领直播行业的健康发展。通过"引链"，与相关部门精准对接，形成组织共建、资源共享、人才共育的协同发展模式；通

过"稳链"，开展东西部协作直播带货，打造直播电商综合服务"一件事"平台——甬工惠助企直播，用党建链串起产业链，稳定行业信心；通过"强链"，开展"直播结对促共富"活动，通过举办专业培训、行业沙龙、专场招聘等形式，精准针对大学生就业、乡村振兴、基层治理、民生保障等，打造"党建链+人才链+产业链+服务链"的链式工作模式。

三、挑战和困难

第一，发展规划还不够超前。数字经济与直播经济作为当下的中心工作与行业热点，对宁波广播电视集团来说是可遇不可求的机遇。宁波广播电视集团应当紧跟数字化浪潮，紧跟市委市政府三个"一号工程"，从战略层面加强谋划，推动与政府、产业的紧密链接，拓展基于新经济新业态的合作新模式，融入宁波建设滨海国际大都市蓝图，融入文化产业服务区域大市场，以数字文化产业发展推动宁波广播电视集团发展。

第二，资源还不够联动。作为宁波广播电视集团主导的首个直播经济公共服务平台，宁波（前洋）直播中心并未充分发掘宁波广播电视集团的资源优势，与宁波广播电视集团内部各板块的联动不够紧密，可以进一步发挥宁波广播电视集团在产业、媒体、内容、技术等方面的协同优势，创造更大价值。

第三，政策扶持力度还不够大。宁波（前洋）直播中心有很强的公益属性，但要兼顾社会效益和经济效益。构建服务体系与生态体系非短期之功，前期投入大，回报周期长，需要持续投入，而且没有针对公共服务平台的专项政策，基地政策兑现完全以产值为指标，对平台经营造成一定压力。

第四，头部效应还不够显著。直播行业的头部效应非常显著，只有聚焦重点突破，以点带面，才能对周边形成辐射效应，吸引更多资源和人才。产业规模还不大，头部效应还不够明显，头部机构、头部主播、头部服务、商头部品牌等还比较欠缺，规模以上企业的引进与培育还有很大提升空间。

第五，人才体系还不够完备。通过深入走访调研行业主管单位、直播电商企业、专业院校等，课题组发现宁波直播经济行业普遍存在人才短缺问题，人才供应短缺、人才培养体系不健全、人才认定缺乏标准、职业培训参差不齐等问题成为制约宁波直播经济发展的核心因素。

四、意见和建议

第一，聚焦平台建设。着力打造供应链整合平台，围绕直播间、社群、社团、集采等分类分渠道建立供应链，形成集直播选品、渠道供品、线下零售等为一体的新型零售中心。着力打造特色型平台建设，以直播产业、数字文化产业、视听产业等为特色，引进头部平台，打造直播集聚区核心产业平台。着力打造服务型平台，以象山共富直播基地为基础，打造直播赋能三农产业服务平台，建设一批建在田间地头、拥有系统服务能力的直播电商式共富工坊，助力乡村振兴。

第二，聚焦资源协同。对外联动政府、产业、高校、行业协会等，从模式探索、技术应用、项目孵化、内外协同等方面进行创新协作，着力打造媒体资源供给枢纽、产业发展创新高地、成果转化孵化平台等。对内从集团层面建立资源联动机制，联动内容生产部门、技术部门、营销部门与关联产业的联动运营，联合优质潜力渠道，形成兼顾品牌品质和极致性价比的货品流通渠道，形成具有宁波广播电视集团特色和一定规模的销售渠道。

第三，聚焦场景应用。进一步发挥"直播+"的多纬度场景应用功效，通过整合宁波广播电视集团的传统电视媒体的优质视频制作资源和能力，主动对接抖音、视频号等平台，培育一支专业流量运营团队。着力培育从策划到落地、从执行到宣发、从内宣到外宣的全案应用能力，为文旅行业提供专业直播方案。

第四，聚焦人才支撑。进一步发挥宁波直播产业学院与宁波直播双创高校联盟的作用，做好直播专业人员的"培育—认证—交流—就业"闭环。多方聚力，多管齐下，围绕直播电商人才培育、标准建设、职业教育、创业创新、人才数据平台建设等工作系统推进，构建服务全市直播经济人才体系，促进直播经济行业健康发展。

第五，聚焦政策扶持。争取宁波市委市政府、宣传部、商务局、经济和信息化局等上级部门和行业主管单位的理解支持，加大对公共服务平台的扶持和培育力度。配套政策条件更有针对性，对作为宁波核心集聚区核心园区的宁波（前洋）直播中心在招商、政策、资金等方面予以倾斜与扶持，使之更好服务宁波直播经济，为推动宁波直播经济发展贡献更多广电力量。

第三节　新时代宁波广电全媒体融合发展中的监测监管研究

党的十八大以来，以习近平同志为核心的党中央高度重视媒体融合发展。习近平总书记站在党和国家工作全局的高度，立足主流媒体职责使命的角度，多次就媒体融合发展作出重要指示批示，强调媒体融合的极端重要性，深刻阐述媒体融合的指导思想、方针原则、目标任务等。2020年9月，中共中央办公厅、国务院办公厅印发《关于加快推进媒体深度融合发展的意见》，并发出通知，要求各地各部门结合实际认真贯彻落实。2022年4月，中宣部、财政部、国家广播电视总局联合印发《推进地市级媒体加快深度融合发展实施方案》，明确提出进一步加快市级融媒体发展，推动市级融媒体一体协同化建设。2023年3月，"扎实推进媒体深度融合"首次写入政府工作报告。

宁波广播电影电视行业深刻领会中共中央和各级主管部门关于加速推进媒体深度融合的指示精神和工作部署，积极打造融合发展的新型主流媒体，推动媒体融合向纵深发展。

宁波市广播电视监测中心作为全市广播电视和视听新媒体监测监管的责任主体，积极研究广电全媒体融合发展路径，创新监管理念和监管体系，建立健全技术监管平台，保证广电全媒体融合发展遵循正确舆论方向，促进广电全媒体产业健康发展。

一、宁波广电全媒体融合发展的近况和特点

（一）宁波广电全媒体融合发展的近况

聚焦全媒体融合发展，市级媒体宁波广播电视集团自2015年起进行机构

融合，将电视台新闻综合频道与宁波广电网合并，成立多媒体新闻中心，将定位接近的频道整合为频道群进行运营。共开办广播频率5个，电视高清频道5个，新闻网站1个，客户端2个。其中，"宁聚"客户端下载用户240多万，"在宁波"客户端下载用户约15万。还有一些与栏目节目大小屏互动的公众号、视频号、抖音号等，其中"NBTV新闻""宁波来发"微信公众号位居社交媒体传播影响力指数（WCI）宁波地区公众号排行榜前五位。"NBTV新闻"还获得"全国城市台电视民生新闻微信公众号最具影响力TOP10"，是全省城市台唯一一个获奖微信公众号。

宁波市辖各区（县、市）均建有县级融媒体中心，各融媒体中心挂牌运营以来，在内容、渠道、平台、经营、管理等方面进行深度全面融合，重点打造以客户端、公众号、视频号、抖音号等为主的核心圈层，使之在新媒体矩阵中充分发挥领航牵引作用，大力加强新闻舆论传播力和影响力。各区（县、市）融媒体中心"两微一端一抖"等融媒体相关指数详见表3-5：

表3-5　宁波市各区（县、市）融媒体中心"两微一端一抖"融媒体相关指数

区（县、市）	微信公众号		微博		客户端		抖音号	
	名称	粉丝数（万人）	名称	粉丝数（万人）	名称	用户数（万人）	名称	粉丝数（万人）
江北区	江北发布	27.3	江北发布	7.2	新江北	13.0	江北融媒	27.0
北仑区	看北仑	31.0	北仑发布	57.5	仑传	50.0	看北仑	19.4
鄞州区	鄞州发布	28.6	鄞州发布	12.7	鄞响	69.5	鄞响新闻	14.5
奉化区	—	—	奉化发布	5.2	掌上奉化	30.5	奉川行	7.5
余姚市	余姚日报	24.7	余姚新闻网	10.0	姚界	71.6	姚界新闻	17.0
慈溪市	慈溪发布	33.0	慈溪发布	29.3	慈晓	62.0	爱慈溪	8.7
宁海县	宁海发布	21.0	—	—	看宁海	30.0	直播宁海	18.0
象山县	象山发布	17.0	象山发布	22.7	山海万象	14.0	印象山海	32.6

（二）宁波广电全媒体融合发展的特点

1.传播渠道矩阵化

随着媒体融合深入推进，主流媒体从单一传播向复合传播转变，不仅积极建设自有客户端，也入驻微信、微博、抖音等社交平台，以及今日头条等新闻聚合平台，甚至楼宇电视、电梯电视、公交电视、户外公共大屏等，形成多渠道、多形式的融媒体传播矩阵。例如，慈溪市融媒体中心开展"一报两台"（报纸、电视台和电台）、"两微一端"（微信、微博和客户端）、"一网一屏"（新闻网和户外及电梯应急宣传屏），特色就是全媒体矩阵联动，一体策划，各平台分发。基于互联网技术的多渠道布局，实现收看空间全覆盖，打破传统媒体的地域性限制。融媒体矩阵传播还带来视音频消费场景多元化，接入手机终端、电脑、智能音箱、智能屏和其他网络终端后，可实现用户在出行、家庭、工作场所等场景快速无缝切换，受众可以随时随地接收节目。

2.内容运营社群化

随着网络用户需求呈现社群化、圈层化等特征，广电融媒体发展也呈现内容运营社群化特征。例如，奉化区融媒体中心创新上线"家门口"的跨场景应用，社群化运营实现数据共享、资源互通等，有效赋能社区基层治理和文化传播。圈子文化是互联网社交的一大特点，汇集"同地中人""同道中人""同龄中人""同好中人"等，强调资讯共享、互帮互助、价值认同等，这类内容具有精准、专业、互动性强、阅读量高等特点，是生产优质内容、增强用户黏性、提升舆论影响力的有效手段。

3.优质内容本地化

致力于做好"区域第一资讯服务平台"，为用户提供快捷、权威、全面、鲜活的新闻、生活资讯等。结合本地特点，提供接地气的受众互动服务，充分尊重受众的需求变化和信息消费体验，提供个性化、专业化、精细化的服务是地方媒体融合发展的关键。深耕聚合本地资源，联合本地网红组织特色活动，推介人气特产，提供多功能服务聚合用户。发展"新闻＋政务＋服务"运营模式，聚集人气，提升地区特色产品、特色文旅服务的曝光度，盘活本地资源，持续增强主流媒体服务能力。例如，北仑区传媒中心遵循"移动优先、内容为王、流量说话"的战略定位，旗下拥有"仑传新闻"客户端、"看北仑"微信公众号、"看北仑"抖音号、"北仑新闻网"微博及网站等。自上线运营以来，深耕本土服务，谋划优质内容，打造精品视频，开展多元直播，不断扩大融媒体"朋友圈"，并承接区政府的"北仑发布"微信公众号、"北仑之窗"网站新闻版块的运营工作，从新闻生产到活动推广，从政务服务到产业拓展，形成媒体融合发展的北仑经验和北仑样本。

4.受众群体年轻化

随着微博、微信、短视频平台、自媒体平台的发展，受众群体趋向年轻化，广电全媒体融合发展过程中可以利用大数据技术全面把握年轻受众的需求，从而实现内容的精准化传播。此外，在内容创意和制作过程中注重年轻队伍培养，提高内容对年轻受众的到达率和黏性。例如，鄞州区融媒体中心在队伍建设过程中着重关注、任用、培养年轻人，提供更多平台让年轻人唱主角，不断拓宽引进媒体融合发展所需紧缺人才渠道，加强企业文化与群团活力建设，高度重视人才培养和员工培训，以一专多能为导向，着重培养"90后"等新生代的新媒体运行能力。

二、广电全媒体融合监管的思路

随着广播电视和网络视听全媒体深度融合，新技术、新形态、新业务等层出不穷，给监测监管工作带来新的更大挑战。要采用新技术、新思路和新方法提升融合媒体数据分析处理能力，提高融合媒体监测监管效能，完善融合媒体监测监管业务体系，为政府决策和推动广播电视行业健康可持续发展提供有力支撑。

（一）监管对象覆盖

要实现融合媒体监管，首先要明确监管对象，对运营监管对象的持证机构、融媒体中心、备案机构等进行监管和分析，实现对融合媒体全制播链路、全传播渠道和全发布账号的全面覆盖监管。融合媒体全制播链路监管，需要覆盖融媒体中心采编、制作、发布、运营、反馈等环节，保障融媒体传播各环节技术质量达标，内容安全合规，服务质量可靠。融合媒体全传播渠道监管，要覆盖融媒体视听节目传播的所有渠道，包括调频广播、中波广播、地面数字电视、有线数字电视、IPTV、OTT、视听网站、社交平台、APP、直播平台、短视频平台、自媒体平台、商业视频平台等。融合媒体全发布账号监管，需要覆盖融媒体中心所有发布媒体账号，包括微博账号、微信公众号、APP、抖音账号、快手账号、头条账号等。监管对象全覆盖，是构建融媒体监测监管体系的根基。

（二）监管技术创新

要保障数据全量采集、内容高效分析、违规精准研判，需要应用云计算、大数据、人工智能等先进技术，构建全媒体融合监管平台，实现全媒业务的智慧监管。

在平台构建方面，通过云计算技术，采用软硬件平台化、层次化设计的思路，建设一体化的软硬件平台。通过对计算资源的虚拟化、池化、分布式管理等方式进行处理，实现计算、存储、网络等资源设施的统一化管理和智能化调度。在硬件资源云平台的基础之上，进一步实现融媒体一体化监测监管软件平台，以开放的体系架构设计，通过业务抽象，将整个平台层次化和模块化，为业务融合奠定良好基础。

在数据采集方面，采用大数据分布式智能采集技术，通过分布式智能采集集群，实现海量数据分布存储和高并发访问负载均衡，保证海量数据和高并发环境下的分布式采集的高性能。采集引擎能够支持多种索引策略、全方位检索、智能检索辅助、内容相关度排序等功能。在保证查准的同时，提供查全手段，满足采集引擎对查全和查准的双重要求。

在内容分析方面，通过人工智能技术构建多模态识别引擎，实现对媒体资源内容自动化、智能化的多业务识别和深度分析。通过人脸识别快速准确发现节目当中出现的落马官员、劣迹艺人等。通过场景识别，对节目画面中的色情低俗和暴恐内容进行识别。通过语言识别，结合关键词对敏感语音内容进行识别。通过文字识别，对AVSP证书和网络剧片许可证进行识别核查。人工智能技术的成熟应用，大幅度提升监测质量和监管效率，减轻监管人员工作压力，有效降低内容违规风险。

（三）监管业务拓展

实现融合媒体监管，要针对融媒体特色，对监管业务进行完善，开展技术质量监测、传播秩序监管、内容合规性监管、运营生产力分析、传播影响力分析、舆情分析等监管业务。

1.技术质量监测

对融媒体中心播出的传统广播电视节目，进行安全播出技术质量监测，实时掌握信号播出状态，对异态进行及时报警、分析和处理，保障融媒体中心广播电视信号安全播出。

2.传播秩序监管

核查辖区内持证网站是否在播出界面显著位置标注许可证或备案编号并提供证书图片，许可证是否过期。核查辖区内是否存在无证网站，是否存在无证传播视听节目的违规情况。

3.内容合规性监管

对融媒体中心网站和各类媒体账号发布的文本、图片、音频、视频等进行合规性判断，对违规/疑似违规内容进行分析处理。

4.运营生产力分析

对融媒体中心每类媒体账号的节目发布数据、账号活跃度和粉丝数据进行横向比较，及时发现粉丝数量激增等异常情况，并对删帖行为进行监测，掌握各融媒体中心运营情况，为优化运营管理提供依据。

5.传播影响力分析

对融媒体中心发布内容的评论数、点赞数等传播数据进行分析，掌握各融媒体中心发布内容传播情况，为持续巩固壮大主流舆论、提升宣传实效等提供依据。

6.舆情分析

针对全网热点舆情、涉辖区相关舆情、专题事件舆情等进行分析，掌握整体舆情态势，为舆论引导提供依据。

三、宁波广电全媒体融合监管面临的挑战

（一）宁波广电全媒体监管的现状

宁波市广播电视监测中心于2016年建设宁波市广播电视融合监管平台，融合广播电视监测、广告智能监测、内容评议、电子节目菜单监测、应急广播监测、广电资源调度等业务，对辖区广播电视安播质量和播出内容进行可视化直观把握，充分发挥辖区内安全播出单位的应急保障职能。汇总辖区广播电视技术指标、节目质量、异态报警、节目内容、资源利用等监测数据，建立完善的广播电视监测监管体系，对辖区内广播电视传输覆盖网络进行监测监管，对广播电视监测监管数据进行快速分析、智能研判、事件/事故处置等，全面提升广播电视监测监管能力和舆论引导能力，实现安播事件及应急处置的有机联动，确保辖区所有广播电视信号的安全播出。通过建立融合监管模块，搭建起具备高度可伸缩性的平台体系结构，形成各个业务系统之间的接口标准，以及统一的录音录像资料存储和读取标准，实现各业务系统间的融合，增强各监测系统间的功能化和平台化，提高宁波市广播电视监测监管能力。

随着各类新媒体视音频业务快速发展，为切实提高监测中心统筹监管能力，满足国家广播电视总局关于数字电视安全播出的相关规范要求，实现融合媒体平台化监管，宁波市广播电视监测中心于2018年开展新媒体监管业务，并对传统媒体监管、内容监管等业务处理系统进一步平台化建设。在加强传统广播电视节目监管的基础上，围绕微信、微博、移动APP的监管陆续展开。新媒体监管业务可容纳辖区内广电系统（局、电台、电视台、有线网络公司等）各机构办理的100个微信号、100个微博号、20个移动APP，采用分布式采集技术，基于互联网媒体数据的覆盖能力，实现对宁波市重点广电机构"两微一端"账号上发布各类信息内容的采集、存储、跟踪和监测，通过数据挖掘分析和内容智能识别，从账号开通率、账号活跃度、内容健康度等三个维度对宁波市"两微一端"业务的媒体传播能力和传播内容进行监管。

宁波市融合监管平台通过计算资源虚拟化处理，实现统一云管平台集中管控，满足网络安全需求，实现基础设施的平台化管理。通过虚拟化处理将原有各业务系统所使用的孤立硬件设备和存储设备虚拟化、池化等，形成统一的计算资源和存储资源，形成真正的数据融合和数据共享。采用资源利用管理手段，对计算资源虚拟化后、存储资源池化后的资源利用情况进行统一管理、调度、跟踪、显示等，使资源管理更加清晰化。与此同时，监测中心不断对现有监管平台进行软件升级和功能完善，实现业务系统与虚拟化架构深度融合，保障持续升级，进一步提升和优化监管流程，丰富各业务系统的功能。

（二）新形势下宁波广电融合监管中存在的问题

随着广电融媒体新技术发展和新业务形态不断出现，节目内容海量增长，新业态不断涌现，给行业监管带来新的挑战。面对监管范围不断扩大、监管对象不断增加、监管业务不断拓展的新形势，国家广播电视总局于2021年10月印发《广播电视和网络视听"十四五"发展规划》，明确提出积极创新监管理念、方法、手段等，充分运用云计算、大数据、人工智能、区块链等先进技术，建设基于一体化云平台的监管系统，促进监管业务数据资源整合，提升数据分析处理能力，实现各级监管平台互联互通、资源共享和智能协同，加快建设"全方位、全过程、全覆盖、全天候"的现代化监管体系。2023年，宁波广电融合监管平台已无法满足宁波广电全媒体在节目形态、表现方式、传播渠道、接受场景、节奏时长、受众习惯等方面的崭新特性和监管需求，主要存在以下问题：

1.未完全覆盖新兴媒体的监管对象数量和形态

宁波市广播电视监测中心现有监管系统主要覆盖传统广播电视和广电系统各机构办理"两微一端"。随着互联网技术不断发展，以PC终端和移动终端为代表的新兴信息传播媒体日益兴盛，推动新媒体信息传播服务行业进一步发展。以抖音、快手等为代表的短视频平台和以头条、百家号等为代表的自媒体平台迅速崛起和发展，逐步成为人们日常生活中接收信息必不可少的工具，但这些新兴媒体形式也给监管带来新的挑战。宁波市广播电视监测中心现有监管系统可实现传统广播电视、"两微一端"等主流媒体的大力监管，但仍未完全覆盖各类新兴媒体形式，现有监管范围覆盖不全，亟须加大监管力度，进一步拓宽信息传播的监管领域，实现对各种平台、客户端、社交媒体等进行统一监督管理。

2.未完全满足视听新媒体的全业务监管

宁波市广播电视监测中心现有监管系统融合广播电视监测、广告智能监测、内容评议、电子节目菜单监测、应急广播监测、广电资源调度、"两微一端"监管等监管业务，主要包括对广播电视技术指标、节目质量、播出安全、"两微一端"账号开通率、账号活跃度、内容健康度等实现有效监管。随着视听新媒体迅猛发展，原有监管系统无法完全满足视听新媒体全业务监管，主要表现在以下几个方面：其一，对"两微一端"监管，原有系统仅能够实现账号开通率、账号活跃度及内容健康度监管，但对衡量媒体传播的重要指标的账号运营情况、传播力等无法进行监管。其二，随着互联网视听节目普及，以网站、"两微一端"、短视频平台等各类媒体形态传播的视听节目、原创节目、直播等极大丰富了人民群众的文化娱乐生活，但传播内容正向与否时刻影响人们的日常生活。为更好宣传党和国家的大政方针，宣传地区政治稳定、经济发展、人民安居乐业的大好局面，增进民族团结、满足国内广大观众的文化需求，网站核查、视听节目监测、互联网舆情监测、网络原创节目监测、直播监测等新媒体监管业务的开展对稳定辖区媒体传播安全起着不可小觑的作用，亟须完善监管。

3.未完全应用日趋完善的先进技术

互联网、人工智能、区块链等新一代信息技术逐渐成为推动人类社会生产方式变革、创造人类生活新空间的重要力量。新一代信息技术作为融合监管的重要支撑，将极大拓宽融合监管业务覆盖范围，提升融合监管智慧化水平，助力融合监管数字化转型。

宁波市广播电视监测中心现有监管系统将云计算、分布式采集、关键词识别等技术应用于融合媒体监管，在一定程度上提升了系统智能化处理水平。通过分布式数据采集实现"两微一端"发布内容的提取，基于云计算支持，采用关键词的方式对纯文本内容进行识别处理，监管"两微一端"发布的内容。视音频作为融合媒体传播信息的主要形式，内容核查的工作量要比纯文本内容检查的工作量大许多倍，简单人工处理的效率很低，而原有技术无法满足视音频内容处理需求。亟须升级现有系统技术手段，进一步采用先进的计算机网络技术，对以各类媒体形态传播的视听内容进行采集。将大数据分析技术应用于融合媒体监管，对各类媒体传播内容充分进行数据挖掘，引入多模态识别技术，对文字、图片、语音、视频等内容进行深度分析，以机器代替人工完成非结构化数据的标签化分类清洗，协助监管人员精准便捷地完成内容分析、大数据挖掘等业务，极大提升监管智慧化水平。

4. 未实现监测向预测的演进

广播电视和网络视听监管业务的发展趋势，必将是向着感知预警的方向演进。2023年，宁波市广播电视监测中心监管系统仅具备融合媒体的监测能力，在预测感知方面有一定欠缺，无法提供辖区融合媒体发展态势的预测信息，如辖区公共服务能力、关键系统运行状态、安全播出形势、人员保障能力等。亟须整合各业务系统监测数据、运维数据、资源数据等，建立感知预警模型，实现多维度智能化的媒体安全态势感知，促进监管工作从事后到事前、从被动防御到主动预警的智能化提升。

5. 未建设完善的融合媒体监管体系

做好舆论宣传引导工作，规范融合媒体传播内容，要不断巩固宁波市广播电视监测中心监管职能，加强辖区融合媒体监管体系建设，完善融合媒体监测监管业务，把握辖区融合媒体发展态势。以创新理念、创新精神等逐步提升宁波市融合媒体监测监管水平。

现有监管系统传统媒体和新媒体监管业务各自独立，数据隔离，形成业务和数据孤岛，无法形成有效合力，监管效率不高，随着广播电视与视听新媒体技术的发展，监管方式跟不上形势发展需要，给监管工作带来极大挑战，亟须完善融合媒体监管体系，整合监测监管全业务数据资源，提升综合数据分析能力，实现各监测监管系统的互联互通、资源共享和智能协作。做到上下联动，实现全程广域高效监管。

四、宁波广电全媒体融合监管的对策研究

宁波市广播电视监测中心依据国家广播电视总局出台的系列纲领性指导

文件，按照分级负责、统一规划的思想原则，负责开展全市广播电视的安全监测、质量监测和内容监测工作，为切实维护全市广播电视行业健康有序发展发挥重要支撑作用。然而，随着广电融合发展进程中新技术、新形态、新业务等层出不穷，宁波广电融合监管平台在技术手段和监管方式上相对滞后，部分监测监管领域存在空白，难以满足全媒体融合监管的客观需要，难以满足视听媒体多元化的治理要求。要更好完成对全市广播电视和视听新媒体的监测监管工作，助力宁波市全媒体融合业务健康发展，需要加快建设针对全媒体业务的现代监管体系。

（一）积极探索新型全媒体监测监管方式

2023年，宁波市广播电视监测中心实现对广播电视、广告业务、内容评议、电子节目菜单、应急广播等多种传统业务的监测监管，也将微博、微信、新闻客户端等新媒体业务纳入监测监管范围，监测监管业务范围不断扩展，但总体上落后于辖区内全媒体业务的发展水平，监测监管存在薄弱环节或空白区域，如未对辖区内视频号、抖音、头条等新兴平台账号进行监测监管。

在未来的工作规划中，宁波市广播电视监测中心将以党和政府针对全媒体业务管理的各项规章制度为指导，以当前宁波全媒体业务形态发展形态为基础，不断填补监测监管空白区域，拓宽监测监管范围，实现对宁波市内全媒体业务形态的全面监管。

作为宁波市各媒体业务数据的采集和汇聚的中心，宁波市广播电视监测中心可充分利用各项业务数据、监测数据和运维数据，基于丰富的感知预警模型，通过对辖区公共服务能力、信号覆盖能力、人员保障能力等进行综合评估，实现多维度智能化的媒体安全态势感知，对可能影响媒体安全播出的各类因素进行提前预警，实现从事后到事前、从被动防御到主动预警的智能化提升，最终形成全面、清晰、灵活、快捷、实时、动态、有针对性的全业务监测监管信息服务，大幅度提升广播电视监测监管效能。

（二）加强全媒体融合新形势下的监管队伍建设

现代监管体系建设，从根本要依赖一支政治过硬、技术全面的高素质监测监管人才队伍。尤其是对各种新媒体业务的内容安全保障来说，建立一支熟悉相关政策法规，了解媒体传播规律，熟悉广播电视审查标准和要求，对宣传舆论变化有敏锐洞察力，同时熟悉网络技术、计算机技术、信息安全技术的复合型人才队伍，是全媒体业务融合新形势下的重要任务之一。

宁波市广播电视监测中心要充实人员力量，加大内容研判、技术保障等专业人员的选拔、培训力度；强化对骨干人才的统一规划、分级培养、动态管理，加快对高端全媒体人才的培育；制定出台一系列办法，有效推进全媒体人才的选拔、评聘；进一步完善绩效考核办法，充分调动各级人员工作的积极性和主动性，努力打造一支政治素质好、研判水平高、技术能力强、满足监管工作需要的监管队伍。

（三）推动全媒体融合监管的体制创新

传统广播电视监管模式中的一些特征，例如条块结合、系统内管理等，显然不适应新时代全媒体融合监管的需要，但准入机制和内容监管的基本要求则仍然适用。在全媒体融合监管中应加强系统内部和相关部门之间的沟通协调，建立长效工作机制。宁波市广播电视监测中心在广电系统内部，要与国家和省两级监管机构密切协作，形成监管网络；完善日常监管和违规查处机制、流程等，做到网络监控与行政管理无缝高效对接。同时，对于视听新媒体运营主体多，应在监管实践中密切与外宣、工信、公安等部门间的沟通，将协调机制逐步日常化和制度化。

（四）充分采用新技术进行全媒体监测监管

在当前全媒体融合发展的新形势下，宁波市广播电视监测中心要以单位面临整体搬迁为契机，对当前广播电视监管平台进行升级改造，推动各种媒体业务监管的全面融合，建设完整的全媒体一体化融合监管平台，彻底打破传统监测监管模式下广播电视监管、IPTV监管、网络视听监管等核心业务间的数据孤岛、业务壁垒等，打通业务底层的数据底座，形成全媒体监测监管业务的完整闭环，充分挖掘监测监管数据价值；对全市广电媒体的安播情况、质量情况、违规情况等业务数据的关联对比分析，并将分析结果转换为易于理解接受的可视化图表加以展示，助力值班人员、主管部门等直观掌握市辖区全媒体业务安全播出态势，助推行业健康有序发展。在全媒体一体化融合监管平台的规划建设方案中，要重点关注以下新型技术手段在全媒体业务监测监管中的应用：

1.云计算技术

应用云计算技术构建的全媒体融合监管平台，可为海量广播电视音视频数据提供高稳定性的存储资源支持，为人工智能识别、大数据分析等智慧化监管工具提供高性能、高弹性的计算资源支撑，为计算、存储、网络等所有底层资源提供高可用备份保障和一站式管理工具，为构建智慧监管体系提供有力资源保障。

2.先进的数据采集技术

要实现全媒体业务的监测监管，首先要对全媒体业务的媒体数据、信息数据、资源数据等进行有效采集，传统的广播电视业务依赖专网进行传播，采集方式较为简单；而新媒体业务通过公共互联网进行内容传播，要采用先进计算机网络技术，在利用公众搜索引擎的基础上，集中对以自媒体形态传播的视听新媒体采用先进的多媒体网络爬虫技术，进行图像、声音、图片、电影等媒体数据的查询搜索。

3.人工智能深度识别技术

媒体业务的内容核查和监管是全媒体业务监测监管的重要组成部分，也是宁波市广播电视监测中心的重要职责所在，如何精准高效地完成海量视音频内容核查是新形势下监测监管的难题之一，可充分运用基于人工智能的内容识别技术提高内容核查和监管的自动化和智能化水平，大幅降低人工审核的工作量。人工智能技术已经相对成熟，在不同领域得到广泛应用。根据行业观察和实际建设经验，通过对视音频数据持续训练、频繁迭代等，使人脸识别、场景识别、文字识别、语音识别等审核服务符合广播电视节目、IPTV节目、新媒体节目的内容识别监测需求。

4.大数据分析技术

大数据分析技术可对原本相对孤立微观的全媒体监测数据进行统筹分析、深度挖掘等，形成一系列宏观分析报告，为真正实现智慧监管提供服务支撑。

大数据分析技术通过对全媒体业务的媒体数据进行结构化处理、深度挖掘和关联分析，归纳总结安全播出趋势、质量趋势、违规趋势、媒体传播趋势等信息，为全面评估辖区全媒体业务态势提供数据服务支撑，真正实现监管数据深度发掘，体现监管系统业务价值，符合智慧广电发展理念。

第四节 电视媒体在主题报道中的短视频传播策略探析

在新时代的历史坐标上，改革开放 40 周年、新中国成立 70 周年、中国共产党成立 100 周年、全面建成小康社会、党的二十大召开等重大主题，是新闻媒体报道的内容"富矿"。党和国家事业发生历史性变革。国之大事，是主流新闻媒体之大事；党之大事，是主流新闻媒体报道的源泉动力。做好主题报道，对内而服务大局、引领导向，对外凝聚人心、展示形象，是新闻媒体的使命担当。

电视媒体主题报道是时代主旋律的重要组成部分，也是重要的政策反馈成果。主流媒体应该在时代大潮中把握趋势，围绕重大课题和群众关心的重要议题，讲好贯彻中央政策的"普通话"，说好群众心声的"百姓话"。在中国特色社会主义新闻实践中，电视媒体进入深度融合阶段。主流媒体在媒体融合大环境下进行新媒体实践，新媒体技术进步带来新闻报道方式创新、新闻阅听多元化趋势和新型传播路径。

笔者以党史学习教育主题系列短视频《我要找到"你"》、党的二十大召开主题系列短视频《我们的美好生活》等为文本，从叙事框架和传播方式两个维度，以题材挖掘和展示手段为线索，探讨电视媒体如何创新短视频主题报道。

一、用情感与深度解构宏大主题

主题报道通常是指新闻媒体围绕党和政府的中心工作、重要决策、重大活动和相关社会热点，而专门组织具有一定规模的重点报道。恩特曼框架理论将文本作为传播过程的要素之一，主题报道就是新闻报道文本，通过对文本处理，进行意义解释、归因推断、道德评价等。主题报道是宣传党和政府重要政策、重要决策等，传播政治信息的重要新闻报道。传统媒体的主题报道往往架构宏大叙事。在媒体融合环境下，构建短视频主题报道的叙事框架，化宏大主题为短小呈现，可为主题报道提供创新生产路径。

短视频，从时长看，是由早期1分钟以内的视频到现在5分钟至10分钟的视频；从内容看，信息简单直接、侧重与受众互动。短视频符合快节奏的现代视听特征和用户随时随地掌握资讯的需求。短视频报道能为重大主题提供接地气视角。在构建主题报道框架时，应深入挖掘题材的短视频基因，用小切口"撬动"大主题。笔者从题材切口、与情共鸣，挖掘深度等三个层面构建短视频主题报道的叙事框架。

（一）解构宏大主题，寻找小切口

做好主题报道，首先要善于捕捉与挖掘最能表达时代主题的优质内容，寻找凸显主题的人物故事。短视频的叙事方式跟传统新闻是不同的。越是大主题，越要寻找小切口，以小见大地反映党和国家重大方针政策的社会意义。既要站得高，又要接地气，宏大主题下的小人物故事是短视频框架中的有力抓手。

例如，党史教育学习是一个宏大主题，浙江新闻奖新媒体一等奖作品《我要找到"你"》是一篇短视频专题报道，讲述为烈士寻亲的故事。如何嵌套于建党百年的主题报道中，成为破题的关键。回溯新闻事实，从2017年开始有200多名志愿者加入"我为烈士来寻亲"公益活动，帮助975位烈士找到亲人。越来越多的青年加入，越来越多的烈士魂归故里。寻亲过程本身就是一次次生动的党史学习教育实践，而党史学习教育就是建党百年主题报道的重要组成部分。此片正是以烈士寻亲的小切口呈现建党百年、党史学习的大主题。

系列短视频《我们的美好生活》，以普通人自述的形式，讲述2013年至2022年十年关于"他"的故事。通过他们的生活变化反映各行各业的变迁，充分展示新时代的美好生活，也是党的二十大召开背景下的系列主题报道。

（二）与情共鸣，寻找情感联接

唯有真情，才能动人。这是媒体传播共同的价值遵循。从传播心理学的角度来看，亲情、爱情、友情等人类最基本的情感是最容易引起共鸣的。在移动互联网生态中，受众面对海量信息，情感阈值被持续拉高，挖掘新闻事件中的情感内核成为短视频叙事框架的重中之重。主题报道应该采用情感化叙事，引爆最能打动人心的情感共鸣点。

传统党史学习教育，常常是学习英雄为国捐躯的壮举，但历史的厚重感使我们感觉英雄离我们很遥远。《我要找到"你"》中的故事则蕴含质朴丰富的情感基因，将书本上、课堂上的英雄事迹转化为烈士家属浓厚的亲情流露。

《我们的美好生活》系列短视频以情感为纽带，讲述一位位努力奋斗的平凡人，一个个朴实感人的小故事，巧妙而自然地反映大时代。十集十个人物，时而温情脉脉，时而感人肺腑，从他们身上能看到宁波这座城市的时代底色。其中，第十集《家》，以亲情为共鸣点，以家人的日常点滴作为记录主题，讲述自媒体人娜娜的一家，在乡村振兴的时代背景下用镜头记录乡村风尚的故事。短视频包含感人的家人互动细节，争吵、和解、理解等情感元素引发受众共鸣。

（三）挖掘深度，关注共情后的思考

一般的主题报道容易"踏雪无痕"，而优秀的主题报道追求"雁过留声"，让人看完报道后，或震撼心灵，或久久回味，或深受启迪，关键是深入挖掘，在深度上发力，把主题报道做深做透。

传统媒体拥有丰富的新闻资源，在日常采访中可以积累丰富的短视频素材。新闻生产专业化程度高，从采编团队到采编流程，均有着内容生产的扎实基本功。在短视频主题报道的深度上，专业媒体应该有更高要求，让"短"视频也可以有"深"思考，把内容生产的专业实力体现在挖掘短视频深度上。

二、互联网思维赋能，短视频主题报道的传播创新路径

短视频主题报道新闻内容和表现形式结合紧密，题材切口、情感共鸣和深度思考建构的是短视频主题报道的叙事框架。而传播手段要遵循内容传播规律。在移动互联网环境下，短视频主题报道要创新传播方式。

（一）"我"来讲述，自述或"Vlog"语境

短视频以可视化方式展示与自身境遇相似的"他者"的存在，在"看"与"被看"的互动过程中，完成与他人的社会连接。采用"我"的视角来讲述，用第一人称讲述整个内容，拉近主人公和受众之间的距离。视频博客（Vlog）以第一人称视角进行讲述，"Vlog+新闻"语境从微观角度出发，以小见大、以点带面地进行叙事创新。观众面对小屏幕，只有手掌到眼睛20厘米至30厘米的视觉距离。这种近距离观赏也决定了更具亲密感的内容符合视觉习惯，人们更希望手机里的人是在对"我"说。这种"说"的对象感不仅仅是人称变化，更让观众产生"听"的感觉。而《我要找到"你"》和《我们的美好生活》均采用自述形式。

（二）视觉吸引，"黄金五秒"原则

"黄金五秒"原则是指视频开场5秒的完播率，很大程度决定了受众会不会把整个视频看完。也就是说，视频开场的精彩程度有很大的决定性。这也打破我们传统新闻叙事可以进行铺垫或者欲扬先抑的做法，要求把最精彩的内容呈现在开头。把整个视频最精彩的场面和同期声混剪在片头，既向受众传达这是一个什么样的故事，又通过"预告片"的形式让观众可以继续观看。《我们的美好生活》系列短视频，十集短视频，十个精彩开头，将视听高点前置，让受众注意力停留。

（三）诉诸情绪，两种及以上情绪表达

情感是短视频主题报道的叙事内核，情绪是短视频传播的微观触手。情感表达让受众沉浸在内容叙事中，情绪传达则让受众短时间内共鸣。在互联网生态中，情绪价值在受众视听过程中的比重越来越大。优秀作品一般至少有两种情绪表达，以制造情绪交织的张力。

《我们的美好生活》系列短视频，讲述十个故事，不是单一情绪传达。例如，第四集《守》将紧张的军事防御和温情的家庭细节穿插叙事，讲述东部战区守护国门的强军故事。第九集《新》将艰辛的创新过程与研发成功的喜

悦进行情绪交织，讲述宁波永新光学股份有限公司联席董事长毛磊二十五年坚持走自主创新道路，把科技创新的"关键变量"转化为高质量发展"最大增量"的励志故事。

做好主题报道是新时代新闻媒体的使命所在。短视频的内容生产和传播实践是媒体深度融合阶段主流媒体讲好中国故事和中国共产党故事的有效路径。主流媒体应积极探索媒体深度融合的创新生产路径，构建贴合受众的叙事框架和报道模式，把党的二十大精神、中国发展的巨大成就，以及各行各业的奋斗故事，讲述好，传播好，让党、国家和人民的声音直抵人心。

第四章

个案分析报告

第一节　地方红色题材电影的全媒体融合
传播创新实践

在激烈的市场竞争中，地方红色题材电影往往处于被动状态。宁波广播电视集团旗下影视公司着眼于破解红色电影《力量密码》宣发困局，搭建全媒体融合传播体系，精心谋划传播渠道及角度，精密部署沉浸式体验活动，实现影片口碑和热度双高。截至2023年年底，影片实际票房为1700多万元，居同类型红色题材电影前列，成为多省（自治区、直辖市）开展学习贯彻习近平新时代中国特色社会主义思想主题教育选看的"电影党课"。

一、主流新闻媒体先声夺人，实现跨圈层口碑发酵

在《力量密码》公映期，宁波影视搭建以主流新闻媒体为核心，社交媒体和行业媒体相辅相成的全媒体融合传播体系。以中央广播电视总台、新华社、光明日报社等中央主要新闻单位为核心，同时侧重在张人亚留下足迹的浙沪赣皖进行覆盖式新闻宣传。有40多家新闻媒体刊发报道250多篇，其中中央级媒体刊发54篇，省级媒体刊发62篇，有46篇的阅读量超过10万人次。以评论实现"媒体+学术+社会"的跨圈层口碑发酵，《人民日报海外版》《光明日报》《文艺报》《中国文化报》《中国艺术报》《浙江日报》等17家权威媒体刊发圈内专家评论。

二、社交网络媒体个性引流，亲情爱情吸睛圈粉

地方红色题材电影如何在社交网络媒体出圈？如何实现与年轻观众的审美共情？侧重在"情感向"发力！"在革命的道路上每一次告别都有可能是永别""那些年最动听的告白是：你是我最信任的人"等吸睛视频，描绘张人亚的父子亲情及触不可及的悲壮爱情，圈粉无数；在微博上，影片征稿活动相关话题累计播放量超过1.2亿次；电影《力量密码》相关话题阅读量达6 345.5万人次，曝光度和话题度很高。

三、持续创新传播内容供给，策划沉浸式体验活动

为持续创新传播内容供给，影视公司精心策划并组织线下推广活动，凸显"长尾效应"。2023年，宁波举办《力量密码》的特别献映礼，中国电影家协会举行观摩研讨会，中国人民大学举行首映礼，香港公映，系列活动获得张人亚亲属、电影专家、人大学子、香港媒体等的高度认可。宁波影视还联合相关机构开展丰富多彩的推广活动：携手上海市残联举行16场无障碍观影活动，举办户外工作者公益观影、市劳动模范及小记者专场观影活动，由宁波经济建设促进协会发起宁波商会在全国的专场观影活动；影片以"开学第一课"、军训"特别内容"等形式走进在甬高校、中小学……系列活动吸引新闻媒体的持续关注，不断吸引观众走入影院。

2023年12月，《力量密码》入选"2023年度电影专资资助优秀国产影片宣传发行项目"，这意味着该影片的全媒体融合传播创新实践获得国家电影局等国家部门的高度肯定。影片还入选中宣部2023年度文化产业发展专项资金"推动影视产业发展"支持项目，获第11届浙江电影"凤凰奖"优秀编剧奖和优秀女配角奖。

第二节　场景化：电视新闻访谈融合应用

——《李健：只为留得青山在》创作实践与思考

三年疫情，文旅行业遭受巨大冲击。宁波"阿拉的海"水上乐园董事长李健三年三跨界，艰难留住了300多位员工的饭碗，留住了企业团队。笔者作为主持人，长期蹲点采访，跟踪拍摄海量素材，生动记录了李健办口罩厂、做远洋捕捞直播带货、经营度假酒店三次跨界的种种艰辛。2022年12月7日防疫"新十条"颁布之后，笔者对李健进行了专访。访谈中，李健回忆起2020年7月习总书记与企业家"谈心"时说过的话："留得青山在，不怕没柴烧。要千方百计把市场主体保护好，为经济发展积蓄基本力量。"这是节目主题，也是访谈核心。

随着融媒体改革的不断深入，传统电视访谈节目的样态需要有所突破。电视访谈节目《李健：只为留得青山在》走出演播室，采取了互联网"场景化"的思维进行设计创新。"所谓场景思维，就是在某个实际的、具体的情境下，去思考产品如何满足用户需求的思维。场景思维是产品经理必须具备的思维。"笔者认为，如果想创作出受众接纳的作品，新闻媒体工作者也需要具备"场景化"的思维。电视节目中的"场景"，不仅是主持人和嘉宾进行对话的地点。它要服务主题展现、突出人物特点、满足受众心理需求，使"场景化"能够真正成为电视访谈节目的表现手段，从而根本改变电视新闻访谈样态。

一、电视访谈节目场景化创作

电视访谈节目《李健：只为留得青山在》时长14分33秒，转场9次，涉及6个场景。通过前期调研，主创梳理出：防疫新十条后开设的萌宠乐园、空旷的人工造浪池边（主访谈区）、乐园员工采访区、老年公寓、领导调研采访区、海边等6个场景。从场景的变化来看，该节目更像是纪录片。但无论场景如何转化，节目始终如一都以访谈对话的形式进行。电视访谈节目一般通过对话内容的内在逻辑推动节目发展，但《李健：只为留得青山在》是通过场景转换推动故事情节发展。节目的访谈场景主要分为：固定态场景、移动态场景、随机态场景。固定态场景是主采访区；移动态场景推动故事线发展；随机态场景不是主要组成部分，但往往因为不设限的拍摄，更能捕捉到真情流露的动人瞬间。

（一）固定态场景

电视访谈节目需要一个固定空间，主持人与嘉宾坐下，进行一场不受外界打扰的对话。往往电视访谈节目会将固定空间设置在演播室或临时布景的场地。《李健：只为留得青山在》中将固定空间情景化即回到访谈嘉宾真实工作的地方，这也是整期节目的主访谈区。在阿拉的海水上乐园内最核心、占地面积最大的人工造浪池边，主持人与李健进行了一场近1个小时的对话。从卖房子办口罩厂、出海捕鱼搞直播再到经营度假酒店，李健向主持人真情讲述了疫情三年来如何在沼泽中艰难前行，并在家人、员工的支持和政府的帮扶下熬过艰难时刻的心路历程。节目中虽然有9次转场，但贯穿主线的核心内容都是在主访谈区完成的，共有7分24秒，占到了整期节目的一半时长。

（二）移动态场景

这是一种行进式的采访，根据嘉宾讲述内容的情节发展，与嘉宾一同回到当时的场景，边走边聊。根据故事脉络，主创设计了4处移动态的场景，第一个场景是萌宠乐园，这是访谈开始的第一个场景，防疫新10条出来后，李健第一时间就在冬季闲置的乐园场地搞了萌宠乐园吸引游客。在小朋友欢乐的笑声和穿梭的游人中，主持人与李健开启了对话，李健说防疫新10条后他更加有信心了。游乐场只要有人，就能赚钱，真实的场景内，不仅李健，观众看后也相信希望就在眼前。第二个场景是老年公寓，2020年年初李健为了办口罩厂，把他为妻子女儿准备的别墅卖了，一家三口搬到了不足90平方米的老年公寓。由俭入奢易，由奢入俭难，这是人之常情。从别墅搬到老年公寓，原本的生活用品根本没地方放，只能堆放在客厅。主持人就在这个空间内采访了李健的妻子李志媚。李志媚表示这两年丈夫不是没有往家拿回过钱，只是钱还没捂热乎就又被丈夫拿去发工资，家里根本没有什么存款。当主持人问她觉不觉得委屈，她噙着眼泪说每到想抱怨的时候都不忍心，因为知道太难了。笔者在这一段是强忍着眼泪完成采访的。即便调研踩点时笔者已经对李健故事了如指掌。可在这个狭小的客厅里，采访主人公一家人，仍会被这一家人真挚朴素的表达所震撼。这也是本期节目的一个情感爆发点。除了家人的理解和支持，更离不开政府的帮助。在李健深陷泥潭，再也借不到钱的时候，是象山县政府出面担保，帮助李健向银行贷出300万元银行贷款。这笔钱对当时的李健来说是救命钱。如何展现，笔者选择在时任象山县副县长张微燕到阿拉的海调研时，果断抓准时机现场进行采访。第四个移动态场景是在李健经营的度假酒店前的沙滩，这也是全篇最后一个场景。主持人与李健吹着海风，边走边聊，李健向主持人讲述了他准备建一个海边露营地，再开个海边酒吧，把来到象山的游客都留到象山。最后一个画面，随着航拍的镜头拉起，是一望无垠的大海。大海能包容一切艰辛也能承载无限的希望。移动态场景在这期节目里是非常重要的一条逻辑线。它与访谈主线相辅相成，随着故事情节发展，每到一处场景都是对内容主线的生动补充。电视访谈节目时间长，观众很容易疲惫，根据故事发展，进行场景化的叙事，能让观众跟着主人公笑，跟着主人公哭，吸引观众持续的关注度。

（三）随机态场景

在《李健：只为留得青山在》中，很多没有剧本安排的拍摄场景，往往会捕捉到最真实的细节。在李健带主持人来到他们一家人居住的老年公寓时，主创团队采取的是纪录片跟拍的方式，不做干扰只纪录，当李健与主持人进入屋内时，李健的妻子上前迎接，女儿很淡漠，只自顾自地玩，李健则是非常讨好地直奔女儿而去。主持人很敏锐地捕捉到这一点，对李健的妻子说："看，孩子都和他不亲了。"妻子无奈地表示，李健是家里的"大客人"。这样的场景，很多人第一反应肯定会是女儿激动地扑向爸爸。但细想，长期没有父亲陪伴的小女孩，看到爸爸回来一定是有生疏感的。面对这一份生疏，更激发李健内心对家人的愧疚。这些没有设计，没有台本，采访嘉宾毫无防备的随机态场景，可以捕捉到嘉宾最真实的反应。这也使得这些"边角料"成为展现主题和人物性格的一道"大菜"。

二、场景化创作带来的变化：真实的才有力量

《李健：只为留得青山在》从立意到选题都具有强烈的新闻性。节目将访谈场景放回来到真实的生活工作中去，增强了节目的真实性和说服力。

（一）熟悉的工作生活场景下，访谈嘉宾更真实可感

节目主创愿意花时间下功夫，在真实的场景里挖掘人物的内心世界，展现人物的真实性格。主访谈区，就设在水上乐园内最大的人工造浪池边，旺季这里可同时容纳近2万人冲浪。采访时正值闭园期，李健对主持人说，2021年是离"死亡"最近的一年。因为2021年8月疫情影响太严重，本开始旺季确收入几乎为0。望向空无一人的造浪池，可能是触景生情，李健说感觉自己已经在沼泽地里，就剩一个头了，马上就要沉下去了。游乐园没生意，就带着员工出海卖鱼搞直播的李健，也有挺不住的时候，这才是真实的人。将采访行为放回到采访嘉宾熟悉的环境中，他才能毫无保留地将内心最真实感受说出来。笔者认为，嘉宾也需要一个宣泄口，主创团队要做的就是帮他营造好场景。

（二）打破"自说自话"的困局

访谈节目，往往都是嘉宾"自说自话"，很多真实的客观情况会被刻意规避掉。比如李健，他更愿意让大家看到的是一个"打不倒"的李健。节目主创通过场景的突破，在周边人那里找到了更加真实的李健。在时任象山县副县长张微燕调研阿拉的海时，张县长找出一年前李健发给她的信息。李健向她坦言真的挺不住了，生病不敢去医院，怕真的倒下，一天只有吃6片安眠药才能睡得着。张县长对我们说怕李健会跳海，收到短信后第一时间就派人到阿拉的海找李健。作为当时分管经济的副县长，张县长对李健的情况非常清楚，知道他确实处在生死边缘，孤立无助。最后，在象山县政府担保下，李健向银行贷出300万元。这段采访原本是为了凸显政府对李健的帮助，但没想到却看到如此绝望无助的李健。

（三）真实场景下主持人提问更有贴近性

访谈节目主持人绝不是一个简单的提问者，笔者作为该节目的主持人，最切身的感触是，真实的场景激发真实的情绪，碰撞出真实的对答。在阿拉的海水上乐园，笔者问李健办口罩场赚钱吗？李健说不赚，笔者带着不理解的情绪追问，这是你拿卖房子的钱办的口罩厂总要保证自己的营收啊。李健表示不发国难财，员工的工资能发出就行。在李健家中狭小的客厅里，笔者问其妻子，这样的日子觉得委屈吗？就一个问题，李健妻子的泪水夺眶而出。笔者这个问题不是作为一个主持人，而是同为女性下意识问出的。在真实场景中，不光是采访嘉宾，主持人迅速进入角色，所问的问题是紧贴嘉宾情绪的。

综上所述，电视访谈节目的场景化创作，绝不是不停换地方采访。每次场景的跨越，都赋予它讲故事的功能。场景带动着故事发展，改变角色（主持人、嘉宾）的情绪变化。场景化呈现使电视访谈节目形态更加丰富饱满，也更符合融媒体时代受众的观看心理。

第三节　推动创新理论传播系统化、通俗化、时代化的实践探索

——以《宁波广电主播领读》系列短视频为例

提高理论宣传水平，才能更好地服务党和国家工作大局，巩固马克思主义在意识形态领域的指导地位，巩固广大党员干部和人民群众团结奋斗的共同思想基础。广电作为党的媒体，必须担当起用党的创新理论武装人民的神圣职责，把握时代要求，紧跟时代变化，创新工作方式方法，使党的创新理论"飞入寻常百姓家"。

2023年第一批学习贯彻习近平新时代中国特色社会主义思想主题教育期间，宁波广播电视集团充分利用自身特色和优势，依托广电节目主持人（播音员）资源，坚持选题系统化、领读通俗化、表达时代化等，创新推出《感

悟真理伟力　唱响时代强音——宁波广电主播领读》系列短视频，形象生动地传播习近平新时代中国特色社会主义思想，着力推动新时代党的创新理论入脑入心、走深走实。整组系列短视频推出后产生良好传播效果和热烈社会反响，受到宁波市学习贯彻习近平新时代中国特色社会主义思想主题教育办公室和宁波市委宣传部的高度肯定。

一、精心策划，选题系统化

党的十八大以来，中国特色社会主义进入新时代。以习近平同志为主要代表的中国共产党提出一系列治国理政的新思想、新论断和新战略，创立习近平新时代中国特色社会主义思想。这一创新思想内容涵盖强军、经济、生态文明、外交、法治、文化等六大方面，构成一个完整的科学体系，我们要全面系统学、及时跟进学，要深入思考学、联系实际学，扎实推进相关学习往深里走、往实里走、往心里走。

学习贯彻习近平新时代中国特色社会主义思想主题教育期间，宁波广播电视集团及早策划，精心谋划，组织所属媒体节目主持人（播音员）积极参与，自2023年5月8日起，在自有微信公众号"宁波广电"首发、其他新媒体平台、广播端和电视端联动推出，每周基本上发布两个《宁波广电主播领读》系列短视频，共推送31期。这些短视频选题，都是领读者从党的二十大报告、《中国共产党章程》、《习近平新时代中国特色社会主义思想专题摘编》、《习近平著作选读》、《习近平新时代中国特色社会主义思想学习纲要》等学习资料中，选取个人感悟最深的重要论述进行领读。

这些领读作品有关于习近平总书记对新闻舆论、媒体融合等方面重要论述的学习体会，也有领读者对"我最喜爱的习总书记的一句话"的个人感悟。例如，5月8日推出的首篇领读作品《把宣传思想工作做得更好》，运用领读者大量深入基层一线采访的电视画面，通过精心制作近3分钟的短视频，生动展示新时代媒体人的担当和作为。"六个必须坚持"是习近平新时代中国特色社会主义思想的立场、观点、方法的重要体现。5月11日推送的领读作品《必须坚持胸怀天下》，对如何"树立世界眼光、把握时代脉搏，科学认识历史发展规律，准确把握世界发展大势，在历史前进的逻辑中前进，在时代发展的潮流中发展"这一重要论述进行生动阐释，并结合实际感悟——"站在宁波，可以看到文明中国，体验开放世界"，引起广大受众强烈共鸣。8月31日推送的领读作品《讲好中国式现代化市域样板的精彩故事》，用中英文双语领读中国式现代化的丰富内涵，生动讲述宁波书写中国式现代化市域样板的精彩华章。

这31个《宁波广电主播领读》系列短视频，分别表达31个不同选题，运用新学习素材阐释理论热点，用生动事例说明深刻道理，把抽象的理论逻辑转化为形象的生活逻辑，使受众感到深邃的理论可亲可近、可学可用。

二、全面亮相，领读通俗化

习近平总书记强调："要加强传播手段和话语方式创新，让党的创新理论'飞入寻常百姓家'。"宁波广播电视集团拥有一批专业主持人（播音员），发挥这一特有资源优势，通过主播领读这一生动多元的话语方式集体亮相，全面展示广电的自身形象，获得受众喜爱，产生良好传播效果。

这些《宁波广电主播领读》短视频作品，每篇均在3分钟左右，分别由来自宁波广播电视集团所属的广播、电视、新媒体单位的31位主播担纲。他们读原著、学原文，结合工作实际谈感受、悟原理，把政治话语和理论话语转换成群众语言和日常语言，把抽象理论逻辑转化为形象的生活逻辑，真正推动党的创新理论走进基层、走进群众，实现领读通俗化。例如，8月31日推送的领读作品《坚持人与自然和谐共生》，领读者这样感悟："'万物各得其和以生，各得其养以成'。我们只有真正做到从自我做起、携手同行，才能共享'绿水青山就是金山银山'的美好生活，合奏一曲天蓝地绿、鱼翔浅底的绿色交响！让七千年历史底蕴的城市可行、可望、可居、可游。"话语风格鲜明生动，内容新颖富有趣味，深入浅出地阐述理论道理，春风化雨、润物无声般让受众接受。

这些短视频作品大多为领读者走出演播室、把领读地点搬到生产生活现场拍摄而成，增强作品的现场感和画面感。例如，5月18日推送的领读作品

《推进媒体融合我们在行动》，领读者在宁波象山半边山沙滩排球中心旁高清卫星直播车旁录制。这是杭州亚运会沙滩排球比赛场地，当时正在进行的是杭州亚运会沙滩排球项目的测试赛。通过大量画面呈现和现场描述，生动阐述广电人积极践行加快推动媒体融合发展，为主流媒体具有强大传播力、引导力、影响力和公信力而不懈努力。这些短视频拍摄地点，有在标志性建筑里的，也有在姚江畔、月湖公园旁的……丰富多彩的影像语言和声情并茂的主播领读，大力提升受众视听体验，有效推进创新理论的可视性和通俗化。

三、融合传播，表达时代化

党的创新理论只有实现成功传播，才能确保有效落地、抵达人心，进而获得受众理解和认同。表达时代化，就是要适应互联网早已渗透社会大众生活这一信息时代，善于运用以互联网为基础的各种新媒体，设置栏目，设立议题，突出重点，有的放矢，宣传党的创新理论和方针政策，让党的声音无时不有、无处不在。

《宁波广电主播领读》系列短视频结合时代发展、技术进步和现实需求，找准理论与受众交互的共鸣点，激活理论与受众勾连的兴奋点，不断创新和发展党的创新理论传播的方式方法，焕发青春光彩，吸引更多受众注意力，增强用户黏性。例如，5月15日推送的领读作品《凝心聚力，塑造主流舆论新格局》，选取党的二十大报告明确提出的"加强全媒体传播体系建设，塑造主流舆论新格局"这一重要论述进行领读，并深切感悟："作为一名80后的青年新闻工作者，深感责任重大。我们是科学理论的传播者、时代风云的记录者、崇高精神的弘扬者。生逢伟大的新时代，更要担当起新的使命，把党的创新理论传播得更广泛、更深入。"内容寓情于理，以小见大，易读易懂，贴近现实。8月28日推送的领读作品《新闻工作者必须走好群众路线》，领读者深刻感悟道："作为新闻舆论工作者，只有贴近群众，才能同广大人民群众同呼吸、共命运，倾听群众的心声，才能传递出来自人民群众的中国好声音，创作出'接地气''冒热气'的中国好故事。"这些短视频作品注重时代化表达，体现了宁波广电人以拳拳之心践行初心使命、用实际行动诠释责任担当的职业精神，感染了受众，也提升了领读者的自我修养和觉悟境界。

宁波广播电视集团拥有全媒体资源，积极顺应媒体融合趋势，充分发挥全媒体优势，构建多位一体宣传格局，形成理论宣传全媒体矩阵，唱响新时代主旋律。这些短视频作品在"宁波广电"微信公众号首发，宁波广播电视集团旗下"宁聚""在宁波"等客户端挂专栏推送，"宁波之声"等微信公众号及时转发，新闻综合广播《初心悦听》、新闻综合频道《锋领港城》等党建栏目持续播出。通过全矩阵集中传播，有效实现全媒体宣传、多平台覆盖，不断提升重大主题宣传效能，形成全方位、立体化、多层次的传播效果。

习近平总书记强调，切实把鲜活的思想讲鲜活，把彻底的理论讲彻底，有力推动党的创新理论深入人心。广电媒体只有坚定不移地坚持正确舆论导向，将传播内容作为思想观念产品进行打造，创新传播手段和话语方式，提升内容的深度和穿透力，增强理论传播的权威性和指导性，不断推动创新理论传播系统化、通俗化和时代化，才能有效引导广大受众深刻感受党的创新理论的真理光芒和实践力量，更好实现以科学的理论武装人、引导人、教育人、提升人的职责使命。

第四节　实现城市宣传与亚运视角的紧密融合

2023年，杭州亚运会举世瞩目。办好亚洲夏季运动会（简称亚运会）是"国之大事""省之要事"。亚运会不仅检验赛事举办和竞赛成绩，更是一座城市，乃至整个国家综合实力的体现，也是媒体宣传能力与成果比拼的重要舞台。在杭州亚运会宣传过程中，如何实现破圈传播，是相关城市媒体的共同课题。

宁波是本届亚运会的省内协办城市之一，主要承担火炬传递宁波站的组织工作与帆船帆板项目和沙滩排球项目的赛事承办工作。宁波广播电视集团除了整体的杭州亚运会新闻宣传报道，重点承担宁波站火炬传递的执行、宣传、直播等和沙滩排球全部赛事的公共信号制作。相关工作目标要求高，协调部门多，历时时间长，难度系数大，最终效果好。笔者结合杭州亚运会的宣传实践，深刻感悟出：只有围绕杭州亚运会项目主题，聚焦城市特色，创新内容表达，努力扩大传播效应，才能实现城市宣传与亚运会视角紧密结合，呈现经典瞬间，最终实现破圈效果。

一、紧扣主题主线，聚焦鲜明宁波特色

杭州亚运会宣传工作是一项与亚运会筹备同步启动的系统工程。宁波作为协办城市和杭州亚运会分会场，从立项之初就开始考虑：在紧紧围绕杭州亚运会主题主线的前提下，以杭州亚运会宣传为契机，凸显宁波的城市形象。

"书藏古今，港通天下"是宁波城市的外宣口号，文化底蕴和海洋气质充分展现了宁波的城市特质。在杭州亚运会各项筹备工作的进行过程中，宁波逐渐提炼形成"滨海宁波 扬帆世界"这一城市宣传主题，并在各项杭州亚运会宣传活动中聚焦突出这一城市鲜明特色。

宁波站火炬传递突出海洋背景，起跑仪式舞台设置在中国港口博物馆，以"船"为主设计理念，融合博物馆整体建筑造型，空中俯瞰，犹如一艘巨舰蓄势出港；收火仪式舞台以300米满载巨轮为背景，以书卷和卷轴为主要造型，展现宁波"书藏古今，港通天下"的城市气质。传递沿线自然景观充分展示滨海城市特色、海洋运动活力、海湾美丽风情和中国大港硬核实力；装置景观以"锻强硬核力量服务国之大者""港通天下 链接全球"大型景观装置、"在宁波看见文明中国"花海造型、"海丝古港 微笑宁波"景观小品等贯穿始终，全景式展现宁波特色、体育精神和亚运会氛围，以城市之窗展现浙江风采。参与杭州亚运会火炬传递的火炬手均为宁波这座"奥运冠军之城""国家历史文化名城""现代化国际港口城市""制造业单项冠军之城""全国文明城市""共同富裕先行市"的建设发展进程中的代表人物，他们以"薪火"为媒，通过火炬传递展现宁波海上丝绸之路起碇港的历史人文之精髓和"港通天下"的现实发展之纪事，讲述新时代宁波"港、产、城、文"融合发展故事，向世界展现宁波的发展形象、创新意识和开放胸怀。

二、注重视觉表达，呈现丰富宁波元素

杭州亚运会举世瞩目，杭州亚运会宣传工作就是一次聚光灯下的城市亮相。基于这一认知，宁波站火炬传递直播团队和沙滩排球赛事转播团队在方案制定和实施中特别注重在视觉表达上高质量呈现，努力挖掘并呈现宁波元素，通过画面语言讲好宁波故事、展示宁波魅力等。

火炬传递直播团队通过前期和浙江广电集团直播团队反复沟通，从直播方案设计和环节细节推敲，到直播过程紧密合作、精细实施等，达成一致的理念认知。9月12日，随着火炬传递的进展，巨舰般的宁波中国港口博物馆、碧海银沙环绕的宁波滨海万人沙滩、宁波象山松兰山游步道、宁波舟山港集装箱码头等大气舒展的画面，通过一个个不同视角、不同维度、不同方式的镜头，一一进入观众眼帘，与周围的蓝天、红桥、远山、近水等相互映衬，形成一幅动人长卷，充分展示宁波滨海城市特色、海洋运动活力和海湾美丽风情。同时，在群众互动点位，设置融入沙滩排球和帆船帆板的宁波亚运会元素，以及特色非遗等宁波文化标识性元素。160分钟的火炬传递直播，呈现了美不胜收的视觉表达，产生了良好传播效果。

赛事转播是杭州亚运会赛事宣传的重要组成部分，对专业技术水平要求很高，宁波广电团队通过层层考核，取得沙滩排球全部赛事公共信号的制作资格。转播团队自始至终将完整、准确、优质、精彩地呈现赛事过程和展示"滨海宁波 扬帆世界"城市形象的目标放在首要位置。9月18日，在宁波举行的沙滩排球首赛作为杭州亚运会首赛备受各方关注。当天，中央广播电视总台连续排播4场沙滩排球比赛。转播团队第一时间充分准备直播解说背景资料和直播方案，在近4个小时的直播中，全景式展现沙滩排球和帆船帆板两个比赛场馆的画面，宣传宁波的发展成就和城市特色，给杭州亚运会竞赛首日打上鲜明的宁波"烙印"。

挖掘设计适合杭州亚运会宣传的40个直播短视频插片，呈现丰富的宁波元素，围绕历史文化、自然风光、民俗风情、经济社会发展成就等方面，展示宁波这座现代化滨海都市的美丽风采。

三、放大主场效应，形成靓丽宁波形象

要在杭州亚运会宣传中实现破圈传播，除了做新做精内容和形式，关键要在传播环节紧紧抓住窗口机遇期，发挥主场优势，借势造势，唱响"大合唱"。

宁波广播电视集团在杭州亚运会宣传中，向外紧紧依托相关部门和当地党委政府部门，积极主动联系中央级媒体、省级媒体、境外宣传平台等传播渠道；向内依靠宁波广播电视集团有力领导，形成整体合力，以高度的责任意识全力以赴，全媒体、全平台、全形态做好杭州亚运会宣传工作。宁波站火炬传递吸引《人民日报》、新华社、中央广播电视总台等34家媒体214名记者全程参与报道，中央、省、市、县四级媒体联动，大屏小屏同频发力，完美呈现"薪火"在宁波的传递过程，全景式展现宁波这座现代化滨海大都市的靓丽形象。9月12日，中央广播电视总台共播发相关新闻25条（次），刷新宁波单日中央广播电视总台新闻播出纪录。聚焦火炬传递重要环节，挖掘火炬手背后故事，制作各类短视频100余条，达到"霸屏"效果，微博话题"亚运会火炬在宁波传递"瞬时登上同城热搜榜首。CGTN、China Daily、凤凰卫视资讯台、杭州亚运会官方账号等数十个主要涉外平台媒体、海外大V账号同步宣推，多个国家主流媒体平台转载报道。火炬传递直播及相关视频，总观看人次超过3500万。据浙江省委宣传部统计，火炬传递宁波站总传播量位列省内火炬传递城市首位。

沙滩排球赛事转播团队高质量高标准完成所有105个场次的信号制作，其中70场为全流程国际公用信号制作，35场为电子新闻素材制作。中央广播电视总台CCTV-1综合频道、CCTV-5体育频道和CCTV-5+体育赛事频道编排的杭州亚运会沙滩排球比赛直播场次多达21场。这也创下宁波广播电视集团执行单体赛事信号制作被中央广播电视总台直播场次新纪录。此次宁波广播电视集团制作的杭州亚运会沙滩排球赛事信号还被亚洲各国电视台采用，实现国际传播新突破。

四、后亚运会宣传的路径思考

好风凭借力，扶摇九万里。得益于杭州亚运会东风，我省城市媒体在杭州亚运会宣传中取得前所未有的好成绩，各城市整体形象和影响力进一步提升。但对城市媒体而言，宣传城市形象和扩大城市影响力是永恒的课题。如何延续杭州亚运会形成传播的经验，继续推进城市形象宣传工作，值得思考探索。

第一，维系热度，进一步完善城市品牌形象。在经历多年杭州亚运会筹备宣传和一年多紧锣密鼓宣传后，宁波作为协办城市为提升城市品牌形象发挥了重要作用，宁波媒体也努力通过各种方式来维系城市的知名度、美誉度和对外热度。这种维系，尤其需要和城市的品牌形象打造及完善有机结合，通过科学研判，积极向城市有关部门建言献策，形成共识与合力，持之以恒、久久为功。

第二，挖掘城市形象依托的标志性文化符号。城市品牌形象形成是对城市内在本质的深入挖掘和个性识别。这一过程是由表入里、由"物质"而"精神"的，最终必然要以城市的文化精神为依托，方可走得更远。城市的文化符号普遍标识性不够，公众认知度不高，影响城市形象对外提升认同度和对内感召凝聚力。这是城市媒体需要大力推进的城市宣传目标。

第三，研究新媒体环境下城市形象的人格化传播。在新的传播格局和环境下，城市媒体宣传要出圈不容易，但借助大环境、大事件、大平台等外在条件，赢得一时的传播量和美誉度不算难，难的是如何让宣传入耳入脑入心，真正被认同。

网络媒体和社交媒体的特点是平等交流和交互传播。鉴于此，笔者认为，城市形象的传播会更多向人格化传播转变。通过人格化传播，可提升亲近性和交流感，有助于形象宣传更深入人心。但这方面的成功实践还不多，需要更多实践探索和理论研究。

第五节　全力打造移动优先的内容生态体系

——以"看宁海"客户端为例

2018年12月11日，宁海传媒集团在宁波全市率先挂牌成立；2019年11月6日，宁海融媒体指挥中心全面启用，并在全国率先深入推动媒体融合改革。经过持续努力，借助"看宁海"客户端，宁海各媒体从"单打独斗"到"一体作战"，新媒体阵地不断扩大，全媒体矩阵不断叠加，流程在重构，边界在消解。

2023年，"看宁海"客户端用户装机量突破31万，日均刊登新闻100篇以上，日阅读量达20多万人次，"三微一抖"粉丝总量超过100万，年度直播百余场，广告创收超过300万元，荣获浙江省县（市、区）"十佳APP"称号。

作为先行先试基层媒体，"看宁海"客户端坚持边实践边改革边创新，扎实推进"机构、平台、管理"深度融合和"人员、内容、渠道"转型升级，全力打造移动优先的内容生态体系，增强全媒体影响力，为县级媒体走好媒体融合之路提供可资借鉴的案例。

一、主题宣传："一体作战"，打破传播壁垒

宁海融媒体指挥中心的指挥调度系统、多渠道线索汇聚、选报题总览、新闻融合生产、多平台发布、统计数据展示等组成的环环相扣现代化融合传播模式，让每个参观者眼前一亮。宁海传媒集团突出移动优先，以"看宁海"客户端为核心，实现资源共享、内容共享、渠道共享、人员共享等，重点在"准、新、微、快"上下功夫，第一时间将党和政府的声音传送到千家万户。

从"相加"走向"相融"，从"物理捆绑"转向激发"化学反应"，宁海传媒集团慢慢让媒体融合从技术优势转变为传播优势，融出新高度，合出新境界。

二、民生报道：扎根基层，打造全民爆款

党的二十大报告指出："巩固壮大奋进新时代的主流思想舆论，加强全媒

体传播体系建设，塑造主流舆论格局。"

面对传播环境的新变化，"看宁海"客户端紧紧抓住"用户思维"这一媒体融合的关键，坚持内容为王，围绕民生热点，让宁海人最关心、最关注的人和事成为新闻"主角"。

每年台风季，宁海老百姓最关注的是各种权威信息，这时就需要媒体人站出来。2021年7月，超强台风"烟花"来袭，我们几十名全媒体记者迎风而上，进行全时段、全方位、全媒体立体化的报道，为宁海市民带来了一场及时、全面、权威的融媒体大直播，打了一场防御台风宣传硬仗，彰显了融媒体在突发事件报道中的主流媒体的强大力量。

为全力做好台风"烟花"的防御宣传工作，"看宁海"客户端大胆创新宣传报道方式，同步在客户端、电视、广播开启"24小时不间断直播"，不仅在强蛟镇峡山码头、杜鹃山顶、宁海城区设置三个点位的慢直播，还在不同时间节点，直播播报实时气象信息，邀请气象专家分析台风路径、雨量以及所带来的影响，同时，在直播过程中，全体记者深入防台一线，报道人员转移、海塘加固、城市排险、消杀防疫等情况，其间密集穿插台风资讯和防台避险知识，创下宁海媒体持续报道时长新纪录，有力发挥了主流媒体服务大局、权威发布、稳定人心的作用。此外，该直播内容还被"央视频"客户端、"今日头条"客户端、"凤凰新闻"客户端、"浙江新闻"客户端、"中国蓝新闻"客户端、"美丽浙江"抖音号、"甬派"客户端等十几家上级单位同步采用，扩大了防台宣传效果。

整场直播，"看宁海"观看量超过30万人次，再加上"央视频"客户端、"今日头条"客户端、"浙江新闻"客户端、"中国蓝新闻"客户端等在内的上级媒体观看人次，整场总观看量达300多万人次；并在全省抗击台风"烟花"宣传总结座谈会上，被浙江省委宣传部评为优秀作品。

同时，"看宁海"客户端精耕细作本土新闻，从主攻新闻资讯类短视频、挖掘周边信息、聚焦正能量、强化外包装等方面着手抓住短视频风口，推出《功夫奶奶张和仙》《"永大5·19"轮船员两次海上救人》《网红独臂猴"星星"》等短视频，全网播放量都是超过1000万次，登上抖音热榜。实行专班制操作、建立移动直播工作室，2023年"5·19"开游节当天仅活动开幕式直播，全网观看量就达200多万人次，3天时间单通道视频回放量达400万人次。

民生报道的加持，实现传统媒体与新媒体相融合，主流媒体与自媒体相融合，政务媒体与网民相融合，形成纵向全贯穿、横向全覆盖、内部全打通的传播合力，拓宽传播渠道。

三、舆论监督：媒体融合，释放"1+N"的爆发力

舆论监督是社会监督体系的重要组成部分，也是大众传媒的基本职能之一，对经济社会发展的方方面面发挥着不可替代的作用。立足宁海本地，宁海传媒集团在"看宁海"客户端上发布大量监督类报道，特别是金牌栏目《百姓事马上办》《主播帮帮帮》《全媒聚焦·全民问政》为内容生产生态体系添加助力。

"400多岁罗汉松濒危，怎么办？""城市管理为什么总是滞后于城市建设？""断桥多年未修 村民出行犯愁""线缆垂落存隐患，市民希望能管管"……这些宁海百姓日常生活中碰到的实际困难，是《百姓事马上办》《主播帮帮帮》等栏目的新闻素材，也是"看宁海"客户端舆论监督的来源。

据统计，截至 2023 年 5 月底，《百姓事马上办》共办理百姓咨询投诉事件 93 508 件。其中，接听电话 26 848 人次，占比 28.7%；接受来访 7530 人次，占比 8.10%；接受网上咨询 53 455 人次，占比 57.2%；即时办理 23 436 件，部门办理 57 695 件，深度报道 1719 件，后台协调处理 5675 件。

宁海传媒集团集全体采编制播之力，围绕中心工作，以民生热点为选题，以"演播室访谈＋实地采访"为形式，以多媒体融合传播为手段，重磅打造大型问政节目《全媒聚焦·全民问政》，对一把手展开问政问效。

《全媒聚焦·全民问政》聚焦民生疑难杂症，并与党委政府的工作重点结合起来，以《农家吆喝》《主播帮帮帮》《全媒聚焦电视问政》等栏目做深媒体服务与监督，累计帮助群众解决实际困难1700余件（次）、播出曝光类节目89期，推出电视问政3期，助推91个民生问题得以整改。

媒体融合释放的"1+N"的爆发力让正能量更强劲，主旋律更高昂。作为打通媒体融合的"最后一公里"，"看宁海"客户端将积极构建"新闻＋政务"服务平台，打造"指尖上的政务服务中心"，坚持管建同步、管建并举，

坚守社会责任，形成全媒体问政、全社会监督的舆论场效应，切实提高社会治理效能。

四、队伍建设：以考核为杠杆，引导生产整合

宁海传媒集团通过撤并建推动资源、人才、项目、资金等向互联网主阵地汇集。特别在融媒体队伍建设上，人员招聘、绩效考核、资金支持等向新媒体倾斜。

为打造新媒体"网红"队伍，启动宁海"融媒体人才四季培养计划"和"宣传技能培训"，深入探索全媒体人才培养新模式，并提高绩效考核分值，引导大家向新媒体创作靠拢。充分发挥融媒体优势，推进部门之间协作发展。全媒体采访部拍摄制作的"沿着高速看宁海"节目，经新媒体部整合资料重新剪辑后，投稿"浙江新闻"客户端，做成"宁海开游"系列报道。融媒体节目《太阳花开》，电视节目《阿明讲宁海》小屏化生产，宣传效果惊人，为电视节目的转型闯出新路子。

宁海传媒集团通过"走出去"开展新媒体创作培训，通过"请进来"组织新媒体策划，推动通讯员队伍从传统走向网络，提高新媒体的稿件供应质量；继续加大与网络大V、网友粉丝的互动合作，通过签约合作栏目等形式，深耕网络创作沃土；持续深化社群建设，重点在文化、短视频联盟、亲子等群体开展活动，打造核心网友队伍。

"看宁海"客户端统筹近1200名通讯员，组建教育通讯员群、传媒交警合作群、美拍群、早餐群、文史群等10多个微信群，策划推出《遇见宁海》《每日一图》《今日路况》《早安食光》《午间荐读》等7档栏目，日发布稿件达100余篇。

第六节　融媒体传播视野下对农节目创新路径研究
——以奉化区融媒体中心《乡间小路》栏目为例

数字时代，技术进步不断推动着电视媒体生产力的提高，在与技术的融

合发展中，传统媒体的存在形态和采编流程都发生着根本性的改变。在互联网环境下，新媒体以崭新的姿态走在传统媒体发展的前沿，并不断侵占着电视的受众地盘。在新媒体技术的冲击下，传统的电视对农节目在制作方式、运营方式、播出方式上都难以适应受众市场的需求。在快速发展的传播技术支撑下，采编人员可以利用手机、GoPro、单反等小型录影设备进行素材的采集、编辑、上传并对外发布，快速便捷，省时省力。视听个性化是新媒体环境下对农节目传播的另一特点。采编人员在剪辑中运用动画、特效、音效等多种元素，既丰富了画面内容，也让对农节目更具可看性。

随着媒体融合进程加快，传统思路下制作的电视对农节目暴露出了许多问题，创新迫在眉睫。为此，笔者就以本次调研对象——宁波市奉化区融媒体中心电视对农栏目《乡间小路》为例，就融媒体传播视野下的电视对农节目创新做出思考分析。

一、《乡间小路》栏目现状考察

自2015年6月改版后，《乡间小路》栏目从原来的每周5档、每档20分钟，扩展到每周6档、每档25分钟，基本实现了电视对农栏目的日播化。同时，栏目还探索小版块结构化的电视对农杂志编排模式，设置《乡间播报站》《乡间新视点》《乡间致富经》《乡间服务站》《乡间超市》《乡间加油站》《乡间故事会》《美丽乡村我的家》等版块，2022年，《乡间小路》栏目围绕共同富裕主题推出《向往的乡村》《山海乡味》《农家书屋读书计划—我是领读人》几大系列，围绕"农富""农产""共读"等三大主题，展现新时代乡村物质生活层面和精神文化层面共同富裕的美好新景。根据奉化本地"三农"实情与特色，以农村丰富资源、现代农业发展与特色农产品、农村文化、农村新貌等为主要题材，策划推出相应子栏目，并经常紧跟要求策划大型社会活动，从而使电视对农节目的收视率稳步提升，社会影响力不断扩大。栏目以日播化编排、每天20时黄金时段首播、每天四次的重播率，确立了电视对农栏目在县级电视台自办节目中的主体地位。

二、《乡间小路》栏目发展困境分析

（一）创收压力较大，分散节目创作精力

随着数字技术的快速发展，以网络和移动终端为代表的新媒体快速崛起，对传统媒体的传播形态、广告收入、收视用户等方方面面构成威胁，传统媒体的主流地位危在旦夕。据国家工商总局发布的数据显示，我国传统媒体的广告收入自 2013 年开始出现断崖式下滑。2013 年，电视广告收入为 1 101.1 亿元，同比下滑 2.76%；报纸广告收入为 504.7 亿元，同比下滑 9.16%，四大传统媒体广告收入之和为 1 834.18 亿元，同比下滑 4.09%。与之相反，互联网广告收入逐渐超过传统媒体收入。到 2015 年，四大传统媒体的广告收入之和为 1 844.2 亿元；互联网广告收入则为 2 096.6 亿元，首次超过传统媒体。这意味着我国传媒业市场发生本质性变化，互联网媒体成为真正主导，而传统媒体逐渐式微。

具体到《乡间小路》栏目，制片人表示，随着新媒体强劲发展，电视栏目创收开始走下坡路。电视、报纸等传统媒体广告市场日趋萎缩，转投新媒体渠道。创收压力越来越重，逼迫着栏目组去做创收效率更高的内容。活动类是《乡间小路》栏目全身心投入的项目，因为它能增收。但近年来，对农活动类增收也显得非常困难，慢慢也在下滑。因为创收压力而导致的工作重心转移，成为当前对农栏目质量下降的重要原因。

（二）缺乏合理激励机制，人才流失严重

早在2014年8月，原中共中央全面深化改革领导小组出台的《关于推动传统媒体和新兴媒体融合发展的指导意见》明确提出了"推动媒体融合向纵深发展"的总要求，突出"要深化体制机制改革，加大全媒体人才培养力度"。2016年2月19日，习近平总书记在党的新闻舆论工作座谈会上的重要讲话中强调，媒体竞争关键是人才竞争，媒体优势核心是人才优势；要求新闻工作者"努力成为全媒型、专家型人才"。人是生产关系构成的核心因素，人才也是生产力的最重要要素。《乡间小路》栏目于2012年至2016年连续五年

获得浙江省广播电视对农节目奖对农栏目一等奖，栏目制片人孙颖在交流探讨中谈道："总结主要原因，就是人力充沛，有着一支年轻的团队。"但由于缺乏合理的激励及晋升机制，造成编内编外人员收入差距较大，该栏目的采编人员也从鼎盛时期的12人锐减至如今的3人，曾经作为栏目骨干的许多编外人员，最终选择离开。而人员变动带来最直接的影响就是题材的匮乏和原创内容的枯竭，栏目鼎盛时期类型丰富的子栏目，如《小孙跑农事》《乡间新视点》《乡间故事会》等，如今因为人员调整已不复存在。

（三）编排缺乏亮点，融媒体创新有待突破

奉化区融媒体中心电视对农栏目《乡间小路》，自2017年至今，每周一到周五的电视"黄金时段"，能够坚持每天20分钟播放时长，自办对农栏目数量充足得到肯定，但编排上过于简陋，因此难以在全省考核评选中取得好的成绩。比如在2022年度参评送审的节目中，一期20分钟节目往往是4条资讯，加上以《乡间新视点》《向往的乡村》《乡间致富经》等作为主体版块，再播报几条《乡间服务站》和《乡间超市》，而参评之外日常的节目编排更是简单，接近20分钟的节目有时只设置上述之中的一个版块，存在一定的应付心理，十分单调。专栏设置缺乏问题调查、人物典型等主体性的内容，专栏组合编排缺乏策划上的创新亮点。相对于湖州、温州、嘉兴和台州地区一些表现抢眼的广播电视对农栏目，《乡间小路》栏目编排缺乏选题富有"三农"前沿性的主体性专栏，版块设置综合考量当下热点与本地特色以及创新服务不足，表现为专栏堆砌，表面上看专栏设置并不少，但经不起仔细地听看考评，缺乏明确而清晰的编辑思路贯彻。

从2014年8月《关于推动传统媒体和新兴媒体融合发展的指导意见》到2020年9月《关于加快推进媒体深度融合发展的意见》，从"推动""融合"到"加快推进""深度融合"，我国媒体融合发展进入新阶段。在如今的融媒体时代，有着丰富的技术手段可以应用于对农节目建设，但是《乡间小路》栏目表现手法单一，没有对短视频、移动直播等新媒体手法进行更好地结合使用，包装制作较为传统，也显得缺乏创新。

三、《乡间小路》栏目创新路径探析

（一）创新激励机制，释放人才活力

在媒体融合发展的大背景下，传统媒体面临了前所未有的机遇和挑战。国有传媒集团通过积极推进体制机制改革，优化完善管控治理体系，并根据自身实际情况建立健全考核激励与约束机制，调动被考核主体的积极性与创造性，有效提升人力资本效能，进一步增强企业的综合竞争能力。随着各种媒体之间的合作性逐渐增强，媒体组织与受众之间有着更强的互动性，同时媒体深度融合需要更多技术支持来实现，这为国有传媒集团考核激励机制建设带来了新的机遇与挑战。

以《乡间小路》栏目为例，编内编外的收入差异，使得原先的创作班底出现人才外流，这直接影响了节目的原创性。媒体深度融合发展中，传统媒体采编人员需要学习掌握更多新媒体技能，同时需要保障纸媒和新媒体网站客户端等的供稿，工作强度、难度都有所增加。因此，强化绩效考核结果应用，增加激励作用以提升员工获得感十分重要。多数国有传媒集团对员工的考核结果部分与绩效工资挂钩，但绩效提升带来的收入增加并不明显，绩效结果与职务职级晋升、培训和岗位调配等关联不大，员工的获得感有待提升。国有传媒集团应建立健全以社会效益考核为主，社会效益与经济效益相统一的考核激励机制，注重媒体深度融合发展对考核的牵引作用。同时也应注意优化完善绩效指标体系，在媒体深度融合发展中，岗位更加多样化，业务更趋差异化，应针对采编、经营、管理、技术、运营等不同类型岗位差异化设置绩效指标。

（二）依托已有优势，实现多元变现

电视对农栏目的首要任务是服务"三农"，尤其是助农类的对农节目，目的就是要将农产品尽快销售和变现。虽然传统电视媒体在观众心目中具有极高的权威性和公信力，但如果不借助新媒体平台的力量，也极易陷入困境。融媒体时代为传统电视销售增加了多个端口，但许多电视对农栏目制作团队还不善于利用新媒体手段提高节目的传播力和影响力。以《乡间小路》栏目曾经大受欢迎的版块《乡间超市》为例,它作为一个农产品的团购平台在电视端推出,由拍摄团队对农产品进行把关鉴别,为消费者甄选出优质的农产品,也呼应对农节目服务农民的初衷,但如今因为新媒体冲击,逐渐无人问津。伴随着互联直播不断发展,各个产业均尝试利用直播进行销售,带货直播成为农产品营销的主要手段,减少了流通环节,扩大了销售半径,充分利用网络聚集规模化效用,以此促进优质农产品、特色品牌等朝向标准化和品牌化方向发展,可延长农产品的产业链,进一步缩短农产品供应链,使农副产品的价值有效提升。

中消协发布的2022年"6·18"消费维权分析报告显示,当年6月1日至6月20日期间,共收集吐槽类"消费维权"信息5 540 365条,占"消费维权"信息总量的15.9%。收集有关"直播带货"类负面信息237 115条,农产品带货直播的乱象不断地挑战着消费者的底线,而《乡间小路》栏目作为奉化区当地主流媒体的电视对农栏目,恰恰可以利用"乡间超市"多年的运营经验,从前端选品到售后服务,搭建一个隶属于栏目自身的农产品直播品牌,对奉化区乃至宁波全市的特色农产品进行"源"产地直播,使得消费者下单更放心,不仅能够强化栏目自身的盈利变现能力,也能通过直播讲解加深消费者对于奉化的印象,树立地方形象,潜移默化地为地域进行引流。

(三)巧思编排结构,凸显融媒体优势

对农节目的编排需要兼顾两个方面:乡村传播的新闻性,现代农业的服务性。《乡间小路》栏目每星期播出5期共计100分钟,但采编人员只有3人,编排停留于简单的专栏组合,如果说《乡间超市》还能够体现对农节目的服务性,那么由于主体性的典型报道或调查报道的相对不足,导致该栏目的新闻性大大降低。以2020年度浙江省电视对农节目获得一等奖的台州台《山海经》8月23日的一期节目为例,开篇即围绕"决胜全面建成小康社会"时代主题,编排系列报道《跋山涉海看小康——海上畲乡的幸福生活》,从"海陆空"三个维度展现"海上畲乡"——三门涛头村通过发展水产养殖给村庄建设、村民生活带来的巨大变化,同时还有版块《乡村调查》体现了对农栏目

的问题调查视角和思辨特色，由重大主题系列报道组合调查性深度报道，极大丰富了对农节目的新闻性。

谈及融媒体优势，如何利用新技术提升对农栏目的参与性和互动性是关键问题，传统电视节目往往通过电视连线的方式与观众互动，受时长、设备、技术等限制，互动形式和过程往往具有较大局限性，大部分电视观众难以参与互动。媒体融合打破互动壁垒，使更多观众可以参与节目互动，而对电视对农栏目制作人员来说，增加观众参与感和节目互动入口是当前的工作重点。以台州台的《山海经》为例：该栏目《抖抖我的村》《乡村拍一拍》《嗨购农家货》等子栏目嫁接时下流行的抖音、"拍一拍"、直播带货等多种形式，让对农报道更富融媒体特色，玉环台《金色港湾》还利用融媒体直播模式，使农户、主持人和专家三方远程连线，让专家在相关农业问题上为农户提供远程"云指导"。节目播出后，制作人员还可以与观众进行线下互动，深入群众，听取他们的需求和意见。这些互动方式既能够增强节目的趣味性，也能够使节目组根据群众意见，及时调整节目创作思路，这些经验都值得《乡间小路》栏目借鉴吸收。

第七节　乡村振兴战略背景下余姚电视对农栏目的困境及发展路径探析

2006年，浙江省广播电视局发布《关于进一步加强和改进广播电视对农宣传工作的意见》（浙广局发〔2006〕49号文件），对省市县三级广播电视对农节目采制播出，提出明确的目标任务和具体要求。规定各县级广播电视台每周自办广播、电视对农节目各3档以上，在不包含重播的情况下，电视对农栏目每周播出时长不少于45分钟。自此，每年8月举行全省广播电视对农节目服务工程建设考核抽评，对各级广播电视对农节目开办数量和质量进行考评，评选出优秀奖和鼓励奖，促进各级广播电视机构良性竞争，推进对农节目工程建设的顺利开展，为乡村振兴提供宣传助力。而近年来，余姚市融媒体中心电视对农栏目在全省考评中成绩并不理想。笔者通过实地考察，就余姚市融媒体中心电视对农栏目的现状及面临问题展开调研，结合各地的电视对农栏目创优经验，就余姚市电视对农栏目创新发展路径试作思考。

一、余姚电视对农栏目面临的困境

随着新媒体崛起，电视媒体受到冲击，电视对农栏目同样面临困境。余姚市融媒体中心电视对农栏目有《姚江田野》、《姚江桥头》和《农科纵横》，其中《农科纵横》由浙江省广播电视局提供通用性对农节目素材编加而成，《姚江田野》和《姚江桥头》则属自采原创节目。《姚江桥头》采用记者负责制，属于日播杂志类节目。《姚江田野》则完全服务于"三农"宣传，采用编辑负责制，以周播的形式呈现。《姚江桥头》开播于1998年，在20多年的播出历程中曾获得国家级奖项。然而，近几年因无法突破选题与形式的束缚，节目发展陷入瓶颈，即使调整节目组主创人员，也难以遏制节目水准下滑趋势。

（一）主创人员知识不足，节目缺乏创造力

据调查，《姚江田野》和《姚江桥头》原主创团队专业知识十分扎实，对"三农"问题有了解、有见解，编导、摄像、主持人经常参与实地考察，通过与村民交流发现问题，加强节目的贴近性，让节目真正扎根在乡土田野，增进城市与农村的交流。而在经历主创团队人员调整后，由于缺乏与节目相适应的知识结构，工作深入的程度与力度都稍显不足，削弱了对农节目的贴近性。余姚市融媒体中心相关负责人认为，对根植于田间地头的"三农"节目，同期声采访非常关键，可以进一步提升观众的视听感，增强观众的现场感。然而，在近几年的节目制作中，同期声采访少了许多，而主持人不参与对农栏目采制，逐渐变成串联节目的"播音员"，节目传播效果单一化，仅能做到基本的传递信息，缺乏深度性、生动性和创造力，栏目质量进一步下滑。

（二）制作团队人手不足，节目缺乏传播力

电视对农节目依托电视频道，传播过程是线性模式，这样的单向传播模式很难与受众形成有效互动，提升节目内容的传播力。余姚电视台为提升节

目的趣味性和观众的参与感，曾举办过多次名为"田野零距离"的线下活动，邀请观众免费参与到对农活动中来，联动当地旅行社和农户共同开展活动，借助人际传播的结合，扩大农业宣传的传播范围，增强观众与节目互动，提升受众黏性的同时，也让相关"三农"信息以真实可感的方式为受众所认知，提升了节目的传播力。但这样的活动策划需要大量人力和物力支撑。近年来，余姚市融媒体中心电视栏目拓展至十余档，但采编团队没有扩充。以《姚江田野》为例，栏目固定人员仅有2人。近年来，媒介环境的发展与变化，进一步拓宽观众获取信息渠道，电视媒体受移动端冲击，电视媒体开始走媒体融合传播之路。而余姚电视台受限于人力资源的短缺，无法发挥地域优势，难以突破单一传播方式，在愈发激烈的媒体竞争中，难以发挥电视对农传播的服务性与互动性，影响节目传播力。

（三）节目主题主旨不明，节目缺乏影响力

就余姚电视台而言，对农栏目的观众大多为当地农户，节目重点应结合乡村振兴导向，以及观众的地缘特征，为当地农产品做好推广服务，找好报道落点。据调查，《姚江桥头》在当地具有一定的影响力，拥有一批忠实度较高的观众，节目内容一经报道便有许多观众致电询问相关情况并购买相关产品，节目影响力具有转化观众行为的潜力。电视对农栏目在传递乡村新风貌的同时，应积极搭建城市与乡村之间的沟通桥梁，以更为开阔的视野开拓报道题材，讲述新农村故事，扩大受众范围，增强栏目的趣味性和可参与性，提升节目影响力。

二、余姚电视对农栏目发展路径探析

据调查，余姚市融媒体中心电视对农栏目主要存在人力资源不足、人才结构不合理等问题，造成节目形式不够新颖，内容不够接地气，主题不够与时俱进，采编队伍素质亟待提高。

（一）加强采编队伍"三农"知识补课

对农节目优质发展离不开采编队伍的培养。打造更为专业、更富激情的

采编团队是办好节目的第一保障。据了解，余姚市融媒体中心对旗下每档节目均采用打分制进行考核，以ABCD四档对节目进行评级。这样的竞争机制能在一定程度上激发团队的热情，但只有团队人员发自内心地热爱农业，才能更好地推动节目发展进步。要多鼓励团队人员深入采访一线，在与乡亲们的交谈中了解民情民意，以更为贴近的视角走进真实的乡村生活，提升节目贴近性的同时，培养自身对乡村生活的热情，以更饱满的态度投入工作，以情感作为内驱力提升节目质量。与此同时，要加强对采编团队的"三农"知识教育，以硬考核的形式激励采编人员完善自身的知识体系，避免在工作中出现知识性差错。

（二）充分利用自身资源，以先进带动整体

《姚江桥头》作为日播类的方言节目，节目观众数量较为可观，受众黏性高，在当地具有一定影响力。可充分结合两档栏目的特点，以《姚江桥头》带动《姚江田野》，实现两档栏目共同进步。《姚江桥头》作为资讯类栏目，节目时长有限，对相关"三农"问题很难展开；而《姚江田野》作为专题性电视栏目，可以开展更有深度的报道或实行杂志化编排。可利用《姚江桥头》引起观众关注，再以《姚江田野》深入报道。据了解，《姚江桥头》经常举办观众见面会，并邀请节目中曾介绍的主人公上台表演，广受好评。《姚江田野》亦可邀请具有一定知名度的嘉宾参加节目，提升关注度的同时，增强观众的参与感。

（三）积极开发在地资源，多角度呈现节目内容

以全省广播电视对农节目服务工程建设考评中的优秀节目为例，台州市玉环广播电视台的大型融媒体策划《小康村里的幸福事》专栏播出的《鸡山岛：你想要的诗与远方》就很好契合当下观众的情感需求，展现了农村发展的新业态。余姚市作为阳明故里，应该充分利用这一文化IP，结合当地农业发展，以文旅拓宽"三农"节目的内容范围，增强服务性、知识性和趣味性，用故事化的叙述方式讲述新农人创业故事和新农村生活日常，拉近城市居民与乡村居民的心理距离。

（四）充分融合新媒体，创新节目形态

余姚市电视对农栏目主要观众局限于本地，社交网络是很好的结合载体，利用融媒体中心的各种新媒体平台，以短视频或长图文的形式将节目内容进行融媒体传播，通过微信视频号等社交媒体，扩大传播面，提升栏目的知名度。针对农户而言，直播带货作为助力产业发展的新形式被广泛接受，栏目可以抓住受众心理，开设《直播培训课》等专栏，利用自身的媒介素养向受众传递经验，以更为实用的方式助力乡村振兴。

调查获悉，余姚市融媒体中心近来对电视硬件设施有较大幅度更新，进一步提升电视画面质量，并引入媒资系统，以"中央厨房"生产方式开展新闻采集与发布。相关负责人也表示，将会加强电视对农栏目的管理，丰富选题内容，创新编排与制作形态，以期早日突破瓶颈，走出一条新的发展路径。

2023 年宁波广播电影电视发展大事记

一月

1月5日　浙江省广播电视局下发《关于公布2022年度浙江省广播电视安全播出工作考核结果的通报》，宁波广播电视集团广播电视制作播出中心获"浙江省广播电视安全播出工作成绩突出集体"。

1月9日　由宁波影视产业机构联盟和宁波市影视产业协会联合举办的首届宁波（影视）剧本创作征集活动评选结果公布，评出一等奖1部、二等奖2部、三等奖3部、优秀奖10部。

1月10日　由中共宁波市委宁波市人民政府督查考评委员会办公室、宁波市政府新闻办主办，宁波广播电视集团新闻综合频道承办的"点靓宁波——精特亮创建专题发布"在宁波广播电视集团新闻综合频道《宁波新闻》的《第一发布》专栏正式推出。

1月17日　由宁波广播电视集团参与执行，宁波广播电视集团新闻综合频道和经济生活频道直播，"美丽浙江"头条号、"浙江新闻"客户端、"宁波发布"微博、"甬派"客户端、"宁聚"客户端等省市级新媒体平台和区（县、市）新媒体平台同步直播，以"江河湖海共春潮"为主题的2023年宁波市春节联欢晚会在宁波国际会议中心举行。彭佳学、汤飞帆、张平、钟关华等中共宁波市委市政府领导出席观看。

1月　宁波广播电视集团被浙江省政法委、省公安厅评为2021—2022年度浙江省"平安单位"暨省级"智安单位"。

1月　镇海区新闻中心"镇灵通"客户端升级迭代"镇疫在线"2.0版本，

优化页面布局，提升操作友好度。

二月

2月5日　由宁波市委宣传部、宁波市精神文明建设指导委员会办公室和宁波市农村文化礼堂建设工作领导小组办公室主办，宁波广播电视集团和中共鄞州区委宣传部承办，宁波广播电视集团电视频道群全案策划执行的宁波市农村文化礼堂·新时代文明实践站2023"我们的村晚"在鄞州区塘溪镇东山村文化礼堂举行。该活动通过"甬派"客户端、"宁聚"客户端、"甬上"客户端、"甬视频"客户端等新媒体平台直播，观看人次超过100万，短视频转发量超过10万人次，相关话题微博阅读量超过100万人次，登上同城热搜榜首。

2月6日　中共浙江省委宣传部确定宁波市"东方1910影视在线"为"浙影通"应用场景试点。

2月15日至17日　根据《关于开展2022年度宁波新闻奖（广播电视部分）和宁波市广播电视新闻奖评选工作的通知》（甬文广旅发〔2023〕7号）文件精神，宁波市文化广电旅游局、宁波市新闻工作者协会和宁波市广播电视学会联合组织召开2022年度宁波市广播电视新闻奖复评会议。

2月17日　宁波市文化广电旅游局制定印发《2023年度非法卫星电视接收设施整治工作方案的通知》《关于开展非法卫星电视接收设施集中整治月活动的通知》，全面推进2023年度非法卫星电视接收设施整治工作。

2月20日　宁波市文化广电旅游局组织开展优秀广播电视新闻作品季度推优工作。宁波新闻综合频道播出的新闻专题《黑市里的稀缺处方药　莫让"互联网＋处方药"成监管盲区》被国家广播电视总局评为2023年第一季度优秀广播电视新闻作品。

2月20日　江北区全媒体中心"江北融媒"抖音号粉丝总量突破15万，"江北发布"微博粉丝总量突破27万。

2月22日　宁波广电融媒体科技创新大厦顺利通过竣工验收。宁波广电融媒体科技创新大厦项目总用地面积为37 853平方米，总建筑面积约为12.71万平方米（其中地上为7.59万平方米，地下为5.12万平方米），分为13层办公楼、6层工艺楼、新闻中心等三个单体。

2月23日　由宁波影视产业机构联盟、宁波市影视产业协会联合举办的首届宁波（影视）剧本大赛剧本推介会与资本相亲会在宁波文化广场举行。有30多位编剧、制片方、投资方和金融机构工作人员参加，共同推动剧本转化为影视作品。宁波市文联组联部主任、宁波"文艺两新"联盟副主席兼秘书长徐锦宝出席活动。

2月25日　镇海区新闻中心新媒体部被中华全国妇女联合会授予"全国巾帼文明岗"称号。

2月　余姚市传媒集团有限公司被浙江广播电视集团授予2022年度浙江省广电主干传输网技术维护先进集体。

三月

3月2日至3日　宁波市广播电视学会组织召开2022年度宁波市广播电视节目奖服务类节目和内参类奖复评会议。

3月3日　浙江省广播电视局党组书记、局长张燕到宁波广播电视集团调研。宁波广播电视集团党委书记、总裁、总编辑李可汇报宁波广播电视集团基本情况、主要工作等。

3月7日　镇海区新闻中心广播节目《海塘夜潮》焕新播出。每周二至周五10：00至13：30在广播FM104.7、"镇灵通"客户端和"镇灵通"抖音号进行直播。

3月8日　宁波市文化广电旅游局下发《宁波市文化广电旅游局关于开展广播电视医药广告和医疗养生类节目专项整治工作的通知》，全市各级广播电视播出机构对照整治内容，开展自查自纠活动。

3月14日至15日　宁波市广播电视学会组织召开2022年度宁波市广播电视节目奖文艺奖复评会议。

3月14日至15日　宁波市广播电视学会组织召开2022年度宁波市广播电视节目奖播音主持奖复评会议。

3月16日至17日　宁波市广播电视学会组织召开2022年度宁波市广播电视节目奖新媒体类奖复评会议。

3月17日　宁波广播电视集团旗下宁波广创旅游会展有限公司荣获2022年度中国会展行业领军企业称号。相关评选活动由中国会展业高峰论坛组委会主办。

3月18日　由中共宁波市委宣传部、宁波广播电视集团和江北区人民政府主办，宁波广播电视集团旗下宁波新乡村音乐发展有限公司全案策划执行的2023中国新乡村音乐节在江北区慈城镇开幕。

3月20日　中共宁波市委宣传部公布2022年度宁波市宣传思想文化领军人才和青年人才名单。宁波广播电视集团求剑锋入选新闻出版类领军人才，翁莉娜入选文化创意类领军人才；徐宁和孙大彬入选新闻出版类青年人才，李帆入选文艺类青年人才，励如桑入选文化经营类青年人才。

3月21日　宁波市广播电视学会组织召开2022年度宁波市纪录片奖复评会议。

3月29日　宁波日报报业集团整合旗下"甬派"和"甬上"两大新闻客户端优势，汇聚全市10个区（县、市）融媒体中心新闻资源而打造的市级重大新闻传播服务平台——"新甬派"客户端正式上线。

3月30日　江北区全媒体中心媒体融合系统建设项目软件系统和硬件配套通过竣工验收。

3月　余姚市融媒体中心首档杂志类方言专题栏目《姚江桥头》开播十周年。2013年3月开播，其间不断微调改版，截至2023年年底，播出1000多期，成为一档观众喜爱的电视栏目。

3月　余姚市融媒体中心"融合媒体平台项目"获得中国广播电视设备工业协会和科技部国家科学技术奖励工作办公室颁发的2022广播电视科技创新奖。

3月　宁波广播电视集团申报的4部参评作品获得宁波市第十五届精神文明建设"五个一工程"奖。这4部获奖作品分别为：电影类优秀作品《牧民省

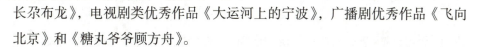

长尕布龙》，电视剧类优秀作品《大运河上的宁波》，广播剧优秀作品《飞向北京》和《糖丸爷爷顾方舟》。

3月　宁海传媒集团（宁海县广播电视台）获得中共宁波市委组织部授予的"五星级基层党组织"荣誉称号。

四月

4月11日　江北区全媒体中心优化调整机构设置。提升办公室、总编室、技术服务部等的职能；增强新媒体平台能级，将原报刊新闻部、广电新闻部和新媒体部优化调整为新闻编辑部、采访通联部和视听传播部，增设信息发布部和运营推广部，新增两个科级职数，实现组织架构全面升级。

4月14日　根据《宁波市文化广电旅游局关于成立宁波市应急广播体系建设工作专班的通知》（甬文广旅发〔2023〕43号）精神，宁波市应急广播体系建设工作专班成立。

4月14日　宁波市广播电视学会组织召开2022年度宁波市广播电视学术论文奖复评会议。

4月18日　宁波市广播电视学会组织召开2022年度宁波市广播电视公益广告作品奖复评会议。

4月21日　由宁波市总工会和宁波广播电视集团主办，宁波广播电视集团广播频率群承办的宁波市"平凡的力量"——致敬新时代劳动者大型融媒体新闻行动正式启动。在启动仪式上，宁波市总工会与宁波广播电视集团签署战略合作协议。宁波市总工会与宁波广播传媒有限公司共同打造的工会服务栏目《甬工惠有约》在活动现场进行直播。该栏目自4月21日起每周五16:30至17:00在宁波广播电视集团新闻综合广播频率播出。

4月22日　奉化区融媒体中心参与出品的电影《永远的守望》在第十三届北京国际电影节"北京市场"单元展映。

4月23日　经各区（县、市）自愿申报，宁波市文化广电旅游局推荐，浙江省局广播电视局专家评审，奉化区、北仑区入选全省广电基本公共服务县级标准试点单位。

4月24日　根据《宁波市文化广电旅游局　宁波市应急管理局关于进一步推进全市农村应急广播体系建设的通知》，强化全市农村应急广播体系建设。

4月26日　宁波市广播电视监测中心广电监测评议融合提升保障项目、宁波市广播电视监测中心广电监测设施升级改造项目、宁波市应急广播监测平台升级改造项目通过技术论证。

4月27日　宁波广播电视集团完成2023年全国沙滩排球大满贯赛（宁波象山站）转播和媒体中心运营工作。

4月28日　由宁波广播电视集团旗下宁波（前洋）直播中心联手象山县涂茨镇打造的首个直播助农一站式赋能平台——象山共富直播基地开园。宁波市副市长李关定出席并致辞，宁波市商务局副局长叶文涛，新华网浙江总经理廖晓华，宁波广播电视集团党委委员、副总裁王海寅，象山县副县长钮晶莹等领导和嘉宾出席活动。

4月　浙江省总工会印发《关于表彰2023年浙江省五一劳动奖状、奖章和工人先锋号的决定》。宁波广播电视集团多媒体新闻中心荣获"浙江省工人先锋号"称号。

4月至10月　宁波广播电视集团谋划实施《广播传媒深化融合改革实施方案》《电视传媒深化融合改革实施方案》等改革举措。组建广播传媒管理机构（公司）与电视传媒管理机构（公司），从原频率制频道制管理运营调整切换到中心制模式。

五月

5月1日　奉化区融媒体中心民生栏目《民生1890》全新改版上线。栏目由周播节目更改为《奉视新闻》的子栏目。播出时间：奉化电视一套每周一至周五18:30。

5月5日　鄞州区融媒体中心开设《鄞观察》述评专栏。

5月7日　宁波广播电视集团旗下宁波广创旅游会展有限公司全案策划执行意大利"聚焦中国"主题展。

5月9日　江北区全媒体中心"新江北"客户端开设《拥抱中东欧——打造人文交流主阵地》专栏，讲述江北区与中东欧经贸合作交流的故事。

5月10日　象山县传媒中心管理的浙江象荣数字技术有限公司获得智慧停车云平台V1.0和智慧停车出行手机APP软件V1.0计算机软件著作权。

5月11日　由宁波广播电视集团电视频道群组织策划的2022年度"最美宁波人"颁奖典礼在宁波电视台举行。中共宁波市委常委、宣传部部长金彦，市委宣传部副部长、市文明办主任邓晓东，宁波广播电视集团党委书记、总裁、总编辑李可等和社会各界代表共计400余人参加本次颁奖典礼。"宁波发布"头条号、"宁聚"客户端、"甬派"客户端、"甬视频"视频号等进行网络直播，宁波电视台进行电视播出。

5月17日　象山县传媒中心制作的电视专题片《家宴》荣获中国艺术家协会组织的"第十五届中国·扬州旅游电视周"优秀专题二等奖。

5月17日　象山县传媒中心夏琪磊在宁波市文联组织的"第五届宁波市青年文艺之星评选活动"中获得文艺（电视）之星。

5月19日　北仑区传媒中心旗下的"仑传"客户端用户数突破50万。"仑传"客户端作为县级媒体新闻客户端，以"在北仑、传世界"的理念，坚持"内容为王"，多措并举提升团队编发精品、制作图文和短视频的能力，强化主流媒体的舆论影响力。

5月25日　根据《宁波市财政局 宁波市文化广电旅游局关于下达2023年中央补助地方公共文化服务体系建设补助资金的通知》，联合市财政局下发2000万元资金补助各区（县、市）应急广播建设。

5月30日　宁波广播电视集团"宁聚"客户端正式改版上线。改版后的"宁聚"客户端，以"上宁聚，见美好"为口号，全面彰显"在宁波 悦享美好生活"的都市魅力，为宁波"争创市域样板、打造一流城市、跻身第一方阵"提供强有力的舆论引导和文化支撑。市委常委、宣传部部长金彦出席"宁聚"改版上线仪式并讲话。宁波广播电视集团与各区（县、市）委宣传部，以及腾讯云、科大讯飞等知名技术公司签署战略合作协议。

5月30日　镇海区新闻中心完成广播FM1047频率的栏目改版。本次改版主要涉及以下四个方面：其一，房产、汽车、旅游、母婴等垂类节目的精华版搬运到上班高峰时段，增加栏目的服务性；其二，各垂类节目均开设新媒体账号，丰富媒体渠道；其三，全天大部分节目视频化，为后期服务广告客户打好基础；其四，减少人员配置，将13:00至16:00时段合并为一个大版块的伴随性音乐节目。

六月

6月2日　经宁波市文化广电旅游局、浙江省广播电视局推荐，国家广播电视总局择优批复，奉化区入选全国广电基本公共服务县级标准试点地区。

6月6日　由中共宁波市委宣传部、宁波广播电视集团，北仑区人民政府组织创作，举浙沪赣皖四地之力联袂打造，宁波影视艺术有限公司创作摄制，以解密"党章守护者"张人亚革命生涯的电影《力量密码》在宁波影都举行特别献映礼。导演高峰，总编剧汪天云，编剧段越豪，领衔主演张桐、陈都灵参加献映礼。

6月8日　中共宁波市委员会发文，任命胡文飞同志为宁波广播电视集团管理委员会副总裁、中共宁波广播电视集团委员会副书记、宁波广播电视集团编辑委员会总编辑。

6月15日　宁海传媒集团打造一站式掌上民生服务平台。"百姓事马上办"平台并入"看宁海"客户端。

6月17日　由宁波广播电视集团旗下宁波广创旅游会展有限公司策划举办的宁波首个原创沉浸式城市文旅融合项目（IP）——迎亚运Cross-City Race"发现宁波"大型城市游戏在宁波文化广场正式启动。演员郑恺、奥运会冠军管晨辰、女排世界冠军刘晏含等知名文体界人士参加启动仪式。

6月20日　象山县传媒中心与浙江云朵网科技有限公司签订"山海万象"客户端本地化运维服务合作协议，并授权"云朵网"为"山海万象"客户端的技术支持与商城运维服务商。

6月28日　宁波广播电视集团与来访的青海天峻县党政代表团一行进行深入座谈交流。宁波广播电视集团党委书记、总裁李可，天峻县委副书记、县长桑周出席。宁波广播电视集团重点在文化、产业、旅游、教育等领域，分别开展"我在宁波　牛在天峻"系列文旅消费活动、"迎亚运"交流年主题活动、"宁波非遗"走进智阁鲁如、黑牦牛帐篷音乐会等主题活动，助力天峻城市形象宣传推广，"甬"动山海，推动对口支援工作创造新活力。

6月28日　奉化区融媒体中心"掌上奉化"客户端全新改版上线，以"新视界，从心出发"为口号，打造具有区级融媒体辨识度的新媒体矩阵，实现新闻资讯"一触即发"、读报视听"一屏互通"、便民服务"一站受理"和"新闻+政务服务商务"功能"一端融合"。

6月28日　宁波市文化旅游投资集团有限公司旗下宁波电影集团被评为国务院国资委2022年度地方国有企业品牌建设典型案例。

6月29日　宁波市文化广电旅游局和宁波市广播电视学会组织举办"宁波高质量发展建设共同富裕先行市中的广电对农传播力"研究论坛暨广播电视对农创优培训班。

6月30日　宁波市"东方1910影视产业服务线上平台"正式上线。

七月

7月1日　宁波广播电视集团多媒体新闻中心党总支书记罗建永荣获"宁波市担当作为好支书"称号。在中国共产党成立102周年之际，中共宁波市委举行学习贯彻习近平新时代中国特色社会主义思想主题教育专题党课暨激励干部担当作为表彰大会。

7月1日至2日　北仑区传媒中心"仑传"客户端直播团队首次直播在宁波北仑梅山湾沙滩举行的"2023年中国沙滩飞盘公开赛"。

7月3日　由中共浙江省委宣传部、浙江省文化和旅游厅和宁波市人民政府主办的2023海丝之路文化和旅游博览会落下帷幕。宁波广播电视集团旗下宁波广创旅游会展有限公司作为本届文旅博览会宣传推广工作的全案运营单位，完成2023海丝之路文旅博览会宣传推广任务。

7月4日　宁波市妇联党组成员、副主席李丹为荣获"全国巾帼文明岗"

的镇海区新闻中心新媒体部授牌。

7月14日至15日　宁波市文化广电旅游局联合宁波市总工会组织举办2023年全市广播电视职业技能竞赛。

7月20日　华建清任慈溪市融媒体中心主任、党委书记。赵科不再担任慈溪市融媒体中心主任、党委书记。

7月21日　象山县传媒中心象荣数字技术有限公司成立子公司宁波象荣信息系统集成有限公司。

7月21日至23日　由宁波甬派传媒股份有限公司承办的2023年长三角移动新媒体联盟联席会议在宁波举行。

7月25日　根据《宁波市文化广电旅游局　宁波市广播电视学会关于评选"八八战略"实施20周年主题优秀广播电视新闻作品的通知》（甬文广旅发〔2023〕98号）精神，组织召开"八八战略"实施20周年主题优秀广播电视新闻作品评选会议。全市各广播电视播出机构有21件报送参评。其中评出广播优秀作品2件、电视优秀作品8件。

八月

8月4日　由宁波市司法局主办、宁波广播电视集团电视频道群承办的"平安护航迎亚运　调解故事我来讲"全市调解技能大比武活动在宁波电视台落幕。中共宁波市委常委、统战部部长林雅莲，市人大常委会副主任印黎晴，宁波市人民政府副市长、市公安局局长王顺大，宁波市政协副主席陈为能等领导出席活动并为获奖者颁奖。

8月8日　宁波广播电视集团多媒体新闻中心完成"八八战略"实施20周年中共宁波市委新闻发布会直播任务。中共浙江省委常委、宁波市委书记彭佳学，中共宁波市委副书记、市长汤飞帆出席新闻发布会，中共宁波市委常委、宣传部部长金彦主持新闻发布会。

8月10日　奉化区融媒体中心对农栏目《乡间小路》全新改版上线。该栏目分为《农业资讯通》《三农直播间》《乡村大观园》三大版块。

8月15日 由宁波市生态环境局、宁波市人大城建环资工委、宁波市发展和改革委员会、镇海区人民政府主办,宁波广播电视集团电视频道群全案策划执行的首个全国生态日宁波主场宣传活动在镇海区举行。

8月15日 余姚市融媒体中心和湖北省红安县融媒体中心签订结对共建协议。中共余姚市委书记傅贵荣、余姚市人民政府副市长吕乐、中共红安县委书记刘堂军、中共红安县委常委、红安县副县长高伟、中共红安县委常委、办公室主任陈威等现场见证签约。签约现场,由余姚市融媒体中心推出的"东中部融媒体结对共建暨全国县市区融媒体中心视觉产品共享平台"项目启动,湖北省首家"全国县市区融媒体中心视觉产品共享平台"建设试点单位落地。共建内容包括建立双向交流合作机制、加大人才交流培养力度、帮助完成"视觉红安"网建设、搭建对外交流桥梁、推动形成长效合作示范等五大方面。

8月24日 宁波广播电视集团多媒体新闻中心入选2022年度浙江省网络视听"党的二十大"优秀学习宣传团队。评选活动由浙江省广播电视局指导、浙江省网络视听协会主办。

8月25日 鲍明灿任象山县传媒中心党组书记。

8月28日 根据《宁波市文化广电旅游局关于组织参加杭州亚运会亚残运会全省广播电视安全播出保障动员部署电视电话会议的通知》精神,宁波市文化广电旅游局组织召开全市广播电视安全播出保障动员部署电视电话会议。

8月31日 宁波市广播电视监测中心申报的"提升作风促实效,立足本职勇担当,圆满完成重要保障期任务"项目,被宁波市文化广电旅游局评选为2022年度突出业绩奖。

九月

9月1日 宁波市广播电视监测中心唐春光荣获2023年浙江省广播电视职业技能竞赛暨2023年(第28届)全国广播电视技术能手竞赛预选赛(浙江赛

区）二等奖，被授予"2023年全省广播电视技术能手"称号。

9月3日　由宁波市民政局、宁波市慈善总会（宁波市慈善联合会）、宁波广播电视集团主办，宁波广播电视集团广播传媒文化传播中心全案策划执行的2023年"中华慈善日"宁波宣传月暨慈善促共富行动启动仪式在宁波五一广场隆重举行。宁波市人民政府副市长朱欢、宁波市慈善总会（宁波市慈善联合会）会长陈云金、宁波市民政局局长胡杰，宁波广播电视集团党委书记、总裁李可等领导出席活动。

9月4日　宁波市文化广电旅游局推荐5个专业49位选手参加浙江省广播电视局组织的广播电视技术能手竞赛活动。其中，宁波市文化广电旅游局获优秀组织奖，有1人获一等奖、6人获二等奖、5人获三等奖。

9月5日　宁波广播电视集团电视频道群全案策划执行"德耀甬城　榜样力量"第八届道德模范颁奖典礼。中共浙江省委常委、市委书记彭佳学出席颁奖典礼。颁奖典礼以事迹短片、现场访谈、人物自述、情景表演等形式展现第八届宁波市道德模范的感人事迹和高尚品格。

9月8日　江北区全媒体中心"新江北"客户端活跃用户数突破15万。

9月12日　宁波广播电视集团全案策划执行杭州亚运会火炬传递宁波站活动。宁波广播电视集团抽调300多人次的骨干力量组成现场执行、宣传报道、技术保障、会务接待等四个工作专班，策划执行火炬传递起跑仪式、收火仪式等活动，为展现"宁波时间""精彩瞬间""最美空间"贡献广电力量。

9月12日　北仑区传媒中心完成杭州亚洲运动会火炬传递宁波站直播技术保障工作。直播采用"6+2"的方式，2路外来信号接摇臂和无人机，通过对讲机通话，实现8讯道的直播信号。

9月16日至24日　北仑区传媒中心全案策划宣传报道2024年巴黎奥运会女排资格赛。

9月19日至28日　宁波广播电视集团完成杭州亚运会宁波象山半边山沙滩排球比赛项目转播工作。此届亚运会沙滩排球比赛共有17个国家和地区的48支队伍参赛。宁波广播电视集团完成单个赛事所有105个场次的信号制作，其中被中央广播电视总台选用21场，创下宁波被中央广播电视总台直播场次新纪录。

9月20日 宁波市文化广电旅游局党组成员、副局长江武吉一行到宁波市广播电视监测中心检查杭州亚运会和杭州亚残运会广播电视安全播出专项工作。

9月23日 中共宁波市文化广电旅游局党组副书记、副局长王辅橡到宁波市广播电视监测中心，指挥保障杭州亚运会开幕式全市广播电视安全播出。

9月25日 宁波市文化广电旅游局副局长王辅橡到宁海传媒集团开展安全播出检查工作。

9月 宁波广播电视集团"宁聚·一端五号"（"宁聚"客户端、"宁聚"微信公众号、"宁聚"微博号、"宁聚"视频号、"宁聚"抖音号和"宁聚"快手号）融媒体矩阵集中运行。"宁聚·一端五号"矩阵，通过多项重大活动、重大主题宣传，对外打出"NBTV/宁聚"统一标识，形成以"宁聚"为核心标识的新媒体品牌，对内深入探索"多业务集成宣发"模式，构建联动工作机制、跨部门发稿平台，基本形成"大小屏联动，组团式出击"的融媒体生产传播模式。

十月

10月12日 宁波市人民政府副市长朱欢到宁波广播电视集团开展调研。宁波广播电视集团党委书记、总裁李可作工作汇报。

10月14日 由央广网、中共宁波市委宣传部、宁波广播电视集团主办，宁波广播电视集团广播传媒承办的"滨海宁波 书香四季"2023年全民阅读系列品牌活动之一中华经典诵读大会（第一季）宁波站总决选在宁波江北奥体中心落下帷幕。

10月23日 宁波市广播电视监测中心广电监测评议融合提升保障项目和宁波市广播电视监测中心广电监测设施升级改造项目通过验收。

10月23日 宁波广播电视集团广播传媒新闻中心承办的"诗路甬城"——纪念王应麟诞辰800周年暨宁波市第三届古典诗词吟诵会在天一阁广场举行。宁波市政协主席徐宇宁出席并讲话，宁波市政协副主席高庆丰、市政协秘书长徐红，宁波广播电视集团党委书记、总裁李可等领导参加。

10月24日　镇海区新闻中心12个内设机构名称调整为办公室（审计部）、政工部、技术部、总编室、通联部、采访中心、编发中心、视听中心、品推中心、广播中心、文创中心和社群中心。

10月25日至26日　宁波市文化广电旅游局邀请国家广播电视总局规划财务司发展处处长范志杰、浙江省广播电视局党组成员、副局长张广洲等领导调研宁波市影视文化产业区管委会，启动建设中国（象山）网络剧产业基地的申报工作。

10月27日　由中国社会科学院大学、宁波市奉化区人民政府主办，奉化区融媒体中心承办的后疫情时代南南合作与发展中国家发展政策研修班奉化区现场教学开班仪式举行。来自乌干达、尼日利亚、莱索托、塞拉利昂等国的15位学员参加开班仪式。

十一月

11月3日　由宁波市委宣传部、象山县人民政府、宁波市文化广电旅游局、宁波市人民政府外事办公室、宁波广播电视集团和宁波诺丁汉大学主办，宁波广播电视集团旗下宁波广创旅游会展有限公司全案运营的2023北纬30°短片节在宁波象山举行。

11月21日　宁波市文化广电旅游局主办策划的2023宁波市广播电视节目奖颁奖典礼在宁波电视台演播厅举行。浙江省广播电视学会常务副会长胡戎，浙江省广播电视学会副会长、浙江省广播电视局宣传管理处处长林勇毅等省市领导嘉宾，以及来自宁波广播电视集团、各区（县、市）文化广电旅游局、融媒体中心和浙大宁波理工学院的代表参加颁奖典礼。颁奖典礼现场，共进行八轮颁奖，涵盖新媒体奖、纪录片奖与公益广告奖、少儿节目奖、播音主持奖、服务类·内参奖与学术论文奖、文艺奖、广播新闻奖、电视新闻奖等奖项，共揭晓256个广播电视节目大奖。

11月23日　奉化区融媒体中心承办的"优化营商环境　助力进位进阶"

电视问政活动在奉化城市文化广场音乐厅举行。本次电视问政活动围绕"优化营商环境　助力进位进阶"主题，聚焦"推进不了的项目、兑现不了的政策、减轻不了的负担、配套不了的服务、统一不了的起点"等五大重点问题，开展问政问效，改进工作作风，提升服务水平，营造良好营商环境。中共奉化区委书记胡永光出席并讲话。

11月26日　由宁波市人民政府主办，宁波市体育局承办，宁波广播电视集团电视频道群全案策划执行的宁波市第二届全民运动会开幕式在宁波奥体中心拉开帷幕。中共浙江省委常委、市委书记彭佳学宣布开幕，中共宁波市委副书记、市长汤飞帆致开幕辞。宁波市领导张平、徐宇宁、金彦、林坚、赵海滨、朱欢、朱金茂等出席。

11月28日　全国政协常委、文化文史和学习委员会副主任、中国网络视听协会会长聂辰席，浙江省广播电视局党组成员、副局长张广洲等一行对宁波市影视文化产业区管委会进行实地考察，并通过宁波市影视文化产业区管委会申报材料的初审，向国家广播电视总局推荐宁波市影视文化产业区管委会申报建设中国（象山）网络剧产业基地。

11月28日　奉化区融媒体中心与浙江药科职业大学"风华·有你有我"校地传播战略合作暨"你好，奉化"短视频打卡美好生活思政行动启动仪式在浙江药科职业大学举行。

11月29日　浙江省广播电视局有线广播电视运营服务检查组到象山县传媒中心实地考评。检查组由绍兴市文化广电旅游局广电处处长何伟平带队。

11月　宁海传媒集团完成市级民生实事项目全县应急广播体系建设工程。

十二月

12月1日　由宁波电影集团出品的重大革命和历史题材电影《谁持彩练当空舞》获得国家电影局颁发的公映许可证。

12月1日　鄞州区融媒体中心融合媒体技术平台（中央厨房）正式上线试运行。

12月4日　奉化区融媒体中心广播FM99.4焕新开播。《嗨！宝贝》是奉化首档母婴类节目，播放时间：每周一至周五09:00至10:00。《嗨！奉化》是生活服务类可视化广播栏目，播出时间：每周一至周五16:00至17:00。《阿拉奉化人》是全新方言节目，播出时间：每周一至周五17:00至17:30。《少年好》是少儿节目，播出时间：周播。

12月4日　余姚市融媒体中心新版电视节目《牌轩下茶馆之鹊桥汇》开播。

12月5日　宁波北仑广电网络有限公司承建北仑区教育数字化改革基础设施建设项目，并纳入北仑区公共视频监控建设一体化体系。

12月8日　"甬派"客户端"科创"频道正式上线。该频道是宁波市科协和宁波日报报业集团联手打造的科技信息平台，下设《科技服务》《科学普及》《精神根脉》《活动报名》等版块，及时呈现原创优质科创、科普等内容。

12月13日　余姚市融媒体中心应急广播体系建设项目通过初验。该项目由余姚市文化和广电旅游体育局牵头，余姚市融媒体中心（传媒集团）承建，余姚市广电网络有限公司具体实施建设。该应急广播项目建有1个市（县）级应急广播发布平台、21个乡镇（街道）级应急广播发布平台、261个行政村应急广播发布平台，共建有1850个应急广播终端点位和102个视播一体终端。

12月14日　宁波市广播电视学会组织召开2023年宁波市广播电视科技创新项目"金潮奖"评选会议。

12月14日至15日　宁波市广播电视学会组织召开2023年宁波市广播电视少儿节目奖复评会议。

12月18日　鄞州区融媒体中心承办宁波市首届宁波市宋韵·安石文化周开幕式活动。活动由宁波市文化广电旅游局、鄞州区人民政府主办。

12月19日　宁波广播电视集团党委书记、总裁李可，党委副书记、副总裁、总编辑胡文飞，党委副书记、副总裁沈小贤，党委委员、副总裁朱红天等一行到余姚市融媒体中心考察。余姚市委常委、宣传部部长潘帅轶陪同考察。

12月19日　象山县传媒中心下属浙江象荣数字技术有限公司获2023年度全省有线广播电视运营服务质量省级优秀单位，何荣辉被评为运营服务工作成绩突出个人。

12月21日　宁波广播电视集团多媒体新闻中心张馨予被授予"宁波市十

大杰出青年"称号。活动由共青团宁波市委、宁波市青年联合会等单位联合开展。

12月21日至22日　宁波市广播电视学会组织召开2023年宁波市广播电视技术质量"金鼎奖"评选会议。

12月23日　江北区全媒体中心与宁波工程学院达成合作，开启政校合作实践周。

12月26日　由工业和信息化部工业文化发展中心会同宁波市人民政府主办的2023工业文化发展大会在宁波市举行。宁波广播电视集团旗下宁波广创旅游会展公司全案策划执行2023工业文化发展大会。工业和信息化部党组成员、副部长辛国斌，浙江省人民政府副省长柯吉欣，中共宁波市委常委、市政府常务副市长赵海滨出席会议并致辞，中国工业经济学会会长江小涓、中国科学院院士欧阳钟灿等知名专家在大会做主旨演讲，工业和信息化部工业文化发展中心主任何映昆发布《中国工业文化发展报告（2023）》。

12月27日　北仑区传媒中心广播总控系统正式上线运行。广播总控系统值机更加直观智能，广播总控系统监测所有播出信号并投在大屏显示，信号出现问题会自动报警提示，并在大屏链路上用红色的线路标式，主播出信号断开系统会自动切换到备用信号播出，主信号恢复后系统会自动切回主信号，广播安全播出得以强化。

12月　宁波广播电视集团旗下宁波（前洋）直播中心"前洋云上直播共富工坊"入围第一批省级示范"共富工坊"名单。活动由中共浙江省委组织部和省委新经济和新社会组织工作委员会组织推荐。

12月　宁波广播电视集团广播传媒文化传播中心全案策划执行"万羊进万家"特色直播开辟对口支援新模式。由宁波广播电视集团广播传媒文化传播中心全案策划执行为期10天的"天峻万羊进万家"消费助力公益直播行动圆满落幕。本次活动作为宁波消费促进月的活动之一，以政媒联动的方式，在南部商务区青海天峻馆内搭建起带货高清直播间，邀请宁波广播主持群与抖音宁波本土美食自媒体人搭档化身"电商主播"。活动期间，"宁波之声"视频号、"宁聚"客户端等平台共推出4场线上带货直播，为宁波对口支援的青海天峻县搭建"消费券+电商直播+本地配送"渠道平台。

2023 年宁波广播电影电视事业产业发展亮点一览表

单位名称	发展亮点
宁波广播电视集团	2023 年，宁波广播电视集团紧紧围绕"五个立足"，加快建设深度融合发展的新型主流媒体和具有长三角区域影响力、竞争力的新型传媒集团，为宁波奋力争创共同富裕和中国式现代化示范引领市域样板提供有力的舆论引导和文化支持。 　　第一，立足融合抓改革有力有序。坚持把加快媒体深度融合改革作为集团"一号工程"，组建广播传媒管理机构（公司）与电视传媒管理机构（公司），广播传媒和电视传媒实现实体化运作。整合新媒体资源，着力打造"宁聚·一端五号"（电视传媒）和"宁波之声"（广播传媒）两大融媒体矩阵。"宁聚·一端五号"（"宁聚"客户端、"宁聚"微信公众号、"宁聚"微博号、"宁聚"视频号、"宁聚"抖音号和"宁聚"快手号）基本形成"大小屏联动、组团式出击"的融媒体生产传播模式。广播传媒集中打造以"宁波之声"为统一标识的广播融媒体矩阵，矩阵运营态势良好。"宁聚"客户端于 5 月 30 日正式改版，重点打造四大新型传播平台（权威优质、迅捷快速的资讯平台，实时在线、服务民生的互动平台，内容丰富、引人入胜的文化平台，品类多样、独树一帜的视频平台）。截至 2023 年年底，"宁聚"客户端用户数 360 万，日均活跃用户在 4 万左右，同比均超 20% 以上。积极实施精简精办战略，关停整合 60% 以上受众少、影响力弱、管理不规范的新媒体账号。广播老年与少儿频率、电视少儿频道于 12 月 1 日关停，《宁波广电周报》于 2023 年年底停刊。 　　第二，立足创新抓品牌可圈可点。坚持把创新作为第一动力，精心组织实施全国省市两会、"牢记嘱托 感恩奋进 勇立潮头""八八战略"实施 20 周年等重大主题宣传，着力做好"强信心"经济形势舆论引导，组织开展"一线建新功·今天我发布"等主题的系列专场活动。主动对接中央级媒体和省级媒体，全年电视外宣在中央广播电视总台发稿 373 条，其中《新闻联播》播发 62 条，做到"央视天天见，《新闻联播》常常有"。广播外宣在中国之声播发 190 条。"学习强国"学习平台订阅号"宁波学习平台"上送稿件被全国平台采用 1540 条。外宣工作在全国全省城

单位名称	发展亮点
宁波广播电视集团	市台继续保持领先地位。精品创优方面，共有 15 件内容类作品获 2022 年度浙江省广播电视政府奖及浙江新闻奖一等奖，15 个科技类项目或作品获省级广播电视政府奖一等奖以上奖项，获奖作品数量居全省城市台首位。截至 2023 年年底由市委宣传部组织创作、集团下属影视公司摄制出品的电影《力量密码》实际票房为 1700 多万元，居同类红色题材电影前列。宁波市春节联欢晚会、Cross-City Race "发现宁波"大型城市游戏、"滨海宁波　书香四季"——2023 年全民阅读系列品牌、2023 中国工业文化发展大会等大活动承办赢得大流量，特别是举全集团之力精心策划执行杭州亚运会火炬宁波站传递活动，为展示"宁波时间""精彩瞬间""最美空间"作出广电贡献。"亚运火炬宁波站传递策划执行"被评为 2023 年宁波市宣传思想文化工作创新项目。 第三，立足转型抓发展聚焦聚力。宁波广播电视集团坚持稳中求进工作总基调，着力推进产业经营各项工作科学转型，全年实现营收 3.67 亿元，利润 4 646.65 万元。截至 2023 年年底，集团资产总额为 34.61 亿元，净资产为 28.06 亿元，同比分别增长 2.98% 和 0.65%。媒体经营基本盘全力稳住，全年媒体运营创收 2.81 亿元，同比增长 3.1%。 第四，立足规范抓管理落实落细。严格落实意识形态工作责任制，制定出台并严格执行宁波广播电视集团落实意识形态工作责任制实施细则，把意识形态工作责任制严格落实到新闻舆论、融合改革、阵地管理、安全播出、队伍管理，保密工作等环节，全力以赴抓好杭州亚运会举办期间等重保期的舆论引导和安全播出等各项安全工作，确保导向上未出现任何偏差，播出安全、网络安全和生产安全万无一失。宁波广播电视集团融媒体技术中心获 2023 年省广播电视安全保障工作成绩突出集体。全年完善出台项目投资、招标、采购、广告经营、干部人事管理等 20 多项制度。 第五，立足长效抓队伍见行见效。高质量开展学习贯彻习近平新时代中国特色社会主义思想主题教育，在"以学铸魂、以学增智、以学正风、以学促干"上取得实实在在的成效。坚持把政治标准放在首位，公正公平地做好选人用人工作，全年配合组织部、宣传部等上级部门做好 7 名提任或进一步使用干部的考察测评工作，选任处级干部 25 人、科级干部 33 人，交流轮岗干部 26 人（次）；改任非领导职务处级干部 4 人，科级干部 3 人。坚持抓党建、聚人才、促发展，涌现一批模范集体和先进个人，1 个党支部被命名为第三批市直机关模范党支部，2 名同志分别获得"宁波市担当作为好支书"和市直机关工委"优秀党务工作者"称号。制定出台《宁波广播电视集团三年人才发展规划（2024—2026 年）》，完善

续表

单位名称	发展亮点
宁波广播电视集团	人才招引、选拔、培育、使用、考核、激励保障等常态化机制，组织开展第三期年轻干部人才培训班，举办全媒体培训系列专题讲座，积极培养优秀、年轻紧缺人才。
宁波华数广电网络有限公司	第一，聚焦大众稳压仓，以"固网加强保有""全业务融合推进""5G常态化发展"为核心，组建"大众营销突击队"，针对两新小区、农村市场开展4K升级、整转平移等常态化营销攻坚，有效遏制基础用户流失势头。截至2023年年底，宁波华数5G用户数量位列浙江省第一。 第二，聚焦政企拓市场，以"拓深优势领域""创新行业应用""攻坚集众融合"为组合拳，持续拓展政企市场，逐步由单一项目建设向整合平台运营转变，文旅大脑平台运营、奉化未来社区全域运营走出一条"建设＋运营"的创新道路，入选国家广播电视总局2023年"全国智慧广电网络新服务"——数字文化新应用案例、浙江省农业农村厅2023年第一批"浙里未来社区在线"应用贯通优秀案例、宁波市智慧城市卓越示范企业等。 第三，聚焦服务促提升，以用户需求、用户满意为导向，持续发力"反诈"工作，聚焦"技防＋人防"反诈措施，助力5G高质量发展，获得浙江省反诈先锋荣誉称号。高度重视一线技能水平提升，通过培训、比武等举措提升队伍素质，获得2023年全省广播电视职业技能竞赛3个二等奖和3个三等奖。注重在服务过程中提升用户满意度，以优质服务锻造过硬品牌，获得有线广播电视运营服务质量省级优秀单位、省级运营服务工作成绩突出集体，宁波市有线广播电视运营服务工作优秀单位、信息通信业三星级服务现场等荣誉称号，"好服务在华数"品牌效应持续放大。
宁波市广播电视监测中心	第一，聚焦规范，聚力客观，抓好监测工作。对全市重点转播和自办的380套广播电视节目进行监测，全年监测时长为340余万小时。重保期和应急响应期前开展安全播出模拟实操演练，提高应急处理突发状况能力，达到"状况突发、贴近实战、反应迅速、处置有效"的目的。组织1名人员参加浙江省广电技术能手竞赛获得二等奖，安全播出保障工作获2022年度宁波市文化广电旅游局突出业绩奖。 第二，聚焦问题，聚力质量，抓好评议工作。注重强化评议工作，做到监评双核发力，着力加强前期选题策划和后期稿件编排，打造优质专业的评议文章，形成业内影响力。发挥编辑主观能动性，精心谋划评议选题，做到每日关注新闻动态，每周交流听看情况，每月至少召开一次评议选题例会。通过他查与自查相结合的方式，每月汇总形成10万余字的信息材料，全面及时掌握广电机构宣传报道动态、功能发挥情况等。

续表

单位名称	发展亮点
宁波市广播电视监测中心	第三，聚焦发展，聚力能效，抓好平台建设。不断调整充实广播电视监管平台、融媒体监管平台、管理平台等三大平台的建设构成，讨论细化待建系统的建设方向、流程、绩效目标等，健全平台，消除业务孤岛。加强日常业务中的设备使用，加强人机结合，发掘既有设备潜力，有效提升工作效率。 第四，做好"三期交汇"等重要节点值班值守。全年在全国两会、节假日等重要时段，成都大运会、杭州亚运会、杭州亚残运会、第三届"一带一路"国际合作高峰论坛等重要节点，强化值班值守，确保万无一失。特别是7月至10月，应急响应期、广电重保期、防台防汛期等密集交织，相互重叠，做好做实"别人休息，我们上岗；别人团聚，我们坚守；别人万家灯火闪亮，我们仍在岗位忙碌"广电监测人"品牌"，坚决守牢安全播出和自身安全的底线。
海曙区全媒体中心	2023年，海曙区全媒体中心以习近平新时代中国特色社会主义思想为统领，紧扣区委区政府中心工作，大力推进中心机构改革、媒体融合改革，充分发挥各媒体平台的深度融合和聚合共振效应，不断提高新闻信息生产、传播、服务的能力，更好发挥舆论引导作用，舆论宣传工作气象一新。 第一，坚持党建引领，把握改革方向，提供新闻舆论保障。8月，中心正式成立党组，通过创新体制机制，建立科学有效的媒体管理体制，培育良好的舆论环境，构建现代融媒体治理结构，为海曙媒体深度融合按下"快进键"。新闻宣传聚焦习近平新时代中国特色社会主义思想和党的二十大精神的宣传贯彻落实，聚焦海曙经济社会发展各项工作，组织策划一批系列报道，营造良好舆论氛围。 第二，立足媒体趋势，把握融合走向，推进媒体深度融合。改革工作于10月中旬正式启动，融媒事业部、重点项目部、数字运维部等部门先行先试。逐步实现由传统媒体向融媒体工作方式转变，通过采编播流程和组织结构的优化和重构，对电视、APP、微信公众号、官方抖音号等实行全媒体调度，打破广播电视、新媒体等采编框架壁垒，将采编人员聚合在一起进行"统一报道部署、统一策划主题、统一组织采访、统一编发稿件"，实现集约化、全媒化运作，推进各媒体平台深度融合，推动新闻生产模式转型升级，形成新闻信息的"总控平台"与"调度平台"，实现"一次采集、多元生成、全媒传播"的生产新模式。 第三，围绕中心工作，把握舆论导向，提升融合宣传成效。主题宣传推出《"八八战略"在身边》《"千万工程"海曙蝶变》《三比三拼三焕新》《喜迎亚运会》等重大栏目，全员出动，全年贯穿，全媒展示，把时政报道的权威性和时效性发挥到极致，深化"快讯+详讯+解读"模式，展现

单位名称	发展亮点
海曙区全媒体中心	海曙各领域20年来的深刻变迁。组成"1+1+X"的融媒体采访队伍，打造系列融媒体产品，以视频、图文等融媒体形式在"潮新闻"客户端和"海曙"客户端联动呈现。成立海曙企业国际传播联盟，确立全区145家国际传播企业，使海曙企业国际传播联盟实现从无到有的历史性突破。建立跑线记者联系属地国际传播企业制度，每家国际传播企业都有固定记者对接联系，有针对性地开展国际传播工作。其中，海外账号推荐龙观"光伏"建设，通过美国联合通讯社（简称美联社）、墨西哥Quadratin新闻社、乌拉圭Uypress通讯社、澳大利亚联合新闻社等全球五大洲15家国家级通讯社发布，涉及英文、西班牙文、捷克文、波兰文、斯洛伐克文、克罗地亚文、日文等7个文种，主发及转载698家，总阅读量达1266万人次，形成现象级传播。 第四，深化教育培训，把握激励导向，强化铁军队伍建设。根据中心队伍建设需要，制订和实施各类培训计划，形成具有针对性和实效性的人才培养模式；拓展培训方式，固化新闻学堂、新闻沙龙、新闻比武制度，加强干部员工政治理论、专业知识、业务能力、职业素养和队伍建设；以提高创新能力和业务能力建设为核心，不定期邀请高校专家、行家里手等对干部、员工进行培训，为海曙区全媒体中打造一支政治坚定、作风过硬、业务精通的"融媒体铁军"队伍提供坚强保障。
江北区全媒体中心	第一，精准策发，壮大舆论宣传阵地。紧扣区委区政府中心工作，围绕重大活动和宣传重点，高质量做好宣传报道工作，发挥主流媒体舆论导向作用。比如，围绕"一号工程"和"1586"专项行动，开设《全面落实"三个一号工程"》专题。第三届中国—中东欧国家博览会暨国际消费品博览会期间，"新江北"客户端开设《拥抱中东欧 打造人文交流主阵地》等专题，《江北新闻》开设《来老外滩 相逢舌尖上》等专栏。 第二，做强做优，实现外宣出新出彩。围绕党的二十大报告、共同富裕、杭州亚运会、学习贯彻习近平新时代中国特色社会主义思想主题教育等主题主线，积极与中央级媒体和省级主流媒体对接，加强选题策划，创新报道方式。全年在市级及以上媒体刊播稿件5200余篇，同比增长20%。其中，中央级媒体播发900余篇，同比增长21.6%；省级媒体播发900余篇，同比增长1.14%；市级媒体播发3400余篇，同比增长44.8%。其中，《新的春天 新的征程 新的出发——从春节假期看生机勃勃的中国》在《人民日报》头版刊发，《紧贴基层特点 扎实推进第二批主题教育》在CCTV-1综合频道《新闻联播》栏目播出，《宁波打造中东欧经贸合作首地》《2022年日均诞生一百九十家企业 宁波瞄准需求优化营商环境》在《经济日报》头版刊发。

续表

单位名称	发展亮点
江北区全媒体中心	第三，聚力谋新，推进媒体融合改革。2023年3月31日，《新江北》报停刊，全面增强新媒体平台能级，将原报刊新闻部、广电新闻部和新媒体部优化调整为新闻编辑部、采访通联部和视听传播部，新增信息发布部、运营推广部等2个部门，新增两个科级职数，实现组织架构的全面升级。同时，构建起以"新江北"客户端为龙头，"江北发布"双微及视频号、"江北融媒"抖音号、"句章是座城"微博和微信公众号、江北新闻综合频道（频率）、江北新闻网等平台组成的全媒体矩阵，强化移动优先，优化业务生产流程，建立"提前策划、集中采编、分级审发、校审一体、评论监管"的全媒体传播体系，确保"策、采、编、审、发、评"工作规范高效。同时，以政务发布"一张网"为指挥棒，通过"新江北"客户端政务矩阵版块整合区级职能部门、街道（镇）、社区三级政务新媒体号，打造全区政务新媒体统一的权威入口，实现政务公开服务在新媒体平台资源共享、业务联动、数据同源、服务同根等，成为深入践行新时代"网上群众路线"的重要实践。 第四，补短争先，引领发展稳中求进。紧紧抓牢"新江北"客户端这一主阵地，以队伍融合为抓手，全面加快改革创新，通过发放数字人民币红包、开展系列化精品福利推送和运营培育线上粉丝社群，"媒体融合指数"稳步提升。截至2023年年底，"新江北"客户端下载量超过26万人次，活跃用户数由2023年年初的2万多增至14万多，日活用户数由2023年年初的1000多增至5000多，用户规模和用户活跃度数据均实现跨越式增长。
镇海区新闻中心（镇海区广播电视台）	2023年，区新闻中心以习近平新时代中国特色社会主义思想为引领，扎实推进全区宣传文化系统"三抓三提"专项行动，加快媒体深度融合发展，推动新闻宣传事业更上一层楼。 第一，主流舆论阵地的传播力通过深耕本土内容、创作爆款作品，以及全方位、多渠道的内外宣工作得到全面提升。例如，2023年宁波市"十佳短视频"月度评比有16条入选，年度位列全市第一。开设专题专栏200余个，刊发社论、评论员文章及各类时评117篇，全年在中央级、省级、市级媒体刊发图文、电视、广播等稿件2019条。其中，有60条电视新闻作品在中央广播电视总台播出，10次亮相《新闻联播》，3条广播新闻报道在中国之声频率播出；5次登陆浙江卫视《浙江新闻联播》头条。 第二，权威信息渠道的影响力通过"镇灵通"新媒体矩阵和FM104.7品牌打造得到了不断扩大。借助承办各类活动、拓展优质文创产品、新媒体分类传播等方式，扩大自身影响力，提高信息的传播速度和覆盖面。各新媒体平台粉丝总数超过270万，FM104.7广播收听率和市场占有率继

续表

单位名称	发展亮点
镇海区新闻中心（镇海区广播电视台）	续稳居宁波市前两位，以"保五争三拼第一"为目标，加强融媒体指数研判，建立融媒体指数分析例会制度。各部门承接活动近200场次，创制专题片、宣传片、纪录片、短视频等近千部，全方位直观展现现代化滨海大都市科创强区、品质之城建设成果。 第三，民意聚合平台的公信力通过优化网络问政平台、提升"新闻+"服务等方式明显增强。依托"镇灵通"客户端，"网络问政"平台全面向移动端转型，升级优化用户体验，擦亮民生服务特色名片，"新闻+政务+服务+商务"能力显著提升。积极回应民众关切，用心用情用力推动民生领域网络热点问题的解决，平均每月帮助解疑各类民生问题1000余件，搭建社群社区30余个，提升新闻媒体在社会基层治理中的参与度和影响力。
北仑区传媒中心（北仑区广播电视台）	2023年，北仑区传媒中心（北仑区广播电视台）坚持以习近平新时代中国特色社会主义思想为指引，加强全媒体传播体系建设，做大做强事业产业，推进现代新型主流媒体建设。 第一，做大做强，彰显媒体担当。持续推动"主力军挺进主战场"，以"双子星+"新媒体矩阵塑造主流舆论新格局、壮大主流声音，年度融媒体指数位居全省十六名、全市第二名；荣获浙江日报报业集团省域媒体融合技术一体化全省应用示范单位。"仑传"客户端用户数突破60万，获评浙江县级融媒体中心闪光潮鸣号；"北仑发布"微信公众号融媒体指数排名全省第十和全市第一。守牢意识形态主阵地，安全保障坚实有效，全年未发生意识形态安全、广播电视和网络视听播出安全、网络安全责任事故等。 第二，提质增量，内外宣双丰收。聚焦区委区政府中心工作、重点工作等，研究制定主题宣传工作机制。和区内90多个部门、街道达成宣传合作。全媒体平台全年开设重大重要专题专栏40多个。圆满完成全区经济高质量发展大会、女排奥运资格赛、杭州亚运会火炬传递等区域性重大事项的宣传报道工作。年度创优作品获省新闻奖、政府奖三等奖及以上奖项13个，市新闻奖、政府奖一等奖5个。外宣工作实现历史性突破：《人民日报》采用外宣稿近百条；《新闻联播》关注23次，《新闻和报纸摘要》采用广播稿6篇，双双创历史最高。 第三，外修内炼，拓进品牌建设。实施"仑传"形象焕新、融媒体品牌建设等工程，策划承办"八八战略领航发展 用新闻标注蝶变"——"六促六优"专项行动主题展，接待120多支团队3000多人次。探索媒体助力家校社协同共育的新生态，"仑传小记者"品牌打造取得阶段性成果，全区近40所中小学校开设仑传小记者站，小记者人数超过2000人。培育

续表

单位名称	发展亮点
北仑区传媒中心（北仑区广播电视台）	成立"仑语""仑传主播说""仑传直播"等三大融媒体品牌工作室，推出"仑语"作品近30篇、"仑传主播说"作品189期，完成"仑传直播"210场。仑传·视觉北仑数字化图库基本建成，签约入驻摄影师145名，上传图片6000余张。 　　第四，加快机构深度融合，打造全媒体记者队伍。以"大部制""团队化"理念，重塑系统、再造流程，完成5个分中心21个事业部的组织架构，并于2023年年底启动升级优化"进阶版"。建立健全一体化考核激励机制，出台内培外引等系列人才队伍建设制度和"'五新十力'专项行动实施方案"等媒体高质量融合发展办法。2023年，新招录4名事业在编干部，53名非编人员。 　　第五，以民为本优化服务，三效合一聚能发展。继续实施"北仑区60周岁及以上居民用户免缴数字电视基本收视维护费"等惠民政策，每年减免费用1600万元。倾心运营北仑民生在线网络服务平台，2023年共计收到网友发帖6701件、办结6623件，办结率达99%。推出"仑传冰工厂　清凉一座城"和"仑传暖阳屋"大型公益活动，吸引全区部门、街道和商家共同参与，300多个"爱心点""暖阳屋"遍布全区11个街道，"仑传"公益形象、服务张力进一步显现。 　　第六，多元结合寻求突破，提升媒体造血能力。全力推进产业开拓步伐，全年结案创收项目合同金额超1700万元。推动中心下属国企加快转型发展步伐，全区公共视频监控一体化项目全面启动，北仑区应急广播系统升级改造项目（一期）前端建设顺利完成，总投资2700万元的区教育数字化改革技术设施项目顺利开工；全区公共户外广告建设一体化改革正在积极对接；仑传商务有限公司前期筹备运作顺利，集工农文旅于一体的综合展销平台——仑传商城开局良好。
鄞州区融媒体中心（鄞州区广播电视台）	第一，守正创新，筑牢舆论主阵地。聚焦"经济发展""党的二十大精神学习宣传"等重大主题，讲好中国式现代化鄞州实践的生动故事。做精做活"八八战略"、"千万工程"、"比武打擂　七创争先"、杭州亚运会、精特亮等系列报道，三端全年组织推出超300个主题报道系列，总点阅量超过100万人次。深入挖掘鄞州经济社会发展中的创新亮点和暖心故事，加大对中央级主流媒体和省级主流媒体的上送力度，全年广播电视外宣采用1572条（次），其中中央广播电视总台采用173条（次），《新闻联播》播发5条（次）。《传奇中国节》保持3年连续播发12期的高频次纪录。持续跟踪电视问政后续，形成舆论监督闭环；在客户端设置市民爆料、舆论监督等版块，有效提升群众参与度和责任感。

续表

单位名称	发展亮点
鄞州区融媒体中心（鄞州区广播电视台）	第二，网络影响大提升。聚焦升华融媒体指数，成立独立的运营团队，客户端、微信号、抖音号等一齐发力，融媒体指数快速实现飞跃攀升，在全省融媒体指数排名中全年总排名第8。修订出台全新版《鄞州区融媒体中心采编考核办法（试行）》，实行全员短视频制，《鄞州凭什么》等5条短视频成为播放量超过1000次级别的爆款产品；重拳打造《响当当》品牌栏目，全年刊发稿件148篇，篇均阅读量超过2万人次。多措强化政务服务，累计推送政务信息3000余条，头条阅读量超过4000人次帖文实现常态化，活跃用户近10万人。 第三，党建引领，凝心铸魂强根基。"鄞响红"党建品牌成为市、区两级优秀党建品牌；《"鄞响红"推动党的二十大精神落地生根》成为2023长三角县（市、区）级唯一一个广播电视媒体融合优秀案例，为全国县级媒体深度融合提供"鄞州样板"。 第四，数字赋能，技术支撑更有力。投入780万元完成融媒体技术平台（中央厨房）建设，构建起客户端、公众号、抖音号等集成的县级融媒体传播舰队。完成"鄞响"客户端升级建设。推出广播可视化直播间，创新对外传播方式，提升传播效果。
奉化区融媒体中心（奉化区广播电视台）	第一，聚焦内容生产，舆论阵地持续提质。推行"三会工作法"，组建重大主题报道组，导入专家"智囊团"，不断强化高质量创意策划的引领作用，围绕"'八八战略'二十周年""千万工程""城市品牌建设""工业经济发展"等主题，开设主题专栏近30个，全媒体平台刊播重大主题报道100余篇次、言论100余篇次、主流稿件5000余篇次，形成强大舆论引导声势。整合改版《奉视新闻》《民生1890》，完成"优化营商环境"第一期电视问政，改版《乡间小路》对农节目和广播节目，极大程度满足群众对本土文化的需求。广渠道向上级媒体报送奉化特色亮点、成果案例、典型经验等，在中央级媒体和省级各媒体刊播稿件360余篇。 第二，聚焦移动优先，传播能级持续提档。坚持技术引领，迭代升级"掌上奉化"客户端，培育"图说""奉里书香"等特色IP，提供探营揭秘、电台直播等交互性体验，探索商务版块运行，创新开展校地合作，"掌上奉化"客户端装载量突破31万。强化新媒体内容生产，创作完成精品短视频500余个，推出《开拍了，奉化》《家在奉化》《寻味奉化》等爆款产品，积极策划热点话题和内容，抖音运营日渐成熟。优化"奉化│家门口"小程序，上线社区团购、商家推荐、货品上架、外链合作等商务场景，提供社区服务项目逾100个，推动形成15分钟便民生活圈。提前竣工"1+2+N"应急广播IP双向化工程，圆满完成2023年宁波市民生实事项目。

单位名称	发展亮点
奉化区融媒体中心（奉化区广播电视台）	第三，聚焦创新驱动，产业转型持续提速。2023年，实现产业经营创收1.062亿元。持续巩固传统产业基本盘，报纸、电视等创收6 431.67万元。全面提升文化产业经营能力，累计举办《阅读越棒》《桃冠争霸赛》等品牌活动30余场，摄制完成《最美桃花源 最好青创地》《桃源奉化 乐享山海》等专题片20余个，圆满举办"一带一路"研修班、广电建材家装节、新春年货节等，创新推出"老爸老妈去旅游""小记者暑期研学"等品牌活动，文化产业（广告、活动）创收2 536.46万元。全力扩展数字化产业版图，完成长汀社区、迎恩社区等未来社区数字化建设，推进岳林茗山智创小镇会客厅建设，累计建成农村视频监控4200路，数字化产业创收1 655.81万元。 第四，聚焦系统变革，发展动能持续提级。积极沉淀融媒体"360"党建品牌引领作用，扎实开展学习贯彻习近平新时代中国特色社会主义思想主题教育。理顺国企公司运行，制定出台三定方案。启动国企内部遴选三年计划，完成国企第一批次60人的内部遴选和中层选聘工作。聚焦能力素养提升，向外"借智"，邀请资深专家常态化开展业务指导，全年组织播音主持形象塑造、短视频后期剪辑等学科培训37期，开展网络技术、短视频、主持等技术比武活动4次。
余姚市融媒体中心（余姚市广播电视台）	第一，宣传报道有力度，彰显余姚魅力。其一，做强主题报道。围绕市委市政府中心工作，推出《五赛五比 破浪前行》《"八八战略"在余姚》《"千万工程"余姚实践》等专题专栏。以河姆渡文化发现50周年为契机，用心讲好河姆渡文化的故事，拍摄制作的"你好，河姆渡"系列短视频全网传播，播放量超过500万次。其二，做深监督报道。持续加大报道力度，《四明聚焦》《市民关注》等刊发舆论监督报道61篇，基本保持一周一次的刊发频率，推动一批民生问题得以整治。其三，做精外宣报道。采制的《投资超50亿元 宁波余姚推进四明山旅游高质量发展》等160多条（次）稿件被中央广播电视总台各频道/频率、《人民日报》、"新华社"客户端等中央级媒体平台采用。另外，共有115件（次）作品获各级各类新闻奖，其中一等奖作品15件次。 第二，阵地建设有广度，壮大融媒体实力。按照移动优先战略，持续加大对以"姚界"客户端为龙头的新媒体矩阵建设力度。为全市21个乡镇（街道）和55个部门在"姚界"上开通了账号。"姚界"客户端用户达85万，余姚日报微信公众号粉丝量达25万，"姚界新闻"抖音号的粉丝量为18.9万。2023年，包括"姚界新闻"抖音号等新媒体平台发布播放量超过10万次的爆款短视频共计1003条（次）、播放量超过100万次的爆款短视频共计118条（次）。"中央厨房"——融合媒体平台项目建成

单位名称	发展亮点
余姚市融媒体中心（余姚市广播电视台）	投运，获得2023年度"省域媒体融合技术一体化全省应用示范单位"。 第三，产业经营有跨度，激发发展活力。2023年，高质量承建全市应急广播体系建设项目，建成点位数量1850个。同时，加大力度推进优秀电视节目惠民工程，优化服务举措，业务额比2022年增长25%。广联公司积极做好智能停车、智慧城管、全域未来社区智慧服务平台、化工集聚区智慧园区数字化平台等项目。2023年创收2.18亿元，同比上升13.5%。 第四，队伍建设有法度，提高团队效力。抓住学习贯彻习近平新时代中国特色社会主义思想主题教育的良好契机，全力提升融媒体队伍的凝聚力与战斗力。通过编委会、编前会、全体采编人员大会等形式，组织新闻采编人员及时学习新闻宣传纪律和业务知识，强化职业道德修养和安全刊播意识。大力引进适合媒体融合需要的专业人才，2023年招录各类人才24名。另外，根据媒体深度融合工作需要，对内设机构进行调整设置，18个内设部门调整为13个，人力资源得到进一步整合。
慈溪市融媒体中心（慈溪市广播电视台）	第一，实现新闻创优历史性突破。融合报道《潮起东方·寻找百强"共富"密码》获评第33届中国新闻奖二等奖，系宁波各区（县、市）唯一，也系慈溪市该业务领域获得的最高奖项。此次大型融媒体新闻行动以"精雕细琢高质量建设共富共美现代化幸福之城"为主题，依托"乡村振兴"和"共同富裕示范区"全国观察点，灵活运用记者探访Vlog、关键数据分析、网友互动等形式，介绍匡堰镇栋树下艺术村落、桥头镇五姓村、浒山街道糖坊里等3大典型案例，与中央级平台直接建立共建共享共推机制，全网总阅读量超过1.1亿人次。 第二，实现移动优先标志性进展。"慈晓"平台全年推出《主播说慈溪》《周周有礼》《有只小店》《星创客新故事》等独创栏目，与电台合作推出的全民K歌互动类节目《我要唱歌》，平均每天互动2000余条。全年推出粉丝福利活动329场，其中"慈晓"粉丝节、"我要唱歌"决战跨年音乐盛典活动等在线直播观看人次超过30万；搭建"慈晓"评论员平台，推出基层党员在线学习、阅读红包等多个模块，增强舆论引导力。截至2023年年底，"慈晓"客户端指数位列全省第十四、宁波第一。 第三，实现业态链条有效性延伸。累计投入1600万元推进未来社区数字化建设，全年完成并通过2个省级未来社区验收，启动4个省级未来社区创建工作；实施应急广播市平台IP化升级改造，完成294个行政村应急广播IP终端全覆盖，完成15个地质灾害易发点视播结合终端全覆盖。承接总投资1600万元的中横线快速路综合管道建设项目；完成总投资130万元的市域铁路新城大道涉及区域通信综合管道；开工建设总投资200万元三塘横江和姚江流域水系改造通信管线工程。

续表

单位名称	发展亮点
宁海传媒集团（宁海县广播电视台）	第一，主题宣传声势强劲。围绕五大革新突破年、"八八战略"和"千万工程"20 周年、学习贯彻习近平新时代中国特色社会主义思想主题教育等重大主题，策划推出《革新争一流》《"八八战略"在宁海》《千万工程·宁海轨迹》等专题专栏近 40 个，主流声音持续唱响。 第二，短视频内容火爆出圈。组建"直播宁海"抖音号运营团队，开展季度短视频大赛，打造《宁好·奋斗者》《主播说新闻》等短视频栏目。短视频《快递员妈妈给儿子送大学通知书》全网阅读量突破 1000 万人次；《"公交邮路"——给点阳光就灿烂！》荣获浙江政务融媒体作品一等奖。短视频播放量突破 1000 人次的有 2 条，播放量突破 100 万人次的有 91 条，播放量突破 10 万人次的有 564 条。 第三，融媒体矩阵强势发力。打造以新媒体为主阵地的全媒体传播体系，"看宁海"粉丝量超过 33 万，"宁海发布"粉丝量超过 21 万，"直播宁海"抖音号粉丝量超过 25 万。全年开展各类直播 113 场，总阅读量达 400 多万人次。 第四，外宣创优稳步向前。全年中央广播电视总台播发稿件 66 条，其中《新闻联播》播发 4 条；浙江卫视播发 41 条；宁波电视台播发 365 条，其中《宁波新闻》头条播发 5 条；"学习强国"学习平台采用 308 条，"潮新闻"客户端采用 111 条，被评为浙报集团融媒体共享联盟合作奖、浙江省县级融媒体中心优秀天目号等。有 46 件新闻作品获得省市各类奖项 68 个，其中省级奖项 3 个。 第五，产业经营扩容增量。2023 年执行承办徐霞客古道欢乐跑、宁海珍鲜·田野发布会、长街蛏子节、宁海县第四届诗词大会等 10 余项特色活动，通过内外联动、线上线下互动，打响传媒特色融媒体品牌；紧抓数字战略新机遇，积极投身宁海智慧城市建设，承建完成宁海智慧停车项目；积极建设打造市县乡村五级联动应急广播体系，顺利完成宁海应急广播体系建设任务，考核位列全市第一、全省第十；参与完成塔山未来社区智慧服务平台建设，网络应用产业发展取得新突破。 第六，党建引领凝聚合力。扎实开展学习贯彻习近平新时代中国特色社会主义思想主题教育，加强基层党组织建设，推进清廉传媒建设，强化融媒体队伍建设和管理，完成杭州亚运会等重保期安全播出保障工作。获市委组织部"五星级基层党组织"、县"满意机关"等荣誉称号。

续表

单位名称	发展亮点
象山县传媒中心（象山县广播电视台）	第一，聚焦主责主业，在壮大主流舆论上锐意进取。其一，突出政治挂帅。紧贴县委县政府重大部署、重大活动等，全方位报道全县学习贯彻落实党的二十大精神的生动实践，推出《二十大精神在身边》《奋力推进中国式现代化县域先行新实践》等主题专栏、专题800余篇，配发评论75篇。其二，突出独家首创。深挖海洋经济和海洋渔文化生态保护案例，策划《全国蓝碳首拍象山开槌》《亚运举办地，海豚来探馆》《渔山列岛发现浙江海域内最大面积珊瑚群》等爆款新闻作品，播放量达3000余万次。其三，突出大会活动。抓住全国两会、高质量发展大会、农业农村工作会议、全国沙滩排球大满贯赛、迎杭州亚运会倒计时100天等重大会议、活动节点，综合采用直播、专访、一图读懂、短视频、专刊联动等形式，为受众搭建直接便捷的信息通道。其四，突出舆论监督。《电视问政》聚焦"打造一流营商环境"主题问政实效，《每周聚焦》围绕文明创建等问题，推出《文明停车要从机关单位抓起》等深度报道8期。 第二，守正创新，凝心聚力讲好象山故事。在市级以上广电媒体播发象山相关报道1772条，含中央级媒体播出112条，其中中央广播电视总台《新闻联播》6条，在"学习强国"学习平台、《人民日报》、"浙江新闻"客户端等市级以上主流新媒体播发稿件8500余条，在推特等海外平台上累计发帖9500余条。推出系列微纪录片《万象山海·飞越海岸线》第二、三季，用影像艺术的方式打造象山的独特IP。纪录片《家宴》获第十五届中国旅游电视周优秀专题二等奖，另有67件作品获省市县各级奖项。 第三，守牢底线，强化升级舆论阵地建设。根据浙江省媒体融合"一张网"工作要求，联合浙江传播大脑科技公司，打造3.0版"山海万象"客户端。细化优化新媒体值班推送制度，扎实做好新媒体各平台稿件推送及运维工作，"象山发布"微信公众号粉丝量突破20万，"山海万象"微信公众号粉丝量超过16万，"印象山海"抖音号粉丝量达34万。筑牢并壮大意识形态工作主阵地，投入260万元改造升级可视化广播系统、无线覆盖工程700MHz频改等基础设施建设，强化安全日常监管，防范非法插播，落实"三审三校"制度，确保杭州亚运会等重保期安全播出和优质播出。 第四，多维发力，积极开拓事业产业发展。其一，主营和增值业务稳步抓牢。象荣数字技术有限公司坚持不懈抓好全县11余万户数字电视用户的管理运营服务工作，扎实推进低保户数字电视提升工程，承担建设全县信息化项目55个，各项业务总收入达到2.69亿元，获得2023年度全省有线广播电视运营服务工作省级优秀单位。其二，杭州亚运会等保障任务出色完成。圆满完成杭州亚运会线路安保设施项目建设并做好杭

续表

单位名称	发展亮点
象山县传媒中心（象山县广播电视台）	州亚运会安保工作，牵头完成了全国文明城市创建"空中缆线专项整治"工程，并配合协助好市域铁路项目建设。其三，智慧停车业务版图再扩大。县内城区智慧停车向爵溪、石浦等镇乡（街道）拓展。县外智慧停车县外业务，覆盖11个省（自治区、直辖市）30座城市，2023年产值超1亿元，产生利润500万元，上缴税收882万元。
宁波市电影集团有限责任公司	宁波市电影集团有限责任公司以"点亮文旅融合，铸就国企品牌"为主题，精心打造影视产业品牌架构，入选国务院国有资产监督管理委员会评选的全国33个地方国企品牌建设典型案例，为宁波市唯一一家入选单位。 　　积极探索党建与电影文化建设同频共振，赋能影院多样化运营。注重发挥影院作为思想传播文化阵地的作用，与社会各界共建各类合作基地，创新影院营销模式。 　　旗下影院党支部与浙大宁波理工学院外国语学院学生第一党支部共建"志行合一"光影党建实践基地，宁波影都（路桥店）被台州市路桥区授予首家"共青团影院"，与路桥区儿童友好城市建设工作领导小组办公室共建"儿童友好影厅"，宁波影都（高鑫店）与望春街道共建"曙说影院"新时代文明实践点。 　　东方1910影视产业服务线上平台于2月6日被浙江省委宣传部纳入"浙影通"拍摄服务场景试点，同年6月30日上线发布。 　　宁波公益放映工作各项数据综合排名位居全省前列。 　　与中影创新电影发展有限公司签约关于中影二级市场发行服务平台合作，就"中影影视思政大课堂""中影校园影视公益服务平台"两个项目签订合作框架协议。 　　拍摄完成重大革命和历史题材电影《谁持彩练当空舞》，并取得国家电影局颁发的公映许可证（电审故字〔2023〕第753号），启动全国130个点位点映工作。
宁波市影视文化产业区管委会	宁波市影视文化产业区管委会围绕"打造具有国际影响力的影视文化创新中心"的定位目标，聚焦影视拍摄、影视制作、影视旅游、影视金融、影视共富、影视教育等，深化影视旅游产业融合发展，获评浙江省特色小镇2022年度创建小镇评估优秀单位，入选浙江省2023年千万级核心大景区，进入2023年浙江省旅游驿站名单和2023年浙江省服务业领军企业名单，以及2023年宁波市最有价值品牌、宁波市全域旅游服务中心等多项荣誉，有力推动影视旅游产业高质量发展。

续表

单位名称	发展亮点
宁波市影视文化产业区管委会	坚持"深耕影视、融合文旅、创新消费、带动共富"的发展思路，推广应用LED数字虚拟摄影棚，辅助制作《不离不弃》《梦之海》《火星探索》等影视作品，全年接待剧组366个，位居全国影视基地第二；创新开发"唐宋奇妙夜"特色夜游活动、泼水节、电音节、"和平精英"特技秀、冰雪大世界等文旅活动，累计接待游客195.47人次，稳居全国影视基地前列；建成投用706影视双创中心和重点网络影视剧审查中心，构建影视全产业链发展体系，全年累计引进落户企业和明星工作室1000余家。

网络媒体广告收入（万元）	增长率（%）	其他广告收入（万元）	增长率（%）	有线电视网络收入（万元）	增长率（%）	新媒体业务收入（万元）	增长率（%）	其他创收收入（万元）	增长率（%）
829.29	11.79	3 856.80	−12.97	106 258.77	34.59	4 538.40	12.99	50 757.27	105.35
237.90	−41.89	972.26	1.79	36 344.48	204.70	2 366.11	17.92	15 408.61	−11.10
237.90	−41.89	688.27	43.59	0.00	—	2 366.11	17.92	15 408.61	−11.10
0.00	—	283.99	−40.32	36 344.48	204.70	0.00	—	0.00	−100
591.39	77.90	2 884.54	−17.03	69 914.29	4.32	2 172.29	8.07	35 348.66	3 78.60
0.00	—	1.47	100	7 001.50	39.39	0.00	—	2 950.03	100
0.00	—	341.62	−25.37	8 453.53	−1.57	1 352.45	0.96	1 595.77	85.24
325.85	880	415.86	−35.25	4 517.49	−8.41	0.00	—	2 172.84	81.89
0.00	—	0.00	—	16 352.00	1.55	437.00	50.39	4 980.25	1 357.58
0.00	—	336.32	−15.48	7 557.24	14.49	382.84	—	60.21	84.64
0.00	—	0.00	—	11 970.00	−3.18	0.00	—	868.00	−7.46
0.00	—	0.00	—	8 157.39	−2.74	0.00	—	210.87	−36.31
147.54	−18.56	1 298.27	3.82	2 463.14	−0.89	0.00	—	228.69	100
118.00	0.00	491.00	−19.51	3 442.00	35.60	0.00	—	22 282.00	504.44

类别	节目制播情况								广播综合覆	
	广播节目播出时间（时）	增长率（%）	电视节目播出时间（时）	增长率（%）	广播节目制作时间（时）	增长率（%）	电视节目制作时间（时）	增长率（%）	覆盖人数（万人）	覆盖（%
宁波市合计	94 814	0.01	81 014	−0.02	71 236	0.08	9673	−0.03	629.35	10
地市级小计	34 568	0.01	27 232	0.03	28 432	−0.06	1704	0.01	64.33	10
宁波广播电视集团	34 568	0.01	27 232	0.03	28432	−0.06	1704	0.01	64.33	10
宁波华数广电网络有限公司	—	—	—	—	—	—	—	—	—	—
县级小计	60 246	0.01	53 782	−0.04	42 804	0.20	7969	−0.04	565.02	10
江北区	3390	100	—	—	127	100	—	—	28.33	10
镇海区	8760	0.02	5747	0.00	8141	2.49	906	7.47	30.17	10
北仑区	6570	−0.23	7138	−0.16	4362	−0.40	1028	−0.19	44.95	10
鄞州区	8640	0.00	7457	0.00	8640	0.00	360	0.00	98.77	10
奉化区	8029	0.02	6000	−0.03	6942	0.44	660	−0.03	47.66	10
余姚市	5960	0.00	5860	0.00	1445	0.00	371	0.02	83.09	10
慈溪市	6487	0.02	8614	0.00	4747	0.02	2185	0.00	106.91	10
宁海县	6570	−0.24	6761	−0.09	6570	0.34	159	−0.91	71.00	10
象山县	5840	0.14	6205	0.03	1830	0.07	2300	0.55	54.14	10

2023 年宁波广播电视发展主要指标一览表

发展主要指标一览表（一）

	覆盖情况						有线广播电视实际用户数（户）	数字电视实际用户数（户）	双向电视实际用户数（户）
盖率	电视综合覆盖		无线广播综合覆盖		无线电视综合覆盖				
盖率（%）	覆盖人数（万人）	覆盖率（%）	覆盖人数（万人）	覆盖率（%）	覆盖人数（万人）	覆盖率（%）			
0	629.35	100	629.35	100	629.35	100	1 973 163	1 891 474	1 035 584
0	64.33	100	64.33	100	64.33	100	222 651	222 651	151 777
0	64.33	100	64.33	100	64.33	100	—	—	—
—	—	—	—	—	—	—	222 651	222 651	151 777
0	565.02	100	565.02	100	565.02	100	1 750 512	1 668 823	883 807
0	28.33	100	28.33	100	28.33	100	68 073	68 073	22 000
0	30.17	100	30.17	100	30.17	100	57 913	57 913	0.00
0	44.95	100	44.95	100	44.95	100	101036	101 036	4983
0	98.77	100	98.77	100	98.77	100	275 347	200 633	136 569
0	47.66	100	47.66	100	47.66	100	128 823	126 823	9075
0	83.09	100	83.09	100	83.09	100	320 000	320 000	4100
0	106.91	100	106.91	100	106.91	100	397 837	392 862	392 862
0	71.00	100	71.00	100	71.00	100	221 483	221 483	134 218
0	54.14	100	54.14	100	54.14	100	180 000	180 000	180 000

类别	实际创收收入（万元）	增长率（%）	广告收入（万元）	增长率（%）	广播广告收入（万元）	增长率（%）	电视广告收入（万元）	增长率（%）
宁波市合计	192 656.64	37.08	31 102.20	−5.35	10 106.81	10.60	16 309.30	−12.07
地市级小计	77 767.77	37.11	23 648.57	−7.09	7 927.63	7.80	14 510.78	−13.28
宁波广播电视集团	41 139.30	6.07	23 364.58	−6.45	7 927.63	7.80	14 510.78	−13.28
宁波华数广电网络有限公司	36 628.47	104.23	283.99	−40.32	0.00	—	0.00	—
县级小计	114 888.87	37.06	7 453.63	0.61	2 179.18	22.14	1 798.52	−0.94
江北区	9953	98.15	1.47	100	0.00	—	0.00	—
镇海区	12 979.58	6.41	1 577.83	12.03	1 222.19	30.87	14.02	−15.99
北仑区	7 992.50	14.71	1 302.17	54.90	208.20	1 308.66	352.26	134.25
鄞州区	21 901.11	30.46	131.86	154.80	131.86	100	0.00	−100
奉化区	9 035.05	10.53	1 034.76	−10.88	202.12	−22.92	496.32	−9.30
余姚市	13 303.00	−3.31	465.00	1.75	64.00	−37.86	401.00	13.28
慈溪市	8 822.15	−6.38	453.89	−35.62	255.41	−8.97	198.48	−35.24
宁海县	4 470.48	2.48	1 778.65	−5.24	82.40	−48.91	250.44	−11.82
象山县	26 432.00	270.58	708.00	−22.00	13.00	−54.08	86.00	−43.19

2023 年宁波广播电视行业实际创收收入构成情况

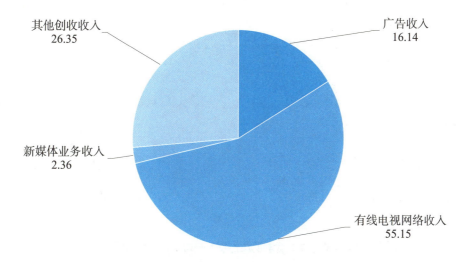

2023 年宁波广播电视行业实际创收收入构成（%）情况图

2023 年宁波广播电视行业实际创收收入构成情况表

收入情况	收入（万元）	占比（%）
有线电视网络收入	106 258.77	55.15
广告收入	31 102.20	16.14
新媒体业务收入	4 538.40	2.36
其他创收收入	50 757.27	26.35
全市合计	192 656.64	100.00

2023 年宁波广播电视广告收入分布情况

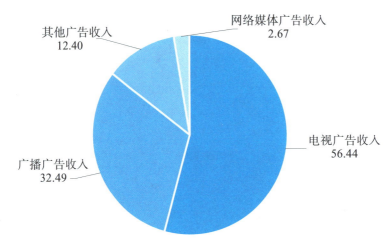

2023年宁波广播电视广告收入分布（%）情况图

2023 年宁波广播电视广告收入分布情况表

收入情况	收入（万元）	占比（%）
广播广告收入	10 106.81	32.49
电视广告收入	16 309.30	52.44
网络媒体广告收入	829.29	2.67
其他广告收入	3 856.80	12.40
合　计	31 102.20	100.00

2023 年度浙江省广播电视奖获奖作品一览表

2023 年度浙江省广播电视节目奖获奖作品一览表

一、广播电视奖

（一）广播电视新闻

1.广播部分

奖项等级	作品类别	作品名称	主创人员	报送单位
二等奖	连续（系列）报道	牢记总书记的嘱托——"甬"在征途	胡旭霞　诸晓丽　杨翰钰　叶秀少　毛洲英　编　辑：沈建华　吴福明	宁波广播电视集团
三等奖	新闻访谈节目	"共享奶奶"传递双向关爱，引领社区新型互助模式	林　玲　冯　筱　衡　帅　周　静　沈棠燕　刘天奇　编　辑：沈弘磊　戴洁敏　王秋萍	宁波广播电视集团

2.电视部分

奖项等级	作品类别	作品名称	主创人员	报送单位
一等奖	新闻访谈节目	"一姐"的进击	金　诚　何星烨　张馨予　庄　钒　吴金城　董寅寅　田　丰　蔡志飞；编　辑：罗建永　陈伯霖　吴亚晓	宁波广播电视集团

续表

奖项等级	作品类别	作品名称	主创人员	报送单位
二等奖	消息	（每吨106元）全国首单"蓝碳"拍卖在宁波成交	屠佳祺　罗建永　王　肃　徐沫骋； 编辑：赵　兵　闫　全	宁波广播电视集团
三等奖	消息	余姚探索破解村医后继乏人难题　首批18名事业编村医到岗	徐沫骋　闫　全　林益柏； 编辑：俞玲芳　赵　兵	宁波广播电视集团

（二）对外传播（"金鸽奖"）（无）

（三）服务类节目

奖项等级	作品类别	作品名称	主创人员	报送单位
二等奖	电视服务类	医院里的"幼儿园"	陈丹丹　刘晶媛　施　展　涂佳磊　崔斓莹　周言射	宁波广播电视集团

（四）内部参考（无）

（五）广播电视报刊新闻与专稿（无）

（六）对农节目

奖项等级	作品名称	主创人员	报送单位
三等奖	20年坚持一件事，鄞州湾底村绘就"向往的生活"	朱　丹　任斌斌　郁振潮　任丹辉　谢莹萍　洪晓薇	鄞州区融媒体中心

（七）少儿节目

1.广播部分

奖项等级	作品类别	作品名称	主创人员	报送单位
一等奖	文艺（综艺）	反诈少年大闯关	邬宵蕾　项　北　刘守则　王泽宇　阮佳妮　李　博	宁波广播电视集团

续表

奖项等级	作品类别	作品名称	主创人员	报送单位
二等奖	系列节目及专题	阿顺洲的大海梦	仇芳华　邬宵蕾　杨剑宇 沈　欣　罗天琦　洪　桦	宁波广播电视集团
二等奖	系列节目及专题	鄞州少年邂逅"太空教师"	朱　丹　贺　叶　张　瑾 朱施展　洪晓薇	鄞州区融媒体中心
三等奖	系列节目及专题	国宝"京"遇记	陈　霞　娄智伟　陆晓珊 周　亮　徐霄鹏	余姚市融媒体中心
三等奖	系列节目及专题	童言童语　我的"它"——生活在北仑的国家级保护动物	盛春莉　张　华　马雪儿 田　琦　王　卓　卢彦伯	北仑区传媒中心

2. 电视部分

奖项等级	作品类别	作品名称	主创人员	报送单位
一等奖	系列节目及专题	班里来了星朋友	严哲泳　石丽虹　陈　多　王桦楠 王　坤　周仲昊	宁波广播电视集团
二等奖	少儿栏目	太阳花开	华　瑛　李巧燕　王晓丹　余婷婷 童泽芝　葛　倡　杨显峰	宁海县传媒集团

二、广播电视新媒体奖

奖项等级	作品类别	作品名称	主创人员	报送单位
一等奖	新闻性短视（音）频	锻"甲"建"网"，桥梁大国攻克世界难题	邓少华　易　鹤　何巧巧 孔锡成　史米可　孙宇卓 黄国飚　陈思佳　梅子满 沈　严	宁波日报报业集团
二等奖	非新闻性短视（音）频	2023年，谁火了？	陈　艳　李　伟　柴尔峰 王世杰　赵　磊　金建锋	鄞州区融媒体中心

续表

奖项等级	作品类别	作品名称	主创人员	报送单位
三等奖	新闻性短视（音）频	查获非法捕捞渔船22艘222人，涉案渔获物21 000余箱400余吨！省、市、县三级渔业部门联合执法	陈佳雯　胡星艺　吴启超　方子龙　贺林汕	象山县传媒中心
三等奖	非新闻性短视（音）频	河姆渡"国宝"进京记	黄茫　杨军　徐宇文	余姚市融媒体中心
三等奖	非新闻性短视（音）频	历史影像丨1990年，亚运火炬传递到宁波！	杨佳佳　周海宇　徐硕　戚一　许赛　陈莉亚　姚淑娟	宁波广播电视集团
三等奖	创意互动	H5：近百所高校集聚宁海赋能乡村振兴	黄浓珍　邱雯雯　童柄霖　杨凯程　罗孙志　朱鲁瑶　张嘉宸　林佳怡　林琪	宁海县传媒集团

三、广播电视播音主持奖

奖项等级	作品类别	作品名称	主创人员	报送单位
一等奖	电视新闻主持	"一姐"的进击	张馨予	宁波广播电视集团
二等奖	广播文艺及其他类	大海啊，我的故乡	毛欣　胡建泽	宁波广播电视集团
二等奖	广播服务类主持	"减肥神器"司美格鲁肽爆火的背后……	刘天奇	宁波广播电视集团
三等奖	广播新闻类	106新闻	张存凯　毕墨	慈溪市广播电视台
三等奖	电视新闻类	宁波新闻（2023年12月22日）	曹力恒　董寅寅	宁波广播电视集团

续表

奖项等级	作品类别	作品名称	主创人员	报送单位
三等奖	电视文艺主持	七色花开之诗词雅会	石丽虹	宁波广播电视集团

四、广播电视学术论文奖

奖项等级	作品类别	作品名称	主创人员	报送单位
二等奖	节目研究	场景化：电视新闻访谈节目的应用与创新——《李健：只为留得青山在》创作实践与思考	张馨予	宁波广播电视集团
三等奖	新媒体及其他研究	深度建设广电粉丝社群策略探索	徐　宁	宁波广播电视集团

五、广播电视广告奖

奖项等级	作品类别	作品名称	主创人员	报送单位
二等奖	广播公益广告	莫让"复制粘贴"破坏原创生态	衡　帅　王骞亿　刘　涛　蓝文田　刘天奇　杨宁宁	宁波广播电视集团
二等奖	电视公益广告	我为亚运代言	陈铭燕　周成通　王桦楠　宓　锐　姜　娴　江　锋	宁波广播电视集团
三等奖	广播公益广告	请对号入座，不要随意占用专用停车位	刘　莹　胡旭霞　汪　蓉　邬宵蕾　王泽宇　洪　桦	宁波广播电视集团
三等奖	广播公益广告	垃圾分类"泰裤辣"	周博文　王思维　艾世强　李练娴	镇海区新闻中心
三等奖	电视公益广告	有个交警弟弟坐副驾是什么体验	陈士伟　王君美　余　骥　朱翰杰	镇海区新闻中心

六、广播电视文艺奖

奖项等级	作品类别	作品名称	主创人员			报送单位
一等奖	电视文艺文学节目	水之语	赵 军	郑 萍	沈飞女	宁波广播电视集团
			吴晟波	陈雅峰	李 帆	
二等奖	广播文艺综艺节目	一起去远航	郭英杰	姚 兰	王骞亿	宁波广播电视集团
			刘 涛	何美樨	王嘉瑜	
二等奖	电视文艺艺术片	向春天出发	郑 萍	沈飞女	吴晟波	宁波广播电视集团
			赵 军	沈弘磊	王军利	
三等奖	电视文艺专题片	渔化万物	金旭东	赵真珍	夏琪磊	象山县传媒中心
			屠世丹	张 薇	金 宇	
三等奖	电视文艺综艺节目	2023宁波市春节联欢晚会	翁莉娜	姜 娴	丁杨明	宁波广播电视集团
			杨 哲	江 锋	李 帆	
			林 杭	魏林骎骎		
			姜陈亚	陈冬青		

第八届（2023年度）浙江省纪录片
"丹桂奖"获奖一览表

奖项等级	作品名称	主创人员			报送单位
优秀短纪录片	追寻河姆渡	黄 茫 杨 军 徐宇文 杨伟冬			余姚市融媒体中心
优秀短纪录片	安家在宁波	邱 艳 胡银杰 钱 程 施 群			宁波光与景文化传媒有限公司

2023 年度浙江省广播节目技术质量
"金鼎奖"获奖一览表

一、广播录制技术质量奖

奖项等级	项目类型	项目名称	获奖单位	主要完成人
一等奖	片花类	宁波腔调	宁波广播电视集团	黄　河　黄　准　马建峰
一等奖	广告类	支教帮扶　奏响"扶苗"乐章	北仑区传媒中心	江干宏　施齐杰
二等奖	语言类	读光者	宁波广播电视集团	黄　河　孙刚鸿　赵　勇
二等奖	语言类	声音博物馆	宁波广播电视集团	朱红天　忻　震　张立影
二等奖	音乐类（马勒交响曲）	第五交响曲（第四乐章）	宁波广播电视集团	孙刚鸿　丁小敏　陈裕文
二等奖	戏曲类	绣球记	宁波广播电视集团	孙刚鸿　吴　挺　金雄翔
二等奖	片花类	秋的回忆	镇海区新闻中心	陈　桢　董珍怡　王建敏
二等奖	广播剧类	阿顺洲的大海梦	宁波广播电视集团	忻　震　黄　河　张立影
二等奖	广播剧类	嘱托	余姚市融媒体中心	万振华　吴高权　陈银洁
三等奖	语言类	青山依旧	慈溪市融媒体中心	孙高峰　费宇晖　徐芳芳

奖项等级	项目类型	项目名称	获奖单位	主要完成人
三等奖	语言类	金蝉脱壳	镇海区新闻中心	王建敏　陈桢　许坚刚
三等奖	语言类（"童"话故事）	你好，问天实验舱	北仑区传媒中心	江干宏　施齐杰
三等奖	语言类	"文明创城　点滴汇聚"——"百姓事马上办"民生热线	宁海传媒集团（宁海县广播电视台）	何红枫　刘赛赛　王晓俊
三等奖	音乐类（勃拉姆斯交响曲）	第三交响曲（第四乐章）	宁波广播电视集团	黄河　忻震　赵勇
三等奖	音乐类（古筝）	银河碧波	北仑区传媒中心	江干宏　施齐杰
三等奖	音乐类（广播连续剧）	等你太久了	余姚市融媒体中心	吴高权　汪颢　陈银洁
三等奖	戏曲类	走马御史（第七场）	宁波广播电视集团	黄河　俞敏　黄准
三等奖	戏曲类	陆文龙选段	余姚市融媒体中心	汪颢　陈银洁　吴高权
三等奖	片花类	八一	宁波广播电视集团	忻震　张立影　丁小敏
三等奖	片花类	风尚生活秀	慈溪市融媒体中心	孙高峰　孙建军　张万能
三等奖	片花类	片花风景篇	宁海传媒集团（宁海县广播电视台）	何红枫　刘赛赛　王晓俊
三等奖	广告类	家和万事兴	慈溪市融媒体中心	孙高峰　洪涛　朱红吉
三等奖	广告类	节约用水	宁波广播电视集团	黄河　丁小敏　吴挺

续表

奖项等级	项目类型	项目名称	获奖单位	主要完成人
三等奖	广播剧类	复仇者	宁波广播电视集团	黄　河　陈裕文 吴　挺

二、广播播出技术质量奖

奖项等级	获奖单位	主要完成人
一等奖	宁波广播电视集团	朱红天　孙刚鸿　忻　震　赵　勇　黄　河　丁小敏 黄　准　张立影　吴　挺　陈裕文
三等奖	余姚市融媒体中心	万振华　吴高权　陈银洁　汪　颢　阮建庆
三等奖	镇海区新闻中心	王建敏　董　波　嵇　波　陈　桢　虞杲红　许坚刚
三等奖	慈溪市融媒体中心	孙高峰　费宇晖　孙建军　岑泽煊　胡建人　孙丹勇 胡文成　薛　松
三等奖	宁海传媒集团（宁海县广播电视台）	何红枫　刘赛赛　王晓俊　侯　斌　陈　吉
三等奖	北仑区传媒中心	江干宏　施齐杰　王承东

2023 年度浙江省电视节目技术质量
"金鼎奖"获奖一览表

一、电视播出技术质量奖

奖项等级	获奖单位	主要完成人
一等奖	宁波广播电视集团	朱红天　吴晨海　陈列铭　李洪波　贺晓连　戴宏斌 毛迅成　沈　雷　鲍岳伟　黄银萍　江　明　张瀚鹏
三等奖	北仑区传媒中心	林　浩　陈建伟　黄汇宇
三等奖	鄞州区融媒体中心	姚赛芬　曾立云　戴云龙　吴珊妍　应志峰　张　旻

二、高清电视录制技术质量奖

奖项等级	项目类型	项目名称	获奖单位	主要完成人
一等奖	高清专题类	浙东邹鲁	宁波广播电视集团	夏樱芝　黄晶俊 林　琳　王友琴
一等奖	高清专题类	寻迹四明	宁波广播电视集团	程　波　俞　敏 刘冬平　毛迅成
一等奖	高清综艺文体类	江河湖海共春潮——2023宁波市春节联欢晚会	宁波广播电视集团	陆　琦　乐　袁 潘白涛　孙昱伟 顾晓宇　冯　雷
一等奖	高清视频图形（短片类）	2023海丝之路文化和旅游博览会	宁波广播电视集团	徐夏丹　李　帆 张　俊
一等奖	高清视频图形（短片类）	追火丹尼尔	北仑区传媒中心	邵芬芬　谢　彪
一等奖	高清视频图形（片头类）	亚运北仑味	北仑区传媒中心	邵芬芬　项秋冰 谢　彪
二等奖	高清新闻类	看点	宁波广播电视集团	朱旭杰　姚庆波 应可进　戴宏斌
二等奖	高清新闻类	宁波新闻	宁波广播电视集团	金雄翔　李　炯 叶慧惠　李奇阜
二等奖	高清专题类	我自民间来	北仑区传媒中心	谢　彪　邵芬芬
二等奖	高清综艺文体类	2022—2023中国男子篮球职业联赛（宁波町渥—天津先行者）	宁波广播电视集团	干一润　王征新 戴　羽　谢联斌 章灵辉　应可进
二等奖	高清视频图形（短片类）	发现宁波	宁波广播电视集团	曾泽坤　王　晨 岑迪来
二等奖	高清视频图形（短片类）	活力镇海	镇海区新闻中心	董珍怡　傅景涛 王　磊

续表

奖项等级	项目类型	项目名称	获奖单位	主要完成人
二等奖	高清视频图形（片头类）	2023海丝之路文化和旅游博览会发布会	宁波广播电视集团	袁琼妮　李聪祺　徐益峰
三等奖	高清新闻类	北仑新闻	北仑区传媒中心	贺　佳　赵甲飞　吴采伊
三等奖	高清新闻类	鄞视报道	鄞州区融媒体中心	姚赛芬　戴云龙　张　旻　吴珊妍
三等奖	高清新闻类	象山新闻	象山县传媒中心	李仁德　郑科峰　龚　成　朱永杰
三等奖	高清专题类	藏锋	象山县传媒中心	屠世丹　聂芳芳　干　磊　刘竞成
三等奖	高清专题类	朱涛	余姚市融媒体中心	宋建红　万振华　严　杰　严宇珂
三等奖	高清专题类	有你就幸福	镇海区新闻中心	陈　桢　董珍怡　嵇　波　虞杲红
三等奖	高清视频图形（短片类）	破界	奉化区融媒体中心	王志炜　尹　磊　孙亦斌
三等奖	高清视频图形（短片类）	三拾光	奉化区融媒体中心	尹　磊　王志炜　莫华立
三等奖	高清视频图形（短片类）	鄞州，凭什么	鄞州区融媒体中心	曾立云　戴云龙　吴珊妍
三等奖	高清视频图形（短片类）	余姚旅游	余姚市融媒体中心	严宇珂　宋建红　严　杰
三等奖	高清视频图形（短片类）	风过重洋	象山县传媒中心	屠世丹　聂芳芳　刘竞成
三等奖	高清视频图形（片头类）	"八八战略"统领下宁波现代化之路	宁波广播电视集团	陈波迪　吴颖丹　马乐宁

续表

奖项等级	项目类型	项目名称	获奖单位	主要完成人
三等奖	高清视频图形（片头类）	象山电视台片头	象山县传媒中心	李仁德　郑科峰　龚　成
三等奖	高清视频图形（片头类）	2023年中国沙滩飞盘公开赛	北仑区传媒中心	谢　彪　蔡苏杰　邵芬芬

2023年浙江省广播电视科技创新项目"金潮奖"获奖一览表

奖项等级	项目类型	项目名称	获奖单位	主要完成人
一等奖	科技论文奖	基于智能推荐的社区融媒播发系统探索与实践	宁波广播电视集团	武开有
二等奖	科学成果应用与技术革新类	基于广电业务流程的智慧管理系统研究及应用	宁波广播电视集团	黄培建　马旭文　乐栎砾　陈　晔　武开有　任泽冰　徐翰林　应海涛
二等奖	科学成果应用与技术革新类	基于"二维码定位"的智能虚拟演播系统	宁波广播电视集团腾讯云计算（北京）有限责任公司	朱红天　王征新　程　波　曾泽坤　于一润　王友琴　陈法圣　周惠芝
二等奖	工程技术类	基于混合云+双中台架构的智慧融媒内容生产基座	宁波广播电视集团腾讯云计算（北京）有限责任公司	朱红天　黄培建　吴石松　孙　欣　刘宏杰　舒文琦　徐少勇　屠凯豪
二等奖	软科学类	城乡社区融媒宣传数字基础设施建设运营指南	宁波广播电视集团	朱红天　武开有　吴石松　陈　晔　马旭文　贺晓连　沈福明　张静怡

续表

奖项等级	项目类型	项目名称	获奖单位	主要完成人
二等奖	基层优秀科技创新类	全媒体演播室"多核"全流程智能集控系统	宁海传媒集团（宁海县广播电视台）	何红枫　骆海林 项高飞　徐世吉 陈　吉　刘赛赛 侯　斌　李　钰
二等奖	基层优秀科技创新类	基于数字孪生技术的智能化广电机房管理系统	余姚市融媒体中心宁波智想科技有限公司	叶逢春　杨兴浩 钟孟君　干鑫淼 朱　斌
二等奖	基层优秀科技创新类	宁波文旅数字大脑项目	宁波华数广电网络有限公司	王雷达　龙学勇 吴奕曙　周　勇 麻琪麟　陈　述 吴　星　俞伟杰
二等奖	基层优秀科技创新类	基于新型数字电视监测系统在前端的应用	宁海传媒集团（宁海县广播电视台）	骆海林　项高飞 何红枫　徐世吉 李　钰　方　杰 侯　斌　尤海斌
二等奖	科技论文奖	音视频 IP 协议在广播电视台业务融合中的应用研究	宁波广播电视集团	孙刚鸿
二等奖	科技论文奖	广播电视无线发射台站调频天线改造设计与实践	宁波广播电视集团	王实现
二等奖	科技论文奖	有线电视直播频道节目自动化采集系统的研究与实现	宁波华数广电网络有限公司	徐　均
二等奖	科技论文奖	无压缩 IP 灾备云播出系统建设思路探讨	宁波广播电视集团	吴石松
三等奖	高新技术研究与开发奖	基于大数据的智慧广电运维服务平台	宁波华数广电网络有限公司	王雷达　乌奕曙 龙学勇　楼　昶 王晨明　杨沪辉 童子成　邱　琦

续表

奖项等级	项目类型	项目名称	获奖单位	主要完成人	
三等奖	科学成果应用与技术革新类	基于多源数据融合的新闻联播智能化分析安播保障平台	宁波广播电视集团	朱红天　谢辉珍 吴晨海　沈　雷 陈列铭　陈荣海 戴宏斌　李洪波	
三等奖	科学成果应用与技术革新类	宁波市广播电视广告智能监测及分析系统	宁波市广播电视监测中心	马海荣　陈方晖 韩计海　陈　琛 唐春光　李　潇 俞　萍　张　璇	
三等奖	科学成果应用与技术革新类	基于PLC的高山发射台电力远程监控系统	宁波广播电视集团	毛世俊　李盈达 李子豪　朱　晴 杜贤桁　董　恩 冯国荣　李　科	
三等奖	科学成果应用与技术革新类	基于多维数据融合感知的未来社区智慧服务平台	余姚市融媒体中心 宁波智想科技有限公司	叶逢春　杨兴浩 徐　剑　唐焕波 陈秀芳	
三等奖	基层优秀科技创新类	广播融媒体播控平台	宁波广播电视集团	孙刚鸿　忻　震 赵　勇　徐夏丹 张立影　丁小敏 黄　准　吴　挺	
三等奖	科技论文奖	广电内容管理中视音频AI跨模态检索技术的应用研究	宁波广播电视集团	吴石松　徐少勇	

2023年浙江省广播电视技术能手竞赛获奖一览表

奖项等级	项目名称	获奖单位	获奖人员
一等奖	网络安全团队奖	宁波广播电视集团	陈武祯
二等奖	监测监管	宁波市广播电视监测中心	唐春光

续表

奖项等级	项目名称	获奖单位	获奖人员
二等奖	网络安全	慈溪市融媒体中心	赵战战
二等奖	网络安全	宁波华数广电网络有限公司	吴涨涛
二等奖	装维技能	宁波华数广电网络有限公司	温正奎
二等奖	装维技能	宁波市鄞州区华数广电网络有限公司	张浩杰
二等奖	智家工程师	宁波华数广电网络有限公司	杨梓源
三等奖	有线网络	余姚市融媒体中心	潘国栋
三等奖	网络安全	宁波华数广电网络有限公司	陆靖豪
三等奖	装维技能	宁波华数广电网络有限公司	陈国君
三等奖	智家工程师	宁波华数广电网络有限公司	孙立挺
三等奖	智家工程师	宁波华数广电网络有限公司	项凯胜

2023 年度宁波市广播电视奖获奖作品一览表

2023 年度宁波市广播电视节目奖获奖作品一览表

一、广播电视新闻奖

（一）广播新闻

一等奖（7件）

序号	作品类型	作品名称	主创人员	报送单位
1	消息	全国首单蓝碳拍卖交易在象山"落槌"	周凌辉　沈建华　胡旭霞；编　辑：沈弘磊　吴福明	宁波广播电视集团
2	消息	18名事业编村医到岗　我市破解村医队伍后续乏人	郑杰锋　陈　霞；编　辑：陆小玲　王　润　马金浩	余姚市融媒体中心
3	评论	"围村收费"的目的在于管理而不是收费	林　玲　冯　筱　沈棠燕　刘　涛；编　辑：沈弘磊　戴洁敏　王秋萍	宁波广播电视集团
4	评论	在撒播温暖善意的路上　鄞州"奶奶"何以频频出圈	张　琼　李琦辉　邵天雨；编　辑：崔　颖　谢莹萍	鄞州区融媒体中心
5	新闻专题	赤瓜礁来信了	诸晓丽　叶赵明　翁常春　张倩奕　毛洲英　周　月；编　辑：邬宵蕾　洪　桦	宁波广播电视集团

续表

序号	作品类型	作品名称	主创人员	报送单位
6	新闻节目编排	92新闻晚高峰	策　划：胡旭霞　沈建华　王秋萍； 记　者：周凌辉　吴　巧　蒋　博； 播　音：章娴雅　范铁轩； 编　辑：吴福明　汪　蓉	宁波广播电视集团
7	新闻访谈节目	蓝天救援队在土耳其的108个小时	朱　丹　吴益丹； 编　辑：朱施展　李　伟	鄞州区融媒体中心

二等奖（11件）

序号	作品类型	作品名称	主创人员	报送单位
1	消息	"天宫课堂"第四课开讲，宁波学生与航天员"天地连线"	李　宁　王秋萍； 编　辑：沈建华　吴福明	宁波广播电视集团
2	消息	"宁波帮"再为家乡捐资兴学，甬江畔开建宁波版"西湖大学"	吴梦帆　顾雁君　王余晨寅　刘　云； 编　辑：吴梦帆	镇海区新闻中心
3	消息	全国首单蓝碳拍卖今天在象山成交	邱瑞娜　周春梅　陈亚琴； 编　辑：石保青	象山县传媒中心
4	消息	我市挖掘超万个就业见习岗位助力毕业生高质量就业	章　凯； 编　辑：赵丽萍	江北区全媒体中心
5	系列（连续）报道	牢记总书记的嘱托——"甬"在征途	胡旭霞　诸晓丽　杨翰钰　叶秀少　毛洲英； 编　辑：沈建华　吴福明	宁波广播电视集团
6	系列（连续）报道	抢占亚运赛道，展现制造实力——宁波民企的力量密码（特别报道）	周凌辉　蒋　博　林晨雨　编　辑：沈建华　王秋萍　胡旭霞	宁波广播电视集团
7	系列（连续）报道	北仑打造儿童友好基层建设样本	唐梦阳　赵前进　王　越； 编　辑：浦薇薇　蔡晓馨　谢　挺	北仑区传媒中心

续表

序号	作品类型	作品名称	主创人员	报送单位
8	系列（连续）报道	"强信心　拓市场　促发展"	徐国斌　张金科　胡　超；编　辑：徐国斌	慈溪市融媒体中心
9	新闻专题	宁波招聘"事业编"乡村医生　破解全国性难题	吴　昊　蒋　博；编　辑：王秋萍　沈建华	宁波广播电视集团
10	新闻专题	点燃乡村文化振兴的一把火	张　帆　张秀珍　雷　洋　方　岑；编　辑：张秀珍　方　岑	宁海传媒集团
11	新闻访谈节目	东钱湖有一群"共享奶奶"	林　玲　冯　筱　衡　帅　周　静　沈棠燕　刘天奇；编　辑：沈弘磊　戴洁敏　王秋萍	宁波广播电视集团

三等奖（14件）

序号	作品类型	作品名称	主创人员	报送单位
1	消息	能种、能养、能旅游　"一田三用"盘活田园经济	周　芳　顾　闻　刘　云　徐立栋；编　辑：施俊杰	镇海区新闻中心
2	消息	政策性融资担保为小微鄞企发展"担"出新天地	张文胜　周聪迪；编　辑：张　琼	鄞州区融媒体中心
3	消息	协作东风让产业的"索玛花"在彝乡盛放	严梓宁　王林威　张裕定；编　辑：邢良军　周钰莹	奉化区融媒体中心
4	消息	"从无到有"迈向"从有到优"　余姚机器人产业逐梦蓝天振翅飞	吕　莹　范榆柯；编　辑：陈　霞　马金浩　王　润	余姚市融媒体中心
5	消息	宁波首家全域环境24小时巡查无人机机场亮相慈溪	沈斌峰　胡　超；编　辑：杨　益	慈溪市融媒体中心

续表

序号	作品类型	作品名称	主创人员	报送单位
6	消息	跨越山海共绘"千万工程"画卷 宁海、普格两地"村长园长"走上舞台当发布人	陈　俊　赵士超　张秀珍　叶士通； 编辑：张秀珍　周艳阳	宁海传媒集团
7	消息	一外籍货轮船员海上发求援　象山海上作业部门"夜奔"救人	邱瑞娜　陈亚琴　董蒙蒙　编辑：石保青	象山县传媒中心
8	消息	(山海相连 甬凉情深)协作"东风"为越西人民带来家门口的"致富经"	余月祥　罗　彪； 编辑：赵丽萍	江北区全媒体中心
9	系列(连续)报道	城市变形计	徐　焕　俞朝辉　王巧玲　司徒凯　朱莹莹　潘淑瑶　程宇洋　周璧颖　李琦辉　朱梓榭　高佳胤； 编辑：崔　颖　章良开	鄞州区融媒体中心
10	评论	应及早谋划好"后亚运时代"这篇文章	孙海苗　郑杰锋　徐霄鹏　编辑：王　润　陈　霞　李宏伟	余姚市融媒体中心
11	新闻专题	新时代的"工匠精神"——"海派"修表师於嘉和：择一事"钟"一生	唐梦阳　赵前进　盛春莉； 编　辑：郭智博　谢　挺　蔡晓馨	北仑区传媒中心
12	新闻专题	竺士杰：与东方大港共成长	谢　挺　唐梦阳　虞海波　郭智博； 编辑：虞海波　唐梦阳	北仑区传媒中心
13	新闻专题	"360"劳动争议多元化解模式助推社会智治	王林威　沈晓萍； 编　辑：邢良军　周钰莹	奉化区融媒体中心
14	新闻访谈节目	寻访224位浙籍女英烈的价值回响	王泽宇　张　睿； 编　辑：陈姝慧　陈　臻	宁波广播电视集团

（二）电视新闻

一等奖（9件）

序号	作品类型	作品名称	主创人员	报送单位
1	消息	（每吨106元）全国首单"蓝碳"拍卖在宁波成交	屠佳祺　罗建永　王　肃　徐沫骋； 编　辑：赵　兵　闫　全	宁波广播电视集团
2	消息	七旬老人　八年坚守　为大山孩子送教	赵文文； 编　辑：周　舟　丁晓婷	海曙区全媒体中心
3	消息	（直击亚运）见证夺金时刻	励争臻　朱　磊； 编　辑：石保青　郑　琪	象山县传媒中心
4	系列（连续）报道	营商环境系列报道	邢良军　张裕定　职　望　单晓峰 袁伟鑫　邬诚挺　王林威　何腾涛； 编　辑：邢良军　董　伟	奉化区融媒体中心
5	新闻专题	毕业季：揭秘租房骗局（上下）	曹　力　何　枫　蔡丽莉　徐　鼎； 编　辑：姚　昊　李剑飞	宁波广播电视集团
6	新闻专题	小微企业约见大领导　"政企通会客厅"面对面助企纾困	潘怡帆　周震霄　张旭灿　杨思敏； 编　辑：朱邦安　葛斌斌	宁海传媒集团
7	新闻现场直播	杭州亚运会火炬传递活动宁波站现场直播	姜　娴　冯　勇　翁莉娜　邵　磊 陈方晓　江　锋　任力廷　林　杭 李　帆　宓　锐　王桦楠　张　帅 黄瑶汝　蔺　鲁　杜　勇　洪　楠 陈青禾　周　衍　董　琳　章天宁； 编　辑：蒋　昕　郭　栋　陈铭燕 姚慧慧　杨佳佳　李巨家	宁波广播电视集团
8	新闻访谈节目	"一姐"的进击	金　诚　何星烨　张馨予　庄　钒 吴金城　董寅寅　田　丰　蔡志飞； 编　辑：罗建永　陈伯霖　吴亚晓	宁波广播电视集团
9	新闻纪录片	小港的秋天	丁杨明　罗建永　张静茹　姜宜含 励　正　陈　炜　李梦玲； 编　辑：胡文飞　周洋文	宁波广播电视集团

二等奖（13件）

序号	作品类型	作品名称	主创人员	报送单位
1	消息	74岁外贸人应秀珍闪耀创业大赛决赛现场	何星烨　金　诚　张馨予　庄　钶　许建树；编辑：田　丰　蔡志飞　叶慧惠	宁波广播电视集团
2	消息	余姚探索破解村医后继乏人难题　首批18名事业编村医到岗	徐沫骋　闫　全　林益柏；编辑：俞玲芳　赵　兵	宁波广播电视集团
3	消息	锻链条　重培育　镇海畅通石墨烯产业链	周　芳　施俊杰　刘　云　徐立栋　孙珂沁；编辑：乐　芸	镇海区新闻中心
4	消息	毕业生向食堂阿姨"深情告白"感谢亲妈式投喂	徐　焕；编辑：崔　颖　史　进	鄞州区融媒体中心
5	消息	奉化渔民"养"海记	王林威　邢良军　张裕定　郑连乔；编辑：邢良军　董　伟	奉化区融媒体中心
6	消息	企业资金链岌岌可危　法官两次上门送来执行款	罗耀辉；编辑：陆小玲　杨华平　王　润	余姚市融媒体中心
7	消息	跨越2000多公里　为布拖县3000户彝族家庭拍摄纪念照	吴奇林　严小和　汪　兵　赵雪军；编辑：吴奇林	慈溪市融媒体中心
8	系列（连续）报道	冲寒已觉东风暖	鲁勇辛　谢　挺　邹诗琪　张　强；编辑：严武意	北仑区传媒中心
9	评论	超前部署为何落后	林丽媛　王佩璐　徐鼎；编辑：姚　昊　李剑飞	宁波广播电视集团
10	新闻专题	宁波鄞州：龙舟战赛艇　激情燃端午	高佳胤　黄升乐　史　进　张　弦　任丹辉　陈宁宁；编辑：朱　丹　章良开	鄞州区融媒体中心

续表

序号	作品类型	作品名称	主创人员	报送单位
11	新闻节目编排	宁波新闻（2023年9月12日）	赵 兵 闫 全 俞玲芳；编辑：赵 兵 闫 全 俞玲芳	宁波广播电视集团
12	新闻访谈节目	用脚来书写乐观的人生	张旭灿 潘怡帆 周震霄；编辑：朱邦安 葛斌斌	宁海传媒集团
13	新闻纪录片	回家	杨彦翀 陈 蕾 徐沭骋 王 肃 蔡非帆 屠佳祺 田 谊；编辑：周洋文 闫 全	宁波广播电视集团

三等奖（18件）

序号	作品类型	作品名称	主创人员	报送单位
1	消息	宁波首例婴儿活体肝移植成功实施	田唯亮 徐 硕 陈 曦 刘建勖；编辑：周海宇 夏吉波	宁波广播电视集团
2	消息	浙江首个全球最大LNG储罐完成承台施工	杨亚妮 严健中；编辑：谢 挺 王萍萍	北仑区传媒中心
3	消息	爱心接力 离散44年亲人终相聚	俞朝辉 任斌斌；编辑：崔 颖 李 伟	鄞州区融媒体中心
4	消息	警示桶秒变"爱心路标"热心司机小举动消除大隐患	方 振 柳家欢；编辑：邢良军 董 伟	奉化区融媒体中心
5	消息	"桃三代"成了当地"农民网红"	严梓宁 单晓峰；编辑：邢良军 董 伟	奉化区融媒体中心
6	消息	首个杨梅共富工坊联盟成立 农户增收致富打开新路子	朱林锋 蒋顺侠；编辑：许俊琳	慈溪市融媒体中心
7	消息	有"看头"更有"赚头" 山村小院"庭院经济"奏响共富乐章	陈 俊 陈锦波 吴 帅 娄伟杰；编辑：葛斌斌 朱邦安	宁海传媒集团

续表

序号	作品类型	作品名称	主创人员	报送单位
8	消息	集合众人抬车救人的"挥手哥"找到了	林晨雨； 编　辑：董颖超	江北区全媒体中心
9	消息	危急关头！交警铁骑"飞身一跃"勇救溺水老人	章　凯； 编　辑：董颖超	江北区全媒体中心
10	系列（连续）报道	刺破"生鲜灯"下的美颜面纱（三篇）	王勤刚　陈彦如　王宇权 刘智超　屠佳祺； 编　辑：闫　全	宁波广播电视集团
11	系列（连续）报道	（开门立法）电动自行车充电安全立法调查	王勤刚　王宇权　陈彦如 刘智超； 编　辑：赵　兵	宁波广播电视集团
12	系列（连续）报道	记者调查：课间10分钟北仑的中小学生都在干什么？	鲁勇辛　谢　挺　严武意 成百舸　刘　唯　邹诗琪 邬知廷； 编　辑：张海鸳　乐佳玮	北仑区传媒中心
13	系列（连续）报道	"亚运·面孔"	徐　静　励争臻　汤苛瑜 朱　磊　徐观霖　李朝晖； 编　辑：石保青　夏琪磊	象山县传媒中心
14	评论	乡村医改：让每个群众都真正有"医"靠	钱其杰　徐　鼎　虞　航； 编　辑：罗建永　姚　昊 李剑飞	宁波广播电视集团
15	新闻专题	"山"与"海"的呼应，95后人事专员招工记	吴梦帆　刘　云　计怀斐 王旭雷　方园园　徐立栋 顾　闻； 编　辑：吴梦帆　计怀斐	镇海区新闻中心
16	新闻专题	传统戏剧的春天（上）·村里来了戏班子（下）：唱老百姓喜欢的戏	郑　琪　石保青　朱　磊 贺林汕　楼李武； 编　辑：郑　琪　黄柳博	象山县传媒中心

续表

序号	作品类型	作品名称	主创人员	报送单位
17	新闻访谈节目	微光点亮希望家园	吴梦帆　王余晨寅　乐芸　方园园　刘云　徐立栋　陈潇　徐幼蕾；编辑：吴梦帆　乐芸　方园园	镇海区新闻中心
18	新闻纪录片	朱涛：穿行在"云"端	黄茫　徐宇文　杨伟冬；编辑：王润　黄茫	余姚市融媒体中心

二、纪录片奖

（一）纪录片（播出机构）

一等奖（1件）

序号	作品类型	作品名称	主创人员	报送单位
1	短纪录片	鄞风宋韵	邵波　洪晓薇　焦征远　李伟　陈伟骏　骆琳	鄞州区融媒体中心

二等奖（1件）

序号	作品类型	作品名称	主创人员	报送单位
1	短纪录片	追寻河姆渡	黄茫　杨军　徐宇文　杨伟冬	余姚市融媒体中心

三等奖（2件）

序号	作品类型	作品名称	主创人员	报送单位
1	短纪录片	有你就幸福	王旭雷　孙真文　刘健　马海霞　黄丽	镇海区新闻中心
2	微纪录片	让我做你们的"医靠"	郝玉亮　蔡苏杰　王奕丹　娄君杰	北仑区传媒中心

（二）纪录片（社会机构）

最佳奖（1件）

序号	作品类型	作品名称	主创人员	报送单位
1	短纪录片	安家在宁波	邱　艳　胡银杰　钱　程　施　群　胡晓青　胡子金	宁波市建设数据和档案管理中心 宁波光与景文化传媒有限公司

优秀奖（2件）

序号	作品类型	作品名称	主创人员	报送单位
1	短纪录片	中山路4号	陈　峰　程双喜　阙文闻　徐中顺　何云云　贺　洁　汪海炳　陈修凡　陈德龙	宁波众诚文化传播有限公司
2	微纪录片	秘境龙观	蔡明东　方艺蒙	浙江泛播传媒文化有限公司

入围奖（2件）

序号	作品类型	作品名称	主创人员	报送单位
1	微纪录片	一纸良方	张喆鑫（马路）　赵　野　陈喆赟　叶永乐　沈益超　何梦露	宁波市江北区为一文化创意工作室 宁波风向文化传媒有限公司
2	微纪录片	重生	邵林杰　李　勇　蔡一鸣　张翰卿	宁波一克文化传媒有限公司 宁波蓝创文化传播有限公司

　　注：最佳奖等同于宁波市广播电视节目奖一等奖，优秀奖等同于宁波市广播电视节目奖二等奖，入围奖等同于宁波市广播电视节目奖三等奖。

三、服务类·内参奖

一等奖（3件）

序号	作品类型	作品名称	主创人员	报送单位
1	广播服务类	生命的最后一公里，用爱疗护	蓝文田　金丹露　娄邵明	宁波广播电视集团
2	广播服务类	五一旅游攻略——进淄赶"烤"	宋凯　凌白	奉化区融媒体中心
3	影像内参	老旧小区改造投诉量居高不下现象需引起警惕	谢宇雷　徐旭之　李剑飞　蔡丽莉　钱其杰　虞航　林丽媛　郑静峰　罗建永　姚昊	宁波广播电视集团

二等奖（6件）

序号	作品类型	作品名称	主创人员	报送单位
1	广播服务类	双十一购物节防骗秘籍发布进行时	衡帅　王伟波　江挺　周璐　蒋翼鸥　戴婧诗	宁波广播电视集团
2	广播服务类	出发，汽车人——冬季汽车保养	卢彦伯　王卓　张卓妮	北仑区传媒中心
3	广播服务类	气道异物梗阻的应急救护	陈霞　娄智伟　谢瑶珊　方佳羽　王一男	余姚市融媒体中心
4	电视服务类	医院里的"幼儿园"	陈丹丹　刘晶媛　施展　涂佳磊　崔斓莹　周言射	宁波广播电视集团
5	电视服务类	食用菌"共富舱"助力农业增效农民增收	沈旭琴　张肯登　卓汝婷　徐佳倩	奉化区融媒体中心
6	电视服务类	五一出行攻略	沈洁　张晓晓　蔡挺　汤苟瑜　章以芳	象山县传媒中心

三等奖（9件）

序号	作品类型	作品名称	主创人员	报送单位
1	广播服务类	"减肥神器"司美格鲁肽爆火的背后……	刘天奇　沈弘磊　娄邵明　王骞亿　衡帅	宁波广播电视集团
2	广播服务类	关于反诈这件事	朱丹　朱施展　赵磊　邬佳怡	鄞州区融媒体中心
3	广播服务类	警钟长鸣：中小企业反诈攻略	卢彦伯　贾瑶雨　王卓　梅笑晗	北仑区传媒中心
4	广播服务类	一个电话手表的反诈之旅	艾世强　陆楚楚　吴梦帆　崔春天	镇海区新闻中心
5	广播服务类	象往亚运　奔赴山海——亚运滨海之旅	沈绚　张蓉丽　张玲玲　石熹	象山县传媒中心
6	电视服务类	山海经	谢俊杰　施嘉凯　杜倩　蔡苏杰	北仑区传媒中心
7	电视服务类	奉话健康——关于卵巢癌的二三事	李铁　应婕敏　蒋豪	奉化区融媒体中心
8	电视服务类	普法帮帮团　大学生的那些事儿	洪方楠　叶商伦　董颖超　余月祥　王璐　黄人超　叶奇健	江北区全媒体中心
9	电视服务类	彭桥麻花——点心里的江南精致	邹沪斌　朱松青	慈溪市融媒体中心

四、文艺奖

（一）广播文艺

一等奖（3件）

序号	作品类型	节目名称	主创人员			报送单位
1	文学节目	读光者	仇芳华　邬宵蕾　尹思源　黄　河　陈裕文　毛洲英			宁波广播电视集团
2	文学节目	徐霞客——知名大V的成功总有一段传奇励志的故事	唐珊珊　王鸫涞　雷　洋　沈小芳　张洪睿　陈　隽			宁海传媒集团
3	综艺节目	一起去远航	郭英杰　姚　兰　王骞亿　刘　涛　何美榫　王嘉瑜			宁波广播电视集团

二等奖（5件）

序号	作品类型	作品名称	主创人员				报送单位
1	音乐节目	坂本龙一：曲终人未散	马　莎				宁波广播电视集团
2	音乐节目	在音乐中相遇	仇芳华　邬宵蕾　徐　迅				宁波广播电视集团
3	戏曲·曲艺节目	蛟川走书：念念不忘，乡音不改	贾瑶雨　李　娜　王　卓　李启航				北仑区传媒中心
4	戏曲·曲艺节目	乡村"心事"　共富"新事"	陈　霞　陆晓珊　王　润　周　亮　娄智伟				余姚市融媒体中心
5	广播剧微剧	共富直播促共富	贾乃军　吴梦帆　沈佳乐　王　霞　宋文伟				镇海区新闻中心

三等奖（6件）

序号	作品类型	作品名称	主创人员	报送单位
1	音乐节目	向上吧　青年	周　琪　张　睿　马　莎 陈　臻	宁波广播电视集团
2	音乐节目	全民健身迎亚运——i人e人的运动旋律	田　琦　张　华　马雪儿	北仑区传媒中心
3	文学节目	王安石在宁波（上下集）	朱施展　赵　磊　朱　丹	鄞州区融媒体中心
4	综艺节目	听•说——奉博文物会"说话"	袁子扬	奉化区融媒体中心
5	广播剧儿童剧	宝贝大侦探之爸爸的礼物	沈佳乐　李练娴　王　霞 林　琳　余　果　董沐阳	镇海区新闻中心
6	广播剧微剧	一诺今生	李延毅　金　宇　沈　洁	象山县传媒中心

（二）电视文艺

特别奖（1件）

序号	作品类型	作品名称	主创人员	报送单位
1	综艺节目	2023宁波市春节联欢晚会	翁莉娜　姜　娴　丁杨明　杨　哲　江　锋 李　帆　林　杭　魏林骎骎　姜陈亚 陈冬青	宁波广播电视集团

一等奖（2件）

序号	作品类型	作品名称	主创人员	报送单位
1	专题片	渔化万物	金旭东　赵真珍　夏琪磊　屠世丹 张　薇　胡渊博	象山县传媒中心
2	文学节目	水之语	赵　军　郑　萍　沈飞女　吴晟波 陈雅峰　李　帆	宁波广播电视集团

二等奖（4件）

序号	作品类型	作品名称	主创人员	报送单位
1	艺术片	向春天出发	郑　萍　沈飞女　吴晟波 赵　军　沈弘磊　王军利	宁波广播电视集团
2	音乐节目	寻宋	翁莉娜　林　杭　魏林骎骎 姜陈亚　杜　勇	宁波广播电视集团
3	音乐节目	七夕	胡　安　杨宝峰	慈溪市融媒体中心
4	综艺节目	2023中国音乐小金钟——全国琵琶展演闭幕式音乐会	何　顺　余　骥　马旭峰 高凌宵　颜逸超　方迎丹	镇海区新闻中心

三等奖（6件）

序号	作品类型	作品名称	主创人员	报送单位
1	专题片	古宅新语	陈士伟　王君美　洪旭祺　马旭峰 陆佳蕾	镇海区新闻中心
2	专题片	"醉"美守艺	朱松青　李俏萱　林津津　叶　帆	慈溪市融媒体中心
3	艺术片	《影·丹青》《观舞》《清吹》《盛世修典》系列视频）	李　帆　杨　哲　姜　娴　周海宇 涂佳磊　戚　一	宁波广播电视集团
4	音乐节目	这就是北仑（MV）	曹佳敏　张　昀	北仑区传媒中心
5	音乐节目	名字叫中国	余婷婷　王晓丹　华　瑛　李巧燕 童泽芝　葛　倡	宁海传媒集团
6	综艺节目	为了最美夕阳红——老爸老妈才艺秀（第2季）	李　铁　袁子扬　卓汝婷　应婕敏 宋　凯　凌　白	奉化区融媒体中心

五、播音主持奖

（一）广播播音主持

一等奖（3件）

序号	参评类别及项目	作品名称	主创人员	报送单位
1	文艺及其他播音	大海啊，我的故乡	毛　欣　胡建泽	宁波广播电视集团
2	服务类主持	"减肥神器"司美格鲁肽爆火的背后……	刘天奇	宁波广播电视集团
3	服务类主持	我来帮你忙亚运特别节目	刘德雅	象山县传媒中心

二等奖（5件）

序号	参评类别及项目	作品名称	主创人员	报送单位
1	新闻播音	106新闻	张存凯　毕墨	慈溪市融媒体中心
2	文艺及其他播音	童言童语 我的"它"——生活在北仑的国家级保护动物	马雪儿　王卓　田琦	北仑区传媒中心
3	文艺及其他播音	舞狮班的春天	雷洋　唐珊珊	宁海传媒集团
4	新闻主持	寻访224位浙籍女英烈的价值回响	王泽宇	宁波广播电视集团
5	服务类主持	五一旅游攻略——进淄赶"烤"	宋凯　凌白	奉化区融媒体中心

三等奖（8件）

序号	参评类别及项目	作品名称	主创人员	报送单位
1	文艺及其他播音	蛟川走书：念念不忘，乡音不改	贾瑶雨	北仑区传媒中心

续表

序号	参评类别及项目	作品名称	主创人员	报送单位
2	文艺及其他播音	任祖伊——永做人民的"老黄牛"	叶聪	余姚市融媒体中心
3	新闻主持	全民爱体育（亚运倒计时30天融媒特别节目）	赵文博	宁波广播电视集团
4	文艺主持	鄞州少年邂逅"太空教师"	朱施展	鄞州区融媒体中心
5	文艺主持	听·说——奉博文物会"说话"	袁子扬	奉化区融媒体中心
6	服务类主持	生命的最后一公里，用爱疗护	蓝文田 娄邵明	宁波广播电视集团
7	服务类主持	"进淄赶烤"旅行全攻略	卢彦伯 马雪儿	北仑区传媒中心
8	服务类主持	下班路感恩屋之你是我的眼	贾乃军 陈蕾	镇海区新闻中心

（二）电视播音主持

一等奖（2件）

序号	参评类别及项目	作品名称	主创人员	报送单位
1	新闻播音	宁波新闻（2023-12-22）	曹力恒　董寅寅	宁波广播电视集团
2	新闻主持	"一姐"的进击	张馨予	宁波广播电视集团

二等奖（4件）

序号	参评类别及项目	作品名称	主创人员	报送单位
1	新闻播音	宁波新闻（2023-09-12）	董寅寅　高家旺	宁波广播电视集团

续表

序号	参评类别及项目	作品名称	主创人员	报送单位
2	新闻主持	守护，直到海水变蓝	成 功	奉化区融媒体中心
3	文艺主持	七色花开之诗词雅会	石丽虹	宁波广播电视集团
4	服务类主持	走进恬园——姹紫嫣红杨梅时	吕彦绫	北仑区传媒中心

三等奖（6件）

序号	参评类别及项目	作品名称	主创人员	报送单位
1	新闻播音	慈溪新闻	张存凯 颜 歌	慈溪市融媒体中心
2	新闻播音	镇海新闻	卢奕林	镇海区新闻中心
3	文艺及其他播音	"八八战略"在身边——守护"原生态" 古镇拓新路	俞 樾	宁海传媒集团
4	服务类主持	奉化体验官·遇见四季"奉"光	成 功 张梦晗	奉化区融媒体中心
5	服务类主持	花语茶韵 绽放女性的精致时光	朱松青	慈溪市融媒体中心
6	服务类主持	（亚运倒计时100天）主播带你驾着帆船乘风破浪	张 薇	象山县传媒中心

六、少儿节目奖

（一）广播少儿节目

一等奖（2件）

序号	参评类别及项目	作品/项目名称	主创人员	报送单位
1	少儿文艺（综艺）	反诈少年大闯关	邬宵蕾 项 北 刘守则 王泽宇 阮佳妮 李 博	宁波广播电视集团

续表

序号	参评类别及项目	作品/项目名称	主创人员	报送单位
2	系列节目及专题	鄞州少年邂逅"太空教师"	朱 丹　贺 叶　张 瑾　朱施展　洪晓薇	鄞州区融媒体中心

二等奖（3件）

序号	参评类别及项目	作品/项目名称	主创人员	报送单位
1	系列节目及专题	阿顺洲的大海梦	仇芳华　邬宵蕾　杨剑宇　沈 欣　罗天琦　洪 桦	宁波广播电视集团
2	系列节目及专题	亚运沙滩排球探馆记	孙平华　石 熹　吴启超　刘德雅　张蓉丽	象山县传媒中心
3	少儿文艺（综艺）	一个沙滩排球的亚运之旅	陆楚楚　姚嘉楠　王 霞	镇海区新闻中心

三等奖（4件）

序号	参评类别及项目	作品/栏目名称	主创人员	报送单位
1	系列节目及专题	童言童语　我的"它"——生活在北仑的国家级保护动物	马雪儿　张 华　田 琦　王 卓　卢彦伯　史虹亮	北仑区传媒中心
2	系列节目及专题	《少年好·非正式代表"谈"》文明养宠，"宠"爱有方——关注社区养宠问题	裘盛娜　张春芬	奉化区融媒体中心
3	系列节目及专题	国宝"京"遇记	陈 霞　娄智伟　陆晓珊　周 亮　徐霄鹏	余姚市融媒体中心
4	少儿栏目	小小文博人	陈 曦　徐 宁　胡旭霞　刘守则　于宏伟　章娴雅	宁波广播电视集团

（二）电视少儿节目

一等奖（2件）

序号	参评类别及项目	活动/栏目名称	主创人员	报送单位
1	少儿活动	"为爱护航　甬有未来"——2023"请让我来帮助你"大型广场公益活动	张　霞　宓　锐　陈铭燕 周成通　孙　燕　王　坤 周仲昊　柴宁斐　周　衍 王桦楠	宁波广播电视集团
2	少儿栏目	快乐碰碰车	周　亮　钟建华　丁丹斌	余姚市融媒体中心

二等奖（4件）

序号	参评类别及项目	作品/活动/栏目名称	主创人员	报送单位
1	少儿文艺（综艺）	"闪耀吧！少年"2023NBTV少儿迎春晚会	周成通　黄瑶汝　任力廷 石丽虹　柴宁斐　贺　杨	宁波广播电视集团
2	少儿活动	仑传夏令营"杭州传媒之旅"	钱　丰　阮家彦　翁佳逸	北仑区传媒中心
3	少儿活动	开学第一课·种下一颗小小匠心	陈　娜　傅　陈　蒋　豪 鲍驸科　宋　凯　胡盼盼	奉化区融媒体中心
4	少儿栏目	七色花开	柴宁斐　陈铭燕　宓　锐 石丽虹　周仲昊　李巨家 陈青禾	宁波广播电视集团

三等奖（6件）

序号	作品类别	作品名称	主创人员	报送单位
1	系列节目及专题	你知道吗	华　瑛　李巧燕　王晓丹 余婷婷　童泽芝	宁海传媒集团
2	系列节目及专题	异想天开的树	颜逸超　何　顺　马旭峰 余可歆　陆佳蕾　方迎丹	镇海区新闻中心

续表

序号	作品类别	作品名称	主创人员	报送单位
3	系列节目及专题	校园小剧场之文明不是一句话	汤苛瑜　胡渊博　张晓晓　沈　洁	象山县传媒中心
4	少儿文艺（综艺）	"童星璀璨　筑梦春晚"——少儿才艺大赛决赛（语言组）	史虹亮　罗　静　金添翌	北仑区传媒中心
5	少儿文艺（综艺）	2023"一起向未来"奉化区少儿春节联欢晚会	傅　陈　陈　娜　蒋　豪　胡盼盼　鲍骈科　李　铁　卓汝婷　俞　远	奉化区融媒体中心
6	少儿文艺（综艺）	国学小达人	陈建泽　黄励咪　黄　凯	慈溪市融媒体中心

七、公益广告奖

（一）广播广告

一等奖（3件）

序号	作品名称	主创人员	报送单位
1	请对号入座，不要随意占用专用停车位	刘　莹　胡旭霞　汪　蓉　邬宵蕾　王泽宇　洪　桦	宁波广播电视集团
2	莫让"复制粘贴"破坏原创生态	衡　帅　王骞亿　刘　涛　蓝文田　刘天奇　杨宁宁	宁波广播电视集团
3	高铁，不仅仅静音车厢该静音	马雪儿　卢彦伯　王　卓　贾瑶雨　李启航	北仑区传媒中心

二等奖（5件）

序号	作品名称	主创人员	报送单位
1	尊重现金交易，传递支付温情	林　玲　冯　筱　沈弘磊　衡　帅　戴洁敏　王秋萍	宁波广播电视集团

续表

序号	作品名称	主创人员	报送单位
2	感谢有你	张蓉丽　石熹　夏琪磊　孙平华	象山县传媒中心
3	光盘行动帮我打包	陈霞　朱杨	余姚市融媒体中心
4	垃圾分类"泰裤辣"	周博文　王思维　艾世强　李练娴	镇海区新闻中心
5	诈骗升级爱老同行	王霞　艾世强　周博文	镇海区新闻中心

三等奖（7件）

序号	作品名称	主创人员	报送单位
1	爱它，就请给它系上牵引绳	刘莹　胡旭霞　汪蓉 徐宁　王凯甬　洪桦	宁波广播电视集团
2	文明使用远光灯，夜晚不是越亮越好	黄琳　张洪锐　梅锦霄	宁波广播电视集团
3	保护地球的N种方式	胡建泽　陈臻	宁波广播电视集团
4	向校园霸凌说"不"	田琦　王卓　张华	北仑区传媒中心
5	保证安全生产，拒绝疲劳作业	袁子扬　汪早早　宋凯 成功	奉化区融媒体中心
6	科学减压	张春芬　宋凯　张佳	奉化区融媒体中心
7	减少塑料使用　一起守护地球	陈霞　娄智伟　娄城 陆晓珊	余姚市融媒体中心

（二）电视广告

一等奖（2件）

序号	作品名称	主创人员	报送单位
1	保护湿地，让湿地成为鸟类天堂	张建宁　籍梦　屠一栋　周海宇 张叶璐　林宏宙	宁波广播电视集团
2	有一个交警弟弟坐副驾是什么体验	陈士伟　王君美　余骥　朱翰杰	镇海区新闻中心

二等奖（4件）

序号	作品名称	主创人员	报送单位
1	我是医生	蔡苏杰　王奕丹　曹佳敏　郭国伟　王卓	北仑区传媒中心
2	如果"不文明"有形状……	成功　梁科　胡盼盼　周渊民　王巧玲	奉化区融媒体中心
3	文明不打折	汤苘瑜　胡渊博　张晓晓　沈洁	象山县传媒中心
4	凝聚社会力量　合力共抗艾滋	史进　潘佩佩　卢长涛	鄞州区融媒体中心

三等奖（6件）

序号	作品名称	主创人员	报送单位
1	我为亚运代言	陈铭燕　周成通　宓锐　姜娴　江锋	宁波广播电视集团
2	"浙"里无废，无与"仑"比	曹佳敏　张强　杜倩	北仑区传媒中心
3	关爱重症儿童	张蓉丽　陈瑶　夏琪磊　章以芳	象山县传媒中心
4	鄞州的哥练好全套"功夫"迎亚运	史进　卢长涛　应科苗	鄞州区融媒体中心
5	科技为农业发展插上腾飞的翅膀	黄茫　杨军　徐宇文	余姚市融媒体中心
6	让垃圾分类"新时尚"变成镇海人"新习惯"	何顺　徐晋晟　马旭峰　方迎丹　徐晋晟　刘健	镇海区新闻中心

八、学术论文奖

一等奖（2件）

序号	作品名称	主创人员	报送单位
1	深度建设广电粉丝社群策略探索	徐　宁	宁波广播电视集团
2	融媒环境下电视新闻播音审美空间构建	董寅寅　罗建永	宁波广播电视集团

二等奖（4件）

序号	作品名称	主创人员	报送单位
1	场景化：电视新闻访谈节目的应用与创新——《李健：只为留得青山在》创作实践与思考	张馨予	宁波广播电视集团
2	"媒介化移动"背景下，重大主题报道的情感唤起与传播创新——融媒体行动"说出心声给党听"的探索实践	毛　欣　郭英杰	宁波广播电视集团
3	电视媒体在主题报道中的短视频传播策略探析	姚　昊　林丽媛	宁波广播电视集团
4	接受美学理论视阈下晚会主持的提升思考	孙大彬	宁波广播电视集团

三等奖（6件）

序号	作品名称	主创人员	报送单位
1	论短视频的艺术性及其在融媒时代的创新	何　顺	镇海区新闻中心
2	全力打造移动优先的内容生态体系——以"看宁海"客户端为例	黄浓珍	宁海县传媒集团
3	谈新时代媒体融合报道创新路径	缪　靖	宁波广播电视集团
4	县域融媒体指挥调度系统在亚运会报道中的实践应用——以象山县融媒体中心指挥调度系统为例	马　振　方子龙　郑科峰	象山县传媒中心

续表

序号	作品名称	主创人员	报送单位
5	现场音响在广播新闻中的艺术魅力	唐梦阳	北仑区传媒中心
6	融媒时代，电台节目可视化之转型实践	陈　霞　娄智伟	余姚市融媒体中心

九、新媒体奖

（一）短视（音）频新闻

一等奖（4件）

序号	作品类型	作品名称	主创人员				报送单位
1	新闻类	锻"甲"建"网"，桥梁大国攻克世界难题	邓少华　易　鹤　何巧巧　孔锡成 史米可　孙宇卓　黄国飚　陈思佳 梅子满　沈　严				宁波日报报业集团
2	新闻类	查获非法捕捞渔船22艘222人，涉案渔获物21 000余箱400余吨！省市县三级渔业部门联合执法	陈佳雯　胡星艺　吴启超　贺林汕				象山县传媒中心
3	非新闻类	优雅宋韵（系列短视频）	张　睿　陈　臻　周啸哲　李雯倩 罗音吟　王泽宇　杨　浪　朱宣瑾 申小轩				宁波广播电视集团
4	非新闻类	北仑夜未央（系列短视频）	项秋冰　娄君杰　虞夕红　曹佳敏 郝玉亮				北仑区传媒中心

二等奖（7件）

序号	作品类型	作品名称	主创人员			报送单位
1	新闻类	未来，向蔚蓝	成　功　王巧玲　周渊民 鲍骃科　梁　科　胡盼盼			奉化区融媒体中心
2	新闻类	食堂阿姨走上毕业典礼舞台，学生们纷纷感谢"亲妈式投喂"	徐　焕　任斌斌　朱丹婷 杨惠玲			鄞州区融媒体中心

续表

序号	作品类型	作品名称	主创人员	报送单位
3	非新闻类	历史影像｜1990 年，亚运火炬传递到宁波！	杨佳佳　周海宇　徐　硕　戚　一　许　赛　陈莉亚　姚淑娟	宁波广播电视集团
4	非新闻类	亚运北仑味	项秋冰　施嘉凯　杜　倩　谢俊杰	北仑区传媒中心
5	非新闻类	江北十大碗｜冬至味道：大头菜爆年糕	孙　伟　朱海升　沈世俊	江北区全媒体中心
6	非新闻类	2023 年，谁火了？	陈　艳　柴尔峰　王世杰　赵　磊　李　伟　金建锋	鄞州区融媒体中心
7	非新闻类	河姆渡"国宝"进京记	黄　茫　杨　军　徐宇文	余姚市融媒体中心

三等奖（10 件）

序号	作品类型	作品名称	主创人员	报送单位
1	新闻类	帆船小勇，勇闯亚运！	金　诚　郑　露　屠佳祺　胡少瑜　章天宁	宁波广播电视集团
2	新闻类	第一实验幼儿园小龙"飞"往法国　奉化小布龙"游"巴黎	傅　陈　单晓峰　蒋　豪　李博腾　卓汝婷	奉化区融媒体中心
3	新闻类	暖新闻：宁波"挥手哥"火了	罗　彪　林晨雨　柯　诚	江北区全媒体中心
4	新闻类	把"千万工程"经验送到普格①在德育"按图索骥"之后，我发现……	吴　帅　唐珊珊　杨凯程　陈锦波　应刘意　黄浓珍　童柄霖　张嘉宸	宁海传媒集团
5	新闻类	危险，4 岁女孩不慎落水！姐弟俩上演教科书式呼救，热心大哥闻讯飞奔而来……	魏士丁　马晟璐　鲍柯潞	余姚市融媒体中心

续表

序号	作品类型	作品名称	主创人员	报送单位
6	新闻类	予以明光	高凌宵　陈士伟　刘萌鸣　颜逸超	镇海区新闻中心
7	非新闻类	未来已来——探访宁波科技名企（系列报道）	金丹露　毛　欣　阮佳妮　屠夏锋	宁波广播电视集团
8	非新闻类	微笑宁波　扬帆亚运	郑　萍　沈飞女　吴晟波　陈　炜　倪华举　沈弘磊	宁波广播电视集团
9	非新闻类	"彩色"山海情	陆楚楚　章天璐	镇海区新闻中心
10	非新闻类	源自秦砖汉瓦的梦想	罗钰姗　罗　阳	慈溪市融媒体中心

（二）新闻直播

一等奖（1件）

序号	作品名称	主创人员	报送单位
1	宁波舟山港喜迎兔年新春"开门红"	缪　靖　张　越　陈　炳　张　科　潘志君　杨彦翀	宁波广播电视集团

二等奖（1件）

序号	作品名称	主创人员	报送单位
1	"象"村，我们来啦！体验象山这口"海上鲜"如何采收	胡星艺　陈佳雯　吴启超	象山县传媒中心

三等奖（1件）

序号	作品名称	主创人员	报送单位
1	直击后厨！景区餐厅卫生如何？主播带你查餐厅	童柄霖　朱鲁瑶　赵维华　杨凯程　罗孙志　黄浓珍　张嘉宸　林佳怡	宁海传媒集团

（三）创意互动

一等奖（1件）

序号	作品名称	主创人员				报送单位
1	H5：近百所高校集聚宁海赋能乡村振兴	黄浓珍　邱雯雯　童柄霖　杨凯程 罗孙志　朱鲁瑶　张嘉宸　林佳怡 林　琪				宁海传媒集团

二等奖（1件）

序号	作品名称	主创人员				报送单位
1	赤瓜礁"飞鸿传书"35载，今天请您来续写	朱　宇　龚哲明　郑旭辉　何　峰 俞　越　陈思佳　张　昊　洪朕禹 梅子满				宁波日报报业集团

三等奖（1件）

序号	作品名称	主创人员	报送单位
1	今晚，月亮照"进"奉化	王巧玲　成　功	奉化区融媒体中心

（四）新媒体主持

一等奖（1件）

序号	作品名称	主创人员	报送单位
1	摘下就吃的蔬菜：走出"温室"闯亚运	陈　隽	宁波日报报业集团

二等奖（2件）

序号	作品名称	主创人员	报送单位
1	蓝天，"救"在身边——专访鄞州蓝天应急救援队	衡　帅	宁波广播电视集团
2	主播探秘智能仓储物流，看跨境商品如何到达你手中？	王孟思	北仑区传媒中心

三等奖（2件）

序号	作品名称	主创人员	报送单位
1	蓝天四勇士在土耳其救援的108个小时	吴益丹　朱施展	宁波日报报业集团鄞州区融媒体中心
2	烟火气里的糖坊里	周岳银　岑天炜　吴奇林	慈溪市融媒体中心

2023 年度宁波市广播节目技术质量"金鼎奖"获奖一览表

一、广播播出技术质量奖

奖项等级	获奖单位	主要完成人
一等奖	慈溪市融媒体中心	孙高峰　费宇晖　孙建军　岑泽煊　胡建人　孙丹勇　胡文成　薛　松
二等奖	镇海区新闻中心	王建敏　董　波　嵇　波　陈　桢　虞呆红　许坚刚
二等奖	宁海传媒集团	何红枫　刘赛赛　王晓俊　侯　斌　陈　吉
三等奖	北仑区传媒中心	江干宏　施齐杰　王承东
三等奖	奉化区融媒体中心	莫华立　王志炜　杨成业　江　河　谢恒山　梅宏博　姜洪红　胡　君
三等奖	余姚市融媒体中心	万振华　吴高权　陈银洁　汪　颢　阮建庆

二、广播录制技术质量奖

奖项等级	参评类别	节目名称	获奖单位	主要完成人
一等奖	片花类	秋天	镇海区新闻中心	陈　桢　王建敏　董珍怡

续表

奖项等级	参评类别	节目名称	获奖单位	主要完成人
一等奖	广播剧类	嘱托	余姚市融媒体中心	万振华 吴高权 陈银洁
一等奖	语言类（专题）	灯暖人心	慈溪市融媒体中心	孙高峰 费宇晖 徐芳芳
一等奖	音乐类（民乐·古筝）	银河碧波	北仑区传媒中心	江干宏 施齐杰
二等奖	广告类	改天	镇海区新闻中心	虞杲红 崔春天 嵇　波
二等奖	语言类（艺术）	三十六计	镇海区新闻中心	许坚刚 王建敏 陈　桢
二等奖	片花类	片花风景篇	宁海传媒集团	何红枫 刘赛赛 王晓俊
二等奖	片花类	慵懒午后	鄞州区融媒体中心	应建明 曾立云
二等奖	广告类	家和万事兴	慈溪市融媒体中心	孙高峰 洪　涛 朱红吉
二等奖	语言类（艺术）	"童"话故事"你好，问 天实验舱"	北仑区传媒中心	江干宏 施齐杰

续表

奖项等级	参评类别	节目名称	获奖单位	主要完成人
三等奖	广告类	支教帮扶 奏响"扶苗"乐章	北仑区传媒中心	江干宏 施齐杰
三等奖	片花类	风尚生活秀	慈溪市融媒体中心	孙高峰 孙建军 张万能
三等奖	片花类	幸福是什么	北仑区传媒中心	江干宏 施齐杰
三等奖	音乐类（通俗）	等你太久了呀	余姚市融媒体中心	吴高权 汪颖 陈银洁
三等奖	音乐类（民乐·古筝）	望秦川	奉化区融媒体中心	王志炜 杨成业 孙亦斌
三等奖	片花类	药品邻里互助莫忘用药安全	余姚市融媒体中心	陈银洁 万振华 吴高权
三等奖	音乐类（流行乐）	游泗洲	象山县传媒中心	李仁德 郑科峰 孙平华
三等奖	戏曲类（戏曲）	陆文龙选段	余姚市融媒体中心	汪颖 陈银洁 吴高权

2023 年度宁波市电视节目技术质量
"金鼎奖"获奖一览表

一、电视播出技术质量奖

奖项等级	获奖单位	主要完成人
一等奖	鄞州区融媒体中心	姚赛芬　曾立云　戴云龙　吴珊妍　应志峰　陈　威
二等奖	北仑区传媒中心	林　浩　陈建伟　黄汇宇
二等奖	镇海区新闻中心	虞杲红　董　波　嵇　波　陈　桢　董珍怡　崔春天
三等奖	慈溪市融媒体中心	费宇晖　岑泽煊　孙高峰　洪　涛　潘科平　朱红吉
三等奖	宁海传媒集团	骆海林　何红枫　陈　吉　刘赛赛
三等奖	奉化区融媒体中心	王志炜　孙亦斌　谢恒山　杨成业　江　河　姜洪红

二、高清电视录制技术质量奖

奖项等级	参评类别	节目名称	获奖单位	主要完成人
一等奖	专题类	我自民间来	北仑区传媒中心	谢　彪　邵芬芬
一等奖	新闻类	慈溪新闻	慈溪市融媒体中心	胡建人　孙建军　陈科梁　张万能
一等奖	短片类	世南故里	慈溪市融媒体中心	胡文成　胡　安　洪　涛
一等奖	片头类	飞越 N30°海岸线	象山县传媒中心	李仁德　郑科峰　龚　成
二等奖	专题类	藏锋	象山县传媒中心	屠世丹　聂芳芳　干　磊　刘竞成
二等奖	专题类	朱涛	余姚市融媒体中心	宋建华　万振华　严　杰　严宇珂

续表

奖项等级	参评类别	节目名称	获奖单位	主要完成人
二等奖	新闻类	镇海新闻	镇海区新闻中心	陈桢　傅景涛　王磊　董珍怡
二等奖	短片类	追火丹尼尔	北仑区传媒中心	邵芬芬　谢彪
二等奖	短片类	三拾光	奉化区融媒体中心	尹磊　王志炜　莫华立
二等奖	短片类	这里是镇海	镇海区新闻中心	董珍怡　傅景涛　王磊
三等奖	新闻类	象山新闻	象山县传媒中心	李仁德　郑科峰　龚成　朱永杰
三等奖	新闻类	北仑新闻	北仑区传媒中心	贺佳　赵甲飞　吴采伊
三等奖	专题类	大山里的琴声	镇海区新闻中心	陈桢　董珍怡　嵇波　虞杲红
三等奖	新闻类	宁海新闻	宁海传媒集团	何红枫　陈吉　刘赛赛
三等奖	新闻类	奉视新闻	奉化区融媒体中心	徐佳倩　肖蓉勤　孙亦斌　谢恒山
三等奖	片头类	亚运北仑味	北仑区传媒中心	邵芬芬　项秋冰　谢彪
三等奖	短片类	风过重洋	象山县传媒中心	屠世丹　聂芳芳　刘竞成
三等奖	短片类	破界	奉化区融媒体中心	王志炜　尹磊　胡盼盼
三等奖	片头类	阳明文化周	余姚市融媒体中心	宋建红　万振华　王吉锋
三等奖	短片类	鄞州，凭什么？	鄞州区融媒体中心	曾立云　戴云龙　吴珊妍
三等奖	片头类	汝湖金秋	余姚市融媒体中心	严杰　宋建红　严宇珂

2023 年宁波市广播电视科技创新项目
"金潮奖"获奖一览表

奖项等级	参评类别及项目	作品名称	获奖单位	主要完成人	
一等奖	高新技术研究与开发类	基于大数据的智慧广电运维服务平台	宁波华数广电网络有限公司	王雷达　乌奕曙 龙学勇　楼　昶 王晨明　杨沪辉 童子成　邱　琦	
一等奖	科学成果应用与技术革新类	基于"二维码定位"的智能虚拟演播系统	宁波广播电视集团	朱红天　王征新 程　波　曾泽坤 干一润　王友琴 陈法圣　周惠芝	
一等奖	工程技术类	基于混合云+双中台架构的智慧融媒内容生产基座	宁波广播电视集团	朱红天　黄培建 吴石松　孙　欣 刘宏杰　舒文琦 徐少勇　屠凯豪	
一等奖	科技论文	基于智能推荐的社区融媒播发系统探索与实践	宁波广播电视集团	武开有	
一等奖	科技论文	广播电视无线发射台站调频天线改造设计与实践	宁波广播电视集团	王实现	
一等奖	科技论文	全媒体智能演播室的构建与实现	宁海传媒集团	骆海林	
二等奖	科学成果应用与技术革新类	基于多源数据融合的新闻联播智能化识别安播保障平台	宁波广播电视集团	朱红天　谢辉珍 吴晨海　沈　雷 陈列铭　陈荣海 戴宏斌　李洪波	

续表

奖项等级	参评类别及项目	作品名称	获奖单位	主要完成人
二等奖	科学成果应用与技术革新类	宁波市广播电视广告智能监测及分析系统	宁波市广播电视监测中心	马海荣　陈方晖　韩计海　陈　琛　唐春光　李　潇　俞　萍　张　璇
二等奖	科学成果应用与技术革新类	基于多维数据融合感知的未来社区智慧服务平台	余姚市融媒体中心	叶逢春　杨兴浩　徐　剑　唐焕波　陈秀芳
二等奖	软科学类	城乡社区融媒宣传数字基础设施建设运营指南	宁波广播电视集团	朱红天　武开有　吴石松　陈　晔　马旭文　贺晓连　沈福明　张静怡
二等奖	基层优秀科技创新类	全媒体演播室"多核"全流程智能集控系统	宁海传媒集团	何红枫　骆海林　项高飞　徐世吉　陈　吉　刘赛赛　侯　斌　李　钰
二等奖	科技论文	音视频IP协议在广播电视台业务融合中的应用研究	宁波广播电视集团	孙刚鸿
二等奖	科技论文	广电内容管理中视音频AI跨模态检索技术的应用研究	宁波广播电视集团	吴石松　徐少勇
二等奖	科技论文	无压缩IP灾备云播出系统建设思路探讨	宁波广播电视集团	吴石松
二等奖	科技论文	有线电视直播频道节目自动化采集系统的研究与实现	宁波华数广电网络有限公司	徐　均
三等奖	科学成果应用与技术革新类	基于PLC的高山发射台电力远程监控系统	宁波广播电视集团	毛世俊　李盈达　李子豪　朱　晴　杜贤珩　董　恩　冯国荣　任博晟

续表

奖项等级	参评类别及项目	作品名称	获奖单位	主要完成人	
三等奖	科学成果应用与技术革新类	基于广电业务流程的智慧管理系统研究及应用	宁波广播电视集团	黄培建 乐栎砾 武开有 徐翰林	马旭文 陈 晔 任泽冰 应海涛
三等奖	基层优秀科技创新类	广播融媒体播控平台	宁波广播电视集团	孙刚鸿 赵 勇 张立影 黄 准	忻 震 徐夏丹 丁小敏 吴 挺
三等奖	基层优秀科技创新类	宁波文旅数字大脑项目	宁波华数广电网络有限公司	王雷达 乌奕曙 麻琪麟 吴 星	龙学勇 周 勇 陈 述 俞伟杰
三等奖	基层优秀科技创新类	基于数字孪生技术的智能化广电机房管理系统	余姚市融媒体中心	叶逢春 钟孟君 朱 斌	杨兴浩 干鑫森
三等奖	基层优秀科技创新类	基于新型数字电视监测系统在前端的应用	宁海传媒集团	骆海林 何红枫 李 钰 侯 斌	项高飞 徐世吉 方 杰 尤海斌
三等奖	科技论文	融媒可视化系统在广播系统中的设计与实现	宁波广播电视集团	忻 震	
三等奖	科技论文	开源云存储技术在广电发射系统的研究和部署	宁波广播电视集团	李 科	
三等奖	科技论文	基于 PLC 的发射台电力远程监控系统探讨	宁波广播电视集团	李子豪	
三等奖	科技论文	中波发射台自立式铁塔纠偏方法与实践	宁波广播电视集团	叶亦能	

续表

奖项等级	参评类别及项目	作品名称	获奖单位	主要完成人
三等奖	科技论文	市域级DVB系统节目安全传输的应用探讨	宁波华数广电网络有限公司	邱 琦
三等奖	科技论文	KNN算法在网络安全入侵检测中的运用研究	宁海传媒集团	谢海涛

2023 年宁波市广播电视技术能手竞赛获奖一览表

奖项等级	项目名称	报送单位	获奖人员
一等奖	有线网络	宁波华数广电网络有限公司	张远宁
一等奖	网络安全	宁波广播电视集团	陈武祯
一等奖	装维技能	宁波市鄞州华数广电网络有限公司	张浩杰
一等奖	智家工程师	宁波华数广电网络有限公司	项凯胜
二等奖	有线网络	宁波华数广电网络有限公司	俞 宇
二等奖	有线网络	宁波市鄞州华数广电网络有限公司	潘仁科
二等奖	网络安全	宁波华数广电网络有限公司	吴涨涛
二等奖	网络安全	宁波江北华数广电网络有限公司	吴锦鸿
二等奖	网络安全	宁波广播电视集团	庄奇斌
二等奖	装维技能	宁波江北华数广电网络有限公司	殷明芳
二等奖	装维技能	宁波华数广电网络有限公司海曙分公司	温正奎
二等奖	装维技能	宁波华数广电网络有限公司	邱 琦
二等奖	智家工程师	宁波华数广电网络有限公司海曙分公司	吴 荣
二等奖	智家工程师	宁波华数广电网络有限公司海曙分公司	徐祎奇

续表

奖项等级	项目名称	报送单位	获奖人员
二等奖	智家工程师	宁波市鄞州华数广电网络有限公司	章灵巧
三等奖	有线网络	余姚市融媒体中心	潘国栋
三等奖	有线网络	镇海区新闻中心	陈　桢
三等奖	有线网络	镇海区新闻中心	虞杲红
三等奖	网络安全	宁波华数广电网络有限公司	徐　均
三等奖	网络安全	慈溪市融媒体中心	赵战战
三等奖	网络安全	宁波华数广电网络有限公司	陆靖豪
三等奖	网络安全	宁波广播电视集团	孙　旻
三等奖	网络安全	北仑区传媒中心	黄汇宇
三等奖	装维技能	宁波华数广电网络有限公司海曙分公司	陈国君
三等奖	装维技能	宁波江北华数广电网络有限公司	邵佳辉
三等奖	装维技能	慈溪市融媒体中心	单永佳
三等奖	装维技能	宁波华数广电网络有限公司海曙分公司	曹启国
三等奖	装维技能	余姚市融媒体中心	胡文锋
三等奖	智家工程师	宁波市鄞州华数广电网络有限公司	王昊楠
三等奖	智家工程师	宁波华数广电网络有限公司海曙分公司	杨梓源
三等奖	智家工程师	宁波华数广电网络有限公司海曙分公司	孙立挺
三等奖	智家工程师	宁波市鄞州华数广电网络有限公司	邱　伟
三等奖	智家工程师	宁波市鄞州华数广电网络有限公司	任陈龙

《宁波广播电影电视发展报告（2024）》撰稿人名单

第七节 乡村振兴战略背景下余姚电视对农栏目的困境及发展路径探析

....浙江传媒学院 杨冰儿

余姚市融媒体中心 黄 茫

《宁波广播电影电视发展报告（2024）》
提供材料单位及特约编辑

宁波市文化广电旅游局广播电视处 ……………………… 倪海敏　董海涛

宁波广播电视集团 ………………………………………… 郑士炎　曹国堂

鄞州区融媒体中心 …………………………………………………… 李东千

镇海区新闻中心 ……………………………………………………… 魏益清

北仑区传媒中心 ……………………………………………………… 沈芳芳

奉化区融媒体中心 …………………………………………………… 刘　声

慈溪市融媒体中心 …………………………………………………… 胡　烨

余姚市融媒体中心 …………………………………………………… 吕　群

宁海传媒集团 ………………………………………………………… 谢海涛

象山县传媒中心 ……………………………………………………… 杨增艳

江北区全媒体中心 …………………………………………………… 张　露

海曙区全媒体中心 …………………………………………………… 周　舟

宁波甬派传媒股份有限公司 ………………………………………… 沈朝晖

宁波市影视文化产业区管委会 ……………………………………… 滕丽灵

宁波市电影集团有限责任公司 ……………………………………… 史　啸

宁波市广播电视监测中心 …………………………………………… 韩计海

宁波华数广电网络有限公司 ………………………………………… 王一丹

宁波市影视产业协会 ………………………………………………… 秦　红

宁波市航拍协会 ……………………………………………………… 覃　华

宁波市微电影协会 …………………………………………………… 倪　东

宁波市广播电视学会 ………………………………………………… 周丽清

2023年是贯彻落实党的二十大精神开局之年，是"八八战略"实施20周年，宁波广播电影电视行业立足融合抓改革，立足创新抓内容，立足技术抓服务，立足转型抓发展，整体谋划、系统推进媒体深度融合改革，为宁波奋力争创共同富裕和中国式现代化示范引领市域样板提供有力舆论引导和文化支撑。

宁波广电蓝皮书致力于再现宁波广播影视行业改革发展轨迹，聚焦并展示广电媒体改革发展和实践成果，致力于展示全市广播电影电视行业发展的政策导向和基本规律，是全国和全市行业内外了解宁波广播电影电视行业改革发展的重要窗口。

宁波广电蓝皮书是宁波广电行政部门、广电业界及相关专业人员的权威参考书，也是广大社会读者了解宁波广播电影电视行业的必备工具书。

宁波市文化广电旅游局、宁波广播电视集团、各区（县、市）文化和广电旅游体育局、各区（县、市）广播电视台、宁波影视文化产业区、宁波市电影集团有限责任公司、宁波市广播电视监测中心等单位和部门大力支持《宁波广播电影电视发展报告（2024）》的编纂工作，安排专人负责向本报告编写组提供行业发展数据、工作总结和个案分析报告等文字资料，并对本报告初稿提出很多宝贵的修改意见和建议，在此一并致谢。

由于编者经验不足和水平有限，报告中难免存在一些问题和不足，恳请广大读者提出宝贵意见，以便我们进一步提升和完善这部广电蓝皮书的质量和权威性。

    联系方式：宁波市广播电视学会秘书处

    联系地址：宁波市鄞州区紫鹃新村148号

    邮政编码：315040

    联系电话：0574-81850501　81850502

    电子信箱：nbgdxh@163.com

图书在版编目（CIP）数据

宁波广播电影电视发展报告.2024 / 宁波市广播电视学会，宁波市广播电视发展研究中心编著. --北京：中国国际广播出版社，2024.11. -- ISBN 978-7-5078-5709-2

Ⅰ. G229.275.53

中国国家版本馆CIP数据核字第2024Z1N383号

宁波广播电影电视发展报告（2024）

编　　著	宁波市广播电视学会　宁波市广播电视发展研究中心
责任编辑	林钰鑫
校　　对	张　娜
版式设计	邢秀娟
封面设计	黄　旭　赵冰波

出版发行	中国国际广播出版社有限公司［010-89508207（传真）］
社　　址	北京市丰台区榴乡路88号石榴中心2号楼1701
	邮编：100079
印　　刷	天津市新科印刷有限公司

开　　本	710×1000　1/16
字　　数	350千字
印　　张	21.75
版　　次	2024 年 11 月 北京第一版
印　　次	2024 年 11 月 第一次印刷
定　　价	85.00 元